权威·前沿·原创

皮书系列为
"十二五"国家重点图书出版规划项目

辽宁蓝皮书

BLUE BOOK OF LIAONING

2016 年
辽宁经济社会形势分析与预测

ANALYSIS AND FORECAST OF ECONOMY AND SOCIETY
OF LIAONING (2016)

主　编／曹晓峰　梁启东
副主编／王　磊　李天舒　张天维　张万强

社会科学文献出版社
SOCIAL SCIENCES ACADEMIC PRESS (CHINA)

图书在版编目（CIP）数据

2016 年辽宁经济社会形势分析与预测/曹晓峰，梁启东主编.
—北京：社会科学文献出版社，2016.1
（辽宁蓝皮书）
ISBN 978 - 7 - 5097 - 8679 - 6

Ⅰ.①2… Ⅱ.①曹… ②梁… Ⅲ.①区域经济 – 经济分析 –
辽宁省 – 2015 ②社会分析 – 辽宁省 – 2015 ③区域经济 – 经济预测 –
辽宁省 – 2016 ④社会预测 – 辽宁省 – 2016　Ⅳ.①F127.42

中国版本图书馆 CIP 数据核字（2016）第 008662 号

辽宁蓝皮书
2016 年辽宁经济社会形势分析与预测

主　　编／曹晓峰　梁启东
副 主 编／王　磊　李天舒　张天维　张万强

出 版 人／谢寿光
项目统筹／张丽丽
责任编辑／张丽丽　王　頡

出　　版／社会科学文献出版社·皮书出版分社（010）59367127
　　　　　　地址：北京市北三环中路甲 29 号院华龙大厦　邮编：100029
　　　　　　网址：www. ssap. com. cn
发　　行／市场营销中心（010）59367081　59367090
　　　　　　读者服务中心（010）59367028
印　　装／北京季蜂印刷有限公司

规　　格／开　本：787mm × 1092mm　1/16
　　　　　　印　张：22.5　字　数：290 千字
版　　次／2016 年 1 月第 1 版　2016 年 1 月第 1 次印刷
书　　号／ISBN 978 - 7 - 5097 - 8679 - 6
定　　价／79.00 元

皮书序列号／B - 2006 - 041

辽宁蓝皮书编委会

主要编撰者简介

曹晓峰 哲学学士，辽宁社会科学院原副院长、研究员，辽宁省社会学会副会长，辽宁省哲学学会副会长，国家哲学社会科学规划基金评审组专家。主要研究方向为应用社会学。主要研究成果有：《改革开放 20 年的理论与实践·辽宁卷》、《在变革中崛起——辽宁改革发展实践的理性思考》、《中国百县市经济社会追踪调查·营口卷》、《中国百县市经济社会追踪调查·海城卷》、《中国百县市经济社会追踪调查·抚顺卷》、《东北老工业基地振兴发展报告》、每年的《辽宁经济社会形势分析与预测》、《沈阳市经济社会形势分析与预测》、《历史性巨变——解读辽宁改革开放三十年的伟大实践》等。

梁启东 现任辽宁社会科学院副院长，研究员，人文地理学博士。曾获全国优秀科普专家、国务院特殊贡献专家称号，获省五一奖章、省劳动模范、沈阳市"十大杰出青年"。主要研究成果有：《中国城区发展战略研究》《辽宁民营经济发展报告》《加入 WTO 与辽宁经济》《沈抚同城化战略研究》《沈阳经济区综合配套改革研究》《沈阳经济区城市发展研究》《对话金融危机》等。

王　磊 博士，中国社会科学院社会学研究所博士后，硕士生导师，中国注册会计师。现任辽宁社会科学院社会学研究所所长，研究员。辽宁省重点学科（社会学）带头人，辽宁省"百千万人才工程""百"层次人选，辽宁省宣传文化系统 2014 年"四个一批人才"。中国社会学会理事、辽宁省社会学会副会长兼任秘书长、吉林大学中国企业社会风险与责任研究中心兼职研究员、辽宁省总工会特邀理论研究员。

主要研究领域为社会福利与社会救助。近年来主持国家社会科学基金项目3项。2013年和2014年分别获得国家博士后科学基金面上项目一等资助和特别资助。主持完成辽宁省社会科学规划基金项目2项。作为核心成员参与"九五"国家社会科学基金重点项目及国家社科基金一般项目等多项国家级科研课题研究。截至目前出版学术专著2部，合著6部。在《财经问题研究》、《理论与改革》、《统计与决策》及《地方财政研究》等核心期刊发表学术论文20余篇。科研成果获得省部级以上奖项10余项，其中获得辽宁省政府奖6项。

李天舒 辽宁社会科学院经济研究所研究员，产业经济研究室主任。主要研究方向为产业经济、区域经济。主要研究成果有：合作专著《经济发展新阶段辽宁产业创新与产业转型问题研究》《新型工业化与科技创新战略研究》等。论文《工业设计产业的市场需求环境和发展途径分析》《财政支持经济发展方式转变的领域和途径分析》《服务外包的经济效率和发展途径分析》《产业创新的特征和趋势》《区域技术创新工程载体建设的路径分析——以辽宁省为例》等。

张天维 辽宁社会科学院产业经济研究所所长、研究员，中共辽宁省委、省政府决策咨询委员，加拿大弗雷则研究所客座教授。现从事产业经济、理论经济、宏观经济、区域经济研究。主要研究成果有：《全球化趋势与产业成长战略》《繁荣与艰难之路——中国市场化的理论视角》《新型工业化与科技创新战略》等。2003年、2004年在加拿大弗雷则经济所从事合作研究，在此期间在国际学术期刊发表英文论文3篇，在UBC等做学术报告多场。多次在美国、俄罗斯、欧盟等国家和地区进行学术访问，合作进行专题研究。近年来主要从事东北老工业基地振兴政策绩效和辽宁省高新技术产业化发展战略方面的研究。

张万强 辽宁社会科学院经济研究所所长，研究员，经济学博士。英国威斯敏斯特大学访问学者，辽宁省宣传文化系统"四个一批人才"，辽宁省"百千万人才工程""百"层次人选。主要社会兼职包括辽宁省中青年决策咨询专家，沈阳市委、市政府咨询专家，辽宁省财政学会理事等。

主要研究方向为区域经济学、产业经济学、财政学。主持及作为主要撰写人承担国家及省市课题 50 余项，公开发表学术文章 70 余篇，获得学术奖励 30 余项。

摘　要

　　《2016 年辽宁经济社会形势分析与预测》是辽宁社会科学院连续推出的第 21 本有关辽宁省经济社会形势分析的年度性研究报告。全书分为总报告、综合篇、经济篇、社会篇四大部分，由辽宁社会科学院有关专家，以及省直有关部门、大专院校的学者历经近 1 年的时间研创而成。2016 年"辽宁蓝皮书"的布局谋篇较以往有较大幅度调整，即把原来的总报告拆分为经济总报告和社会总报告，篇幅也从原来的 30 余篇缩减到 21 篇。调整后的"辽宁蓝皮书"更加突出了对辽宁经济社会发展中热点、难点和关键问题的分析和预测。

　　本书认为，2015 年是辽宁经济从中高速增长发展阶段继续下滑的一年，主要表现为工业经济大幅下滑，企业赢利能力降低；固定资产投资增长乏力，房地产市场持续低迷；出口大幅回落，降幅大于全国平均水平；财政收入降幅较大，财税压力较为突出；"负数效应"不断发酵，整体经济困难度超出预想。但同时也应看到，2015 年辽宁物价水平保持平稳，农业生产稳定发展，产业结构升级有所加快，能源消耗量进一步降低，发展环境逐步改善，经济发展中仍然存在诸多亮点。

　　在经济下行压力持续增大的情况下，辽宁省与居民生活相关的各项支出不降反升，社会发展仍保持良好势头，广大人民群众更多、更公平地分享到了改革发展成果。2015 年辽宁城乡居民收入持续增长，收入来源日趋多元化；新兴服务业成为吸纳新增就业的新渠道；推出医改惠民十项重点工作，医保体系改革进一步深化；棚户区改造成果得到进一步巩固；反贫困工作进入精细化管理新阶段；简政放权力度

空前，充分激发市场活力；社会治理力度加大。但是，收入分配、人口、就业、医保、社会救助、简政放权以及社会治理等领域存在的问题也不容忽视。

本书预计，2016 年辽宁宏观经济增长趋势存在三种情景，即基准情景、乐观情景和悲观情景。在这三种情景下辽宁省 GDP 实际增长率分别为 5.0%、6.5%、3.0%。研究认为，2016 年要实现辽宁经济的全面振兴，要在坚持中央提出的"四个着力"的基础上，进一步做好加减乘除法，即用投资、需求、创新做加法；用淘汰落后产能做减法；用创新驱动做乘法；用市场化程度做除法。并且，摆脱辽宁经济发展困境，推动辽宁经济发展，必须同步实施"四个驱动"。

本书指出，2016 年社会发展方面，应该力促收入分配领域实现更高程度的社会公平；推进区域人口经济社会协调发展，全面提升区域竞争力；建立贫困老人综合养老保障体系；以创业创新带动就业，化解就业压力；加强医疗卫生体制机制建设，推进卫生事业良性运行；棚户区改造多措并举减少建设阻力；创新精准扶贫工作机制；因地制宜进行改革设计，确保简政放权政策落地；加强社会管理创新的法制建设。

Abstract

Analysis and Forecast of Economy and Society of Liaoning (*2016*) is the 21st report of a continuous introduction of Liaoning Academy of Social Sciences on the economic and social situation in Liaoning Province. The book consists of general report, comprehensive part, economic articles and social articles. The authors mainly included experts from Liaoning Academy of Social Sciences as well as scholars from relevant provincial departments and universities. This book has been written for almost a year. There is substantial adjustment in the layout of "Liaoning blue book" than ever before, namely the original economic and social general report is split into economic and social general report respectively, number of articles reduces from 30 to 21. After adjustment, "Liaoning blue book" is more prominent in the analysis and prediction of hot, difficult and key problems with the economic and social development of Liaoning.

The book argues that, Liaoning economy still affected by economic downturn from the rapid growth in 2015, mainly for the sharply fallen of industrial economy, decreased corporate profitability; weak growth of fixed asset investment, continued downturn of the real estate market; significant decline of exports which is greater than the national average; large decline of government receipts and more prominent tax pressure; continuous fermentation of negative effects, the overall economic difficulties are than expected. But at the same time, in 2015, the price level in Liaoning remained stable, development of agricultural production maintained stable, industrial structure upgrading has accelerated, energy consumption further reduced, the development environment gradually improved, there are still

many bright spots in the economic development.

Although the downturn pressure on the economy is still severe, public expenditure related to the residents living rise than fall in Liaoning province, social development has maintained a good momentum, more and more people are fair to share the fruits of reform and development. Liaoning urban and rural residents' income has increased steadily, and the source of income is diversifying in 2015; the emerging service industry has become a new channel to attract new employment; ten key benefiting people program and health care system reform have been further deepened; achievements on reconstruction of slum area continue to be consolidated; anti-poverty work has entered a new stage of precise management; more and more decentralization, market vitality is fully invigorated; strengthened social governance; However, some issues can not be ignored in the field of social governance besides in the fields of income distribution, population, employment, health care, social assistance, and decentralization.

As the book expected, there are three scenarios to Liaoning macroeconomic growth trend in 2016, namely, the benchmark scenario, the optimistic scenario and the pessimistic scenario with the GDP real growth rate of 5.0per cent, 6.5per cent and 3.0per cent respectively. Research indicates that comprehensive revitalization of Liaoning economy in 2016, we should insist on the Central Government's "four focus" as the basis and further improve the add, subtract, multiply and divide method, that is to use investment, demand and innovation as additive, use the elimination of backward production capacity as subtraction; use innovation driven as multiplication; use the marketization as division. In order to get rid of Liaoning economic development dilemma and promote economic development, we must be synchronized to implement the "four drivers".

As the book indicated, the followings are what we should do in social areas in 2016, promoting income distribution to achieve a higher degree of social equity; advancing regional coordinated development of social, population and economy, enhancing regional competitiveness; establishing a comprehensive pension system for the elderly poor; expanding employment by encouraging business startups and resolving the employment pressure; strengthening the construction of medical health system mechanism, promoting good operation of public health protection; reducing construction resistance by multiple measures in reconstruction of shantytown; innovating mechanism for precise poverty alleviation; designing the reform scheme according to local conditions to ensure that decentralization policy implementation ; strengthening the construction of legal system of social management innovation.

目 录

Ⅰ 总报告

Ⅱ 综合篇

Ⅲ 经济篇

Ⅳ 社会篇

V 附录

皮书数据库阅读**使用指南**

CONTENTS

I General Reports

II Comprehensive Articles

III Economy Reports

Ⅳ Society Reports

V　Appendix

总 报 告

General Reports

B.1

辽宁经济在振兴中艰难前行[*]

——2015 年辽宁经济分析与 2016 年预测

张天维 姜瑞春 姜 岩[**]

摘 要： 本文总结了辽宁老工业基地发展的简短历史，特别是对辽宁 2003~2012 年的 10 年振兴战略实施情况进行了系统的梳理，提出了取得的成绩和发展中存在的问题。重点对 2015 年辽宁经济运行情况进行了分析，指出经济下滑趋势明显的具体表现，如工业经济大幅下滑，

---

[*] 本文是国家社会科学基金项目"资源型地区战略性新兴产业发展研究"（12BJL075）的部分阶段性成果。

[**] 张天维，辽宁社会科学院产业经济研究所所长、研究员，研究方向：产业经济、区域经济；姜瑞春，辽宁社会科学院产业经济研究所副所长、副研究员，研究方向：产业经济、宏观经济；姜岩，辽宁社会科学院产业经济研究所研究室主任、助理研究员，研究方向：产业经济、区域经济。

企业赢利能力降低；固定资产投资增长乏力，房地产市场持续低迷；出口大幅回落，降幅大于全国平均水平；财政收入降幅较大，财税压力较为突出等。并指出了这一年呈现物价水平保持平稳，农业生产稳定发展，产业结构升级有所加快，能源消耗进一步降低，就业等民生指标总体趋好，发展环境逐步改善等新的变化。同时提出了辽宁经济下滑原因的理性和实证解释。本文还结合2016年国内外经济的变化趋势，初步判断了2016年辽宁宏观经济的发展趋势，提出了促进未来辽宁经济健康发展的一些看法和策略安排。

关键词： 辽宁老工业基地　经济运行特征　发展策略安排

辽宁老工业基地是我国1953年第一个五年计划期间开始重点建设的重工业基地。当时，我国政府把苏联援建的156项工程中的24项摆放在了辽宁，占实际实施总数的16%。当时建设的这些企业，设备与技术大体相当于苏联20世纪40年代的水平。这些项目主要包括煤炭、电力、钢铁、铝业、锅炉、汽车、电缆、风动工具、机床等。这些企业生产了当时中国经济发展中生产存在瓶颈的产品，对全国工业化的进程起到很大的推动作用。辽宁由此也成为当时中国工业最发达的地区。据统计，1980年，仅辽宁省工业总产值就占全国9%，在全国主要工业产品中产量居第一位的有35种，居第二位的有15种。当时广东省的经济总量不足辽宁省的一半。同时，辽宁省也成为全国城市化水平最高，接受计划经济模式最完全和彻底的区域。

改革开放以来，我国确立了市场经济的改革方向。在计划经济向市场经济转轨时期，辽宁老工业基地经历着"转轨"的阵痛。伴随着资源型城市资源枯竭，大批国有企业陷入困境，大量职工下岗失业等多个长期积累的问题越来越明显地表现出来，辽宁区域经济开始大幅度衰退。"东北现象"一词就是当时最具体的描述。为了摆脱老工业基地的窘境，2003年10月，《中共中央国务院关于实施东北地区等振兴战略的若干意见》（中发〔2003〕11号）的出台，标志着东北老工业基地振兴战略的大幕从此拉开。国家与此同时出台了一系列支持振兴的政策，如率先在辽宁完善城镇社会保障体系试点等。

东北振兴战略实施十年后，东北老工业基地在全面发展、协调发展、和谐发展方面取得了巨大成就。其中，经济方面一直保持着强劲增速，地区生产总值、公共财政收入、城镇居民收入等多项主要经济指标快速增长；社会管理方面整体水平大幅提升，改革实现了新的突破，全民社会保障体系基本建立；文化和生态等方面的建设也取得了阶段性成果。同时，东北老工业基地经济社会发展中还存在着产业层次较低、创新能力不强、开放程度不够、投资效率不高和体制机制创新滞后等制约因素。这些制约因素加上国内外市场环境低迷，更加重视产业结构调整等，使东北经济又陷入了新的发展困境。为此，2014年10月，国家发布了《国务院关于近期支持东北振兴若干重大政策举措的意见》，即35条新政，标志着新一轮东北老工业基地振兴的开始。

2020年，是我国目前正在规划的第十三个五年规划的终点。按照相关规划，到那时，辽宁老工业基地要实现全面振兴，全面建成小康社会。同时，要建设成为具有国际竞争力的装备制造业基地、国家新兴原材料和能源保障基地，以及重要技术研发与创新基地，面向东北亚开放的重要枢纽。为此，在发展的重点上，要继续深化改革和扩大开放，加快完善现代产业体系，推进资源型城市可

持续发展，加强社会事业和民生等工程建设，努力实现老工业基地全面振兴。

一　辽宁省经济发展的总体情况

（一）辽宁老工业基地全面振兴的主要成绩

1. 综合经济实力明显提升

2014 年，辽宁省全年实现地区生产总值 28626.6 亿元，是 2010 年的 1.55 倍；公共财政一般预算收入，完成 3190.7 亿元，"十二五"时期前四年年均增长 12.3%；全社会固定资产投资实现 24426.8 亿元，"十二五"时期前四年年均增长 11.1%。特别是人均 GDP 整体高于全国平均水平。2014 年，辽宁省的人均 GDP 达到 65201 元，已突破 10000 美元，并远高于全国各地 46629 元的平均水平，是 2003 年的 3.6 倍，2010 年的 1.54 倍，年均增长率为 30%（按不变价计算）。2015 年，全省年实现地区生产总值预计将实现 3 万亿元（见图 1）。

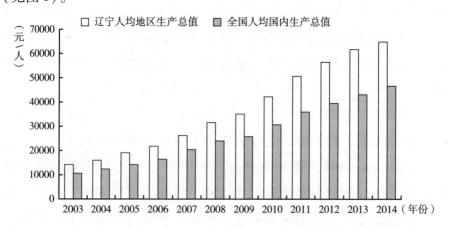

图 1　辽宁省地区人均 GDP 的增长情况

2. 产业结构调整取得显著成效

全省三次产业结构由 2010 年的 8.8：54.1：37.1 调整到 2014 年的 8.0：50.2：41.8。同时农业基础地位不断巩固，服务业水平不断提高，民营经济占经济总量达到了 67.9%。到 2014 年，辽宁省战略性新兴产业完成的主营业务收入占规模以上工业比重达到了 11.1%，航空航天装备、海洋工程装备、智能装备等高端装备制造业发展势头明显，数控机床产量居全国第 1 位，通用航空产业规模居全国第 4 位，高端装备产量占全省装备制造业比重达到 15%。装备制造业已成为全省第一支柱产业，目前生产的歼击机、航空发动机、舰艇、百万吨乙烯裂解压缩机组、百万伏高压变压器、大型盾构机、大型船用曲轴、大功率内燃机、冶金成套装备、轨道交通装备等产品已达到或接近世界先进水平。

3. 政府和市场的关系不断理顺

振兴老工业基地政策实施十年来，辽宁经济的发展很大程度上依赖地方政府的经济行为。为了保持本地经济高速增长，经济发展中政府的色彩越来越浓，各种鼓励政策助长了投资的盲目性，导致区域间重复投资，产业趋同，高投入、高消耗、高增长的粗放增长模式比较普遍。党的十八大以来，伴随政府简政放权和职能转变，取消和下放了省级行政审批职能 783 项。同时，国资监管体制、法人治理结构改革步伐加大。财税、金融、土地、价格等领域的改革不断深化。农村土地流转稳妥推进。市场经济观念和体制的培育不断增强，市场机制在资源优化配置中的决定性作用越来越明显。

4. 形成了新的开放和城乡格局

辽宁积极融入"一带一路"发展战略之中，在打造东北亚国际物流枢纽区，建设中蒙俄经济走廊，开拓俄罗斯远东地区和蒙古以及欧美、日韩高端市场方面正积极部署和行动。国务院批准设立的大连

金普新区，为辽宁省乃至全东北地区开拓对外合作领域和深度融合奠定了基础。全省城镇化率大幅度提高，由2010年的62.1%提高到2014年的67.1%；城镇和农村常驻居民人口人均可支配收入，"十二五"前四年分别年均增长8.7%和10.5%。同时沿海经济带开发开放全面推进，沈阳经济区同城化一体化步伐加快，并取得明显成就。

5. 资源枯竭型城市转型取得成效

东北地区资源枯竭型城市占全国的35%，辽宁省又占其中的一大部分。振兴战略实施以来，国家分三批确定和扶持了69个资源枯竭型城市（县、区）。辽宁省借助国家政策，在资源枯竭型城市转型发展方面都做了很多扎实的工作，普遍建立了比较完善的社会保障体系和多元化产业体系，城乡基础设施条件和生态环境得到了改善，历史遗留问题得到了解决，城市功能有了提升和完善，资源枯竭城市可持续发展能力明显增强。例如，辽宁省资源枯竭型城市阜新市，目前非煤产业比重已经上升到近90%，以机器加工和农产品加工业作为接续替代产业的态势已基本形成，登记失业率控制在4%。辽宁省的抚顺、本溪、盘锦等资源城市经济转型也都取得了重大成果。

6. 基础设施和民生建设显著增强

哈尔滨至大连铁路客运专线、沈阳桃仙国际机场T3航站楼等一大批重大交通运输设施投入运营；大伙房水库一期、二期工程建成通水，红沿河核电一期工程等一大批重大工程项目竣工投产。同时，社会保全障体系不断加强，城镇登记失业率低于全国平均水平，保障性住房建设有序推进，城乡困难群众最低社会保障实现持续应保尽保。

（二）辽宁老工业基地存在的主要问题

1. 经济总量占全国比重下降趋势明显

2004年，在实施振兴东北等老工业政策实施之初，辽宁省经济总量占全国的比重降至3.97%。经过国家政策的扶持，辽宁人的奋发努力，到 2012 年辽宁省经济总量占全国的比重升至 4.31%。2014 年之后辽宁省 GDP 占全国的比重持续下降，回落到占全国的 4.18%，2015 年第三季度甚至降到 4.02%。如果辽宁经济下滑态势不加以遏制，2016 年辽宁省经济总量占全国的比重将会持续下降，破"4"回到占"3"的局面是必然的结果（见图 2）。

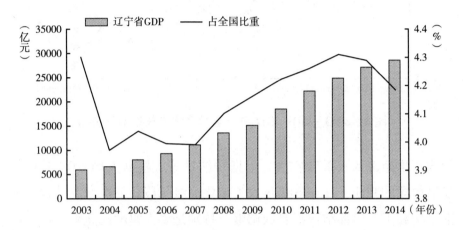

图 2　2003 年以来辽宁省地区生产总值的增长态势

注：图中计算比重时全国 GDP 数据为各省数据之和，下同。

2. 经济增长速度下降迅速

与全国其他地区相比，辽宁省 2014 年经济增长率低于全国平均水平 1.5 个百分点。2015 年第三季度，辽宁省经济增速仅为 2.7%，远低于同期全国 7.4% 的平均水平，位居全国倒数第一。我国的山西、黑龙江和吉林三省分别以 GDP 增速 2.8%、5.8% 和 6.3% 位列倒数第二、第三和第四位。见图 3。

3. 第三产业发展严重滞后

辽宁省产业结构"二三一"的特点明显，2014 年其产业结构的比率为 8.0∶50.2∶41.8，其中第三产业低于全国 6 个百分点以上。按照发展经济学家配第和克拉克的研究，第三产业在三次产业的占比能

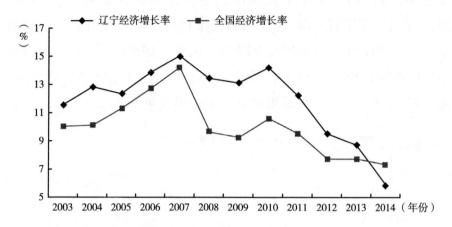

图3 2003~2014年辽宁与全国经济增长率对比分析

够表现出经济的水平和质量。根据钱纳里等人根据人均GDP对产业
发展阶段的判断，辽宁省要步入工业化高级阶段，三次产业结构、就
业结构和工业内部结构都要做调整，特别是要大幅度提高服务业的占
比（见表1）。

表1 2014年辽宁省三次产业结构及其就业结构

单位：%

地区	三次产业结构			三次产业就业结构		
	第一产业	第二产业	第三产业	第一产业	第二产业	第三产业
辽宁	8.0	50.2	41.8	26.8	27.7	45.4
全国	9.2	42.7	48.1	29.5	29.9	40.6

资料来源：中国统计年鉴。

4. 对外贸易发展水平大幅度回落

2003~2013年，辽宁省占全国的进出口贸易总额比重一直维持
在2.6%~3.1%，远远低于其人口3.2%和GDP4.3%在全国的占比，
相比其他地区的对外贸易发展较为落后。2014年，辽宁省对外贸易

进出口总额比2013年下降0.5%，占全国的比重下降到2.6%，下滑速度明显，增长乏力（见图4）。

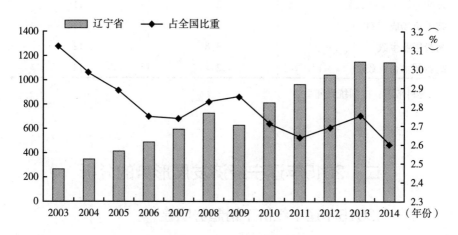

图4　2003年以来辽宁对外贸易情况

5. 科技和产业创新能力不足

随着辽宁省进入工业化中后期阶段，推动区域经济发展的要素主要从投资推动转向技术创新。辽宁省拥有较好的教育资源和科研资源，但由于其科研经费投入较少，其与知识产权相关的资源要素的集聚能力不强，突出表现在相关科技创新要素占全国的比重低于其GDP、人口占全国的比重。截止到2013年底，辽宁资格有效期内的高新技术企业共计1287家，在全国31个省市区中排名第14，落后于安徽、湖北、湖南、四川、福建等省份（见表2）。

表2　2013年辽宁省的知识产权及相关资源在全国的排名

指标	占全国比重(%)	排名
GDP	4.3	7
人口	3.2	14
规模以上工业企业R&D经费	4.0	6

续表

指标	占全国比重(%)	排名
发明专利申请授权数	2.7	11
技术市场成交额	2.4	11
高校毕业生数	3.8	12
高新技术企业数量	2.1	14

资料来源：中国统计年鉴。

二 2015年辽宁经济发展形势的分析

（一）2015年辽宁经济下滑趋势明显

最新数据统计结果显示，2015 年是辽宁经济从中高速增长发展阶段继续下滑的一年，1～9月辽宁累计实现地区生产总值同比增长2.7%，远低于 2014 年同期的 6.2%，低于全国平均水平 4.2 个百分点，与全国相比居末位。

这是辽宁省全年 GDP 实际增速在 2014 年地区生产总值增长率降至5.8%，在全国 31 个省市区中位居倒数第三的基础上，经济形势进一步超出预期的表现。同时，全省规模以上工业增加值增长率低于全国11.6 个百分点；固定资产投资低于全国 31.5 个百分点；出口低于全国11.3 个百分点；公共财政预算收入低于全国 35.5 个百分点（见表3）。

表3 2015 年前三季度辽宁经济主要指标与全国比较

单位：%

指标	辽宁	全国
GDP 增长率	2.7	6.9
规模以上工业增加值增长率	−5.4	6.2
固定资产投资增长率	−21.2	10.3

指标	辽宁	全国
社会消费品零售总额增长率	7.8	10.5
出口增长率	-13.1	-1.8
进口增长率	-19.2	-15.1
财政收入增长率	-27.4	8.1
城镇居民人均可支配收入实际增长率	5.7	6.8
农村居民人均可支配收入实际增长率	6.8	8.1

资料来源:《辽宁统计月报》、国家统计局网站。

1. 工业经济大幅下滑,企业赢利能力降低

2015 年 1~9 月,全省规模以上工业增加值同比下降 5.4%,四大支柱产业均出现明显下降,其中装备制造业下降 6.6%,冶金下降 5.6%,石化下降 0.5%,农产品加快下降 6.5%;1~8 月,全省规模以上工业企业实现利润总额同比下降 23%,降幅比上半年扩大 0.9 个百分点,大于全国平均水平(-1.9%)21.1 个百分点。从主要行业看,汽车制造业利润总额增幅同比回落 29.8 个百分点;通用设备制造业利润总额增幅同比回落 18.7 个百分点。

2. 固定资产投资增长乏力,房地产市场持续低迷

由于全省新开工项目减少,支撑能力减弱,以及投资资金不足,2015 年前三季度,全省固定资产投资同比下降 21.2%,幅度比上半年有所扩大。此外,全省房地产开发投资额比上年同期下降 26.9%,下拉固定资产投资增速 5.7 个百分点。前三季度,全省商品房销售面积同比下降 31.1%;商品房销售额下降 25.7%。

3. 出口大幅回落,降幅大于全国平均水平

2015 年前三季度,全省出口总额同比下降 13.1%,降幅大于全国平均水平(-1.9%)。从出口商品看,机电产品、钢材、高新技术产品降幅明显,同比分别下降 9.2%、19.5% 和 7.7%;从出口国

别看，前三季度，全省对美国出口下降11%，对32个海上丝绸之路国家出口下降1.1%，对47个陆上丝绸之路国家下降53%。

4. 财政收入降幅较大，财税压力较为突出

2015年前三季度，全省公共财政预算收入1823.7亿元，比上年同期下降27.4%，降幅比上半年（－22.7%）有所扩大。受经济下行、结构减税等因素影响，全省冶金、采矿业税收降幅较大，房地产业税收下降40.5%，涉土税收下降57%，各项非税收入下降25.6%。此外，地方政府偿债压力较大。截至2014年底，全省政府性债务余额10632亿元，地方政府到期债务数额巨大，近两年偿债压力较大。

5. "负数效应"不断发酵，整体经济困难度超出预想

由于辽宁省内宏观经济内生性收缩力量的不断强化，"稳增长"政策没有取得实效，基层财政困难陆续显化，行业和企业盈亏面趋大，去产能与去库存压力不断持续，微观现象刺激效果明显，低迷周期延长，很多人对调整的路径和方向缺乏信心，整体经济的困难度比实际情况所显示的更为困难。

（二）近两年经济增长大幅度下滑的原因分析

对于辽宁经济大幅度下滑，仁者见仁智者见智。有"全球经济深度调整"说，即全球经济正处于金融危机后的深度调整期，国际大宗商品价格持续下滑，地缘政治环境等非经济因素也较为严重地影响了辽宁省的经济发展；有"我国经济增长速度放缓"说，即国内投资增速持续放缓，产能过剩与需求不足矛盾凸显，房地产市场收缩，部分农产品和钢铁、石化、冶金、建材等基础原材料产品价格下降，导致辽宁省的基础原材料、装备制造业处于低增长、低效益的运行状态，从而导致其经济增长速度急剧放缓；有"政治环境等决定经济"说，即经济进入新常态以来，伴随改革和反腐的深入，经济因素和活力受到影响；有"市场发育不全"说，即辽宁是"最早进

入计划经济，最晚退出计划经济"的省份，伴随市场经济的发展，人们的观念以及体制不适应市场的变化；有"产业结构作用"说，如以重化工业为主的省份，经济发展起伏的"时滞效应"明显；有"新的增长源和新的动力机制不发挥作用"说，即多年培育的新兴产业还没有到充分发挥作用的时候；有"挤水分"说，即2014年辽宁统计数据中同期数据水分较多基数较高，2015年按照中央要求夯实数据挤水分导致的指标水平下降。

课题组认为，2015年是中国宏观经济步入新常态新阶段的一年，在全国各地经济增速均有所下降的时候，国内投资增速持续放缓，产能过剩与需求不足矛盾凸显，房地产市场收缩，部分农产品和钢铁、石化、冶金、建材等基础原材料产品价格普遍下降，但为何辽宁各指标水平下降幅度更为明显，通过统计数据分析，我们可得出实证性的解释。

1. 受需求侧"三驾马车"不给力的影响

在振兴战略实施的十年中，辽宁省固定资产投资占全国比重先上升后下降，2008年达到最大比例5.93%。从2012年始，辽宁省固定资产投资增长率下滑明显，远低于全国平均水平，这在一定程度上导致了2013年辽宁省GDP增长速度较慢。2014年，辽宁省固定资产投资占全国比重下降为4.89%，仅较2003年高1.09个百分点，略高于其GDP占全国4.3%的比重（见图5）。

辽宁省消费和出口贡献率低于全国平均水平。2014年，全国最终消费支出对GDP的贡献率达到51.6%，拉动GDP增长3.8个百分点；资本形成总额对GDP的贡献率达到46.7%，拉动GDP增长3.4个百分点。而同期辽宁省资本形成总额对GDP的贡献率达到69.3%，高出全国平均水平22.6个百分点，GDP增长率的6个百分点来源于投资拉动，消费和出口贡献率则偏低（见图6）。

2. 受供给侧工业增加值明显下降的影响

辽宁历来就是工业经济大省，目前第二产业增加值占地区生

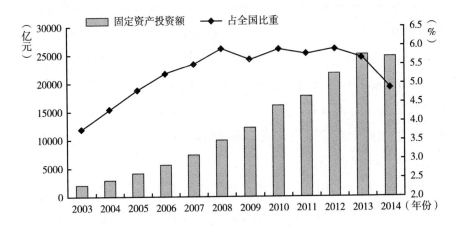

图5 辽宁省与全国投资增长率比较

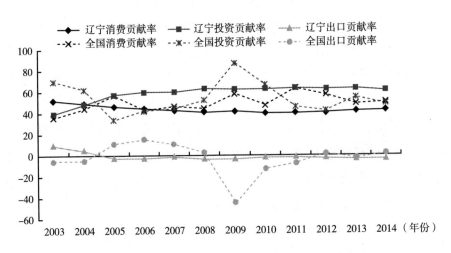

图6 2003年以来全国和辽宁省GDP的贡献来源

产总值的比重仍达到51.3%。工业的具体表现直接影响全省的经济运行情况。2003年东北振兴政策实施以来，辽宁省的工业呈现了快速增长趋势，年均增速高于全国平均水平。但是，自2014年7月以来，辽宁工业增加值增速大幅度下降，到9月转为负增长，居全国31个省区市末位。2015年在宏观政策作用下，虽有小幅度增长，但 2015 年 8 月以来，持续下滑，目前仍未见到停滞的迹象（见图 7）。

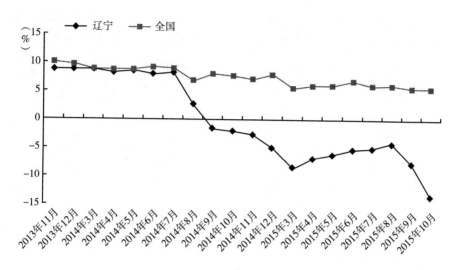

图 7 近年来辽宁省工业增加值当月增速比较

3. 受中观产业结构偏重的影响

辽宁省产业结构重型化特征十分明显，2014 年其工业比重仍占 50%，较 2003 年反而提高了 2 个百分点，这与经济发展的常规趋势相反。2013 年开始，全国服务业的比重开始超过工业，达到 46%。2014 年，全国三次产业比重达到了 9∶43∶48；而辽宁 2014 年三次产业比重达到了 8.0∶50.2∶41.8，其中第三产业比重低于全国 6 个多百分点。

4. 受全国基本面产能过剩的影响

在国际经济低迷和我国进入转型升级阶段的背景下，我国当前的需求与生产矛盾突出，工业领域产能过剩问题日益突出，工业领域呈通缩迹象，产能过剩问题具有普遍性，部分行业甚至出现了绝对过剩现象。2013 年以来，国家统计局统计的 6 万余户大中型企业产能综合利用率基本低于 80%，产能过剩从钢铁、有色金属、建材、化工、造船等传统行业向风电、光伏、碳纤维等新兴产业扩展，部分行业产

能利用率不到75%，但一些过剩行业投资增长仍然较快，新的中低端产能继续积累，进一步加剧了产能过剩矛盾。而辽宁以为煤矿、石油、冶金等产能过剩产业服务的专用设备制造业在辽宁装备制造业中又占据较大比重，由此导致了辽宁的装备制造业、石化行业的生产、投资增速回落，主要产品价格下跌，企业效益状况下降，生产增势放缓（见图8）。

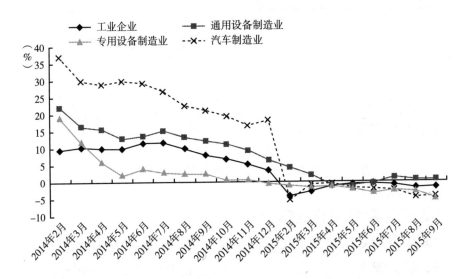

图8 2014年以来全国装备制造规模以上工业企业利润累计同比增速

5. 受煤炭、石油等能源资源价格下行的影响

2014年，全国煤炭企业亏损面超过70%，有50%以上的煤炭企业出现减发、欠发和缓发职工工资的现象。同时，钢铁、电解铝产业出现产能过剩现象。2012年底，我国钢铁和电解铝产能利用率分别仅为72%和71.9%，明显低于国际常规水平。行业利润大幅下滑，企业普遍经营困难。因此，自2013年以来全国层面的煤炭、有色冶金和石油开采行业的规模以上工业企业利润都呈现了负增长；农副产品加工业的增速也从2010年的30%～40%下降到20%以下；石油加

工和黑色冶金行业的增速也呈现跌宕下降趋势；由此导致辽宁的部分能源主产城市经济增速大幅度下滑（见图9）。

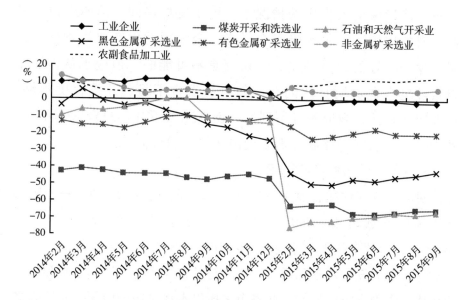

图9　2014年以来全国能源基础原材料规模以上工业企业利润累计同比增速

6. 受经济周期因素的影响

2014年以来，国家进入经济发展的新常态，随着发展思路和发展重点的转变，以产业结构调整和发展方式转变，提高自主创新能力为主的新的发展周期出现。此时，世界经济也进入调整的周期、中国房地产也进入新的发展周期、各级地方政府进入偿还债务周期、企业进入库存积压周期、新产业尚在培育周期、政治和社会治理以及宏观经济政策处于再定位周期。在这些因素的作用下，辽宁宏观经济在2015年出现比全国更大幅度的下滑就可以理解了。

7. 受投资环境缺乏竞争力的影响

在辽宁省2015年前三季度的固定资产投资中，国有及国有控股企业固定资产投资占固定资产投资总额的23%，而同期的民间投资和港澳台及外商投资控股企业投资占全部投资的77%。从固

定资产投资比例的变化来看，国有企业在过去的振兴时期对基础设施建设、技术改造等方面起到了全方位的拉动作用，但现在在市场经济发挥更大作用的情况下，更要发挥民间、港澳台以及外商投资的作用。要善于吸引全世界、全中国的生产要素到此，如果缺少一个好的投资环境，一切都是不可能的。但应承认，辽宁投资环境存在着明显的问题，如市场发育不足、开放程度不够、产业层次较低、政府服务不到位、创新能力不强、投资效率不高，特别是文化氛围和体制方面表现出来的问题很大等。

8. 受对外开放度低的影响

对外开放度往往表现为一个地区对外开放的程度，更是一个区域的市场的开放程度。2002～2012年，辽宁对外依存度平均值为26.35%，同期全国平均水平为46.80%。理论和实践证明，一个区域对外开放的发展水平和质量，往往与其整体经济发展的水平和质量成正比。中国南方沿海的一些省市之所以走在全国的前面，其原因之一就是对外开放发展得好，由此吸引了创新人才等大量的先进生产要素等。对于这种现象，美国哈佛大学教授迈克尔·波特在其著作《竞争优势》中给予了证明，他认为：生产环节和要素之间的整合能力，在要素投入数量和质量既定的情况下，往往能够提高生产效率和起决定作用。所以，推动招商引资、招才引智工作仍是辽宁提高对外开放层次和水平的一个重点。

（三）经济运行中也具有诸多的亮点

课题组在回顾2015年辽宁经济发展运行态势时，也发现了诸多亮点。虽然2015年是辽宁经济形势比较严峻的一年，经济形势复杂多变，经济下行严重，不断探底和全面步入艰难期，但在辽宁宏观经济新常态中，从供给角度来看，在工业萧条的持续冲击下，第二产业回落幅度进一步加大，但第三产业逆势上扬，增长较为强劲；从总需求角度来看，三大需求都呈现疲软态势，其中投资和出口增速的回落较为明显，但价格水平回落也明显。预计全年 CPI 增速为 1.4%，远低于国家 3.0% 的政策目标。

1. 物价水平保持平稳

全省 CPI 延续了自 2013 年 3 月以来的低位运行态势，1~9 月同比累计上涨 1.3%，涨幅比上半年提高 0.2 个百分点，比一季度提高 0.1 个百分点；PPI 自 2012 年 6 月至今仍持续负增长，1~9 月同比累计下降 5.8%。消费品市场稳定发展。2015 年前三季度，全省社会消费品零售总额实现 9327.1 亿元，比上年同期增长 7.8%，增速比上半年提高 0.3 个百分点。

2. 农业生产稳定发展

全年全省农作物播种面积 6266.3 万亩，比上年增加 18.37 万亩，增长 0.3%。现代农业发展进程顺利，国家和省对农业的扶持措施到位，为全国粮食供求平衡做出了贡献，为稳定经济发展形势起到了决定作用。

3. 产业结构升级有所加快

2015 年前三季度，全省第三产业增加值增速快于全省地区生产总值增速 4.5 个百分点，快于第二产业增速 7.9 个百分点，第三产业增长速度持续高于第二产业，第三产业对经济增长贡献的滞后效应正在逐步加大。

4. 能源消耗进一步降低

2015 年 1~9 月，全省规模以上工业综合能源消耗量比上年同期下降 5.4 个百分点。同时在全省 41 个工业大类行业中，34 个行业的综合能源消费量比上年同期下降，使得全省规模以上工业综合能源消耗量下降 3.5 个百分点。

5. 就业等民生指标总体平稳

2015 年三季度，全省实现实名制就业 66.6 万人，新增就业 34.5

万人，城镇登记失业率3.4%，低于全年控制目标。居民收入持续增长。前三季度，全省城镇常住居民人均可支配收入23341元，比上年同期增加1552元，实际增长7.1%；农村常住居民人均可支配收入9762元，比上年同期增加736元，实际增长8.2%。

6. 发展环境逐步改善

全省召开了深化行政审批制度改革转变职能简政放权现场会，结合落实国务院放权文件和权力清单审核工作，继续取消和下放一批行政审批事项。在全省推行"三证合一"登记制度，市场活力进一步释放，创新创业环境进一步优化。

三　2016年辽宁省经济发展的预测

（一）发展机遇

1. 国际经济复苏

从2015年国际经济发展态势来看，可以从总体上得出国际经济正处于缓慢复苏阶段的预测结果和结论。世界上各主要国家及经济体将逐步告别低迷状态，国际市场活力将会得到进一步提高。这对辽宁省经济发展来说，无疑是一个重大的战略性利好。

2. 前期政策效应将逐步显现

2016年是我国"十三五"规划的开局之年。随着"一带一路"、沿海经济带、振兴东北老工业基地战略等一系列政策效应的逐步显现，辽宁省将会迎来新一轮的发展机遇。一方面，国内市场消费需求逐步扩大，辽宁省的现代装备制造业等支柱性产业将面临更多市场机遇；另一方面对外贸易出口规模将持续扩大，不但将直接带动辽宁省主要产品的出口贸易，而且还将直接带动与出口贸易相关产业的升级及软硬件设施的全面优化。此外，为应对经济困境，辽宁省委、省政府全面推动产业机构优化调整，虽然经历了 GDP 增速持续"垫底"的短暂阵痛期，但是今后一个阶段，产业机构调整的效应将会逐步显现，各新兴产业产品的附加值将进一步提高，直接带动辽宁省经济的快速回暖。

3. 中韩 FTA 协定的签订为辽宁提供全新的对外贸易发展空间

2015 年中韩两国政府正式签订自由贸易协定（FTA 协定），在部分行业和领域中全面推广自由贸易。在中韩贸易体系之中，辽宁省具有得天独厚的区位优势，可以直接分享中韩自由贸易的"第一杯羹"。通过与韩国扩大出口贸易，不但可以直接带动辽宁省企业的加速发展，而且将会为辽宁省持续参与自由贸易活动积累良好的经验。

4. 资源枯竭型城市转型升级取得阶段性成果

长期以来，辽宁省内资源枯竭型城市数量较多，转型升级的困难一直制约着辽宁省经济发展。在国家政策的支持和引导下，现阶段阜新、抚顺等地区已经开始探索建立适合本地区特点的产业转型升级之路，并取得了一定的效果，积累了一定的实践经验。其中阜新市已经依托传统能源产业，建立了以现代材料业、环保能源产业等为代表的新兴产业。资源枯竭型地区的产业结构转型升级的成功，将直接带动辽宁省经济实现持续健康发展。

（二）面临的挑战

1. 经济结构调整和产业升级的影响还将持续

辽宁省的经济结构调整和产业优化升级将是一个长期的过程。2016 年，调整转型的"阵痛"还将会对辽宁持续施加影响。可以预计，辽宁省经济发展格局并不会得到根本性改变，"保增长、调结构"依然任重道远。

2. 产能过剩问题依然严重

近年来，辽宁经济发展受制度性约束及环境因素的影响愈发明显，加之国内消费及对外出口形势短期内难以实现根本性好转，因而产能过剩问题较为突出。2015 年，这个问题也并未得到有效解决。

3. 各项保障性政策仍需进一步完善

与国内经济发达地区相比，当前辽宁省促进经济发展的各项保障性政策制度仍不完善，特别是促进中小企业快速发展的金融、信贷、补贴、奖励等政策措施还不健全，企业发展环境还有待于进一步的优化。

4. 经济发展对环境生态资源的依赖性依然强

2015 年是辽宁经济结构转型的另一个重要的"拐点"，辽宁省委、省政府积极响应新一届党中央领导集体的"四个全面"战略对辽宁经济发展做出新的布局。虽然辽宁抓紧实施经济产业机构调整战略，淘汰落后产能，但是经济发展对生态环境的破坏依然比较严重。辽宁资源枯竭型地区数量较多，优化辽宁产业结构，依然任重道远。

5. 专业人才储备不足

从当前国内技术、管理人才市场流动情况来看，辽宁省的各领域专业人才储备仍显不足。人才资源储备的劣势将会在今后一个阶段成为制约辽宁省经济持续健康发展的重要障碍，也将会导致辽宁省经济发展创新的后劲严重不足。

（三）基本判断

课题组把 2016 年辽宁宏观经济增长趋势划分为三种情景，即基准情景、乐观情景和悲观情景。三种情景的详细描述如表 4 所示。

表 4   2016 年辽宁宏观经济增长趋势可能情景一览

情景类型	情景描述
基准情景	国内没有巨大的自然灾害出现;我国较为严厉的房地产调控政策继续实施,但有微调的迹象。工业增长弱势反弹,金融业继续平稳增长,房地产业增速有所提升,但保持相对平稳的增长速度;消费规模不见明显扩大,固定资产投资出现回落,但仍实现一定的增长,货物与服务净流出继续维持缓慢发展
乐观情景	国内没有大的自然灾害出现;我国严厉的房地产调控政策开始转向温和;工业增长平稳,但好于预期;金融业出现较快增长,房地产业平均出现5.0%左右的增长;消费规模保持平稳略快增长,固定资产投资摆脱低位增长区间后有所加快,全年货物与服务净流出呈明显回升势头
悲观情景	国内没有巨大的自然灾害出现;我国房地产调控政策实施得非常严厉;工业增长明显回落,平均增速低于1.0%;金融业增长回落,在低位徘徊,房地产业增长出现接近零或负增长;消费规模没有回归常态,出现较低增长,固定资产投资增长继续维持低水平或负增长,全年货物与服务净流出继续回落

资料来源:《辽宁统计月报》、国家统计局网站。

在基准情景下,课题组预计 2016 年辽宁最终消费支出增长率在 7.8% 左右;固定资产投资增长平缓,预计全年达到 3.0% 左右;全年货物与服务净流出将下降 5.0% 左右,下滑势头有所扭转。同时,课题组运用贡献率分解法结合时间序列分析和计量经济模拟等方法,分别模拟了乐观情景下、悲观情景下的相应指标情况,结果如表 5 所示。

表5　2016年辽宁主要宏观经济指标的实际增长率

单位：%

指标	基准情景	乐观情景	悲观情景
GDP 增长率	5.0	6.5	3.0
第二产业增加值增长率	2.8	5.5	1.2
其中：工业增加值增长率	2.6	5.0	1.0
第三产业增加值增长率	7.5	8.5	7.0
其中：房地产业增加值增长率	−5.8	5.0	−10.0
最终消费支出增长率	7.8	8.5	7.0
固定资产投资增长率	3.0	5.0	1.5
货物与服务净流出增长率	−5.0	−2.0	−10.0

资料来源：《辽宁统计月报》、国家统计局网站。

（四）促进2016年辽宁经济健康发展的主要策略

课题组在研究过程中认为，2016年，要促进辽宁宏观经济增长趋势实现乐观情景和避免悲观情景，在全省上下认识方面应做调整，这样才能对出台的对策和措施做些相应的调整和重新修订。课题组认为，以下观点应该在促进经济走势方面会起到好的推动作用。

1. 应高度重视下滑的风险和衰退带来的各种冲击和系统性风险

2016年，对辽宁经济发展来说，不仅要面对继续下滑的不确定性，同时还要面临微观主体发展加速下滑的风险和衰退带来的各种冲击以及系统性风险。为此，辽宁应在动力体系的构建、房地产市场的复苏、实质性的存量调整、全面的供给侧改革以及更大幅度的需求扩展等方面有大的变动，从而为经济周期的逆转，为"十三五"中高速经济增长的常态化打下基础。

2. 应高度重视三大需求在经济稳定和健康发展中的积极作用

目前辽宁处于工业化中期后段。处于这个阶段的辽宁，经济发展的核心驱动力还应是投资和技术创新。2016年辽宁应切实平衡稳增长和调结构的关系，发挥投资在稳增长中的作用，注重投资的质量和效益，把经济增长保持在合理区间。促进经济转型和发展方式转变，从长期看是正确的，但短期内要防止转型过猛和政策不连贯产生的系统性风险。为此，要继续重视投资和技术创新的作用。

3. 应千方百计促进新产业、新业态和新动力所占比重加大

辽宁宏观经济出现的新产业、新业态和新动力所占比重在逐渐加大，这是经济在低迷中繁荣的萌芽，在疲软中崛起的新气象，在旧动力衰竭中形成的新动力，更是为新一轮中高速增长铸造的基础。为此，全省应在促进新产业、新业态和新动力发展方面形成合力，以大力推动辽宁经济的发展。

4. 应高度重视人才和各级精英在辽宁经济创新发展中的作用

以往辽宁经济主要依靠大量资本投入和较高资源消耗拉动经济增长的传统发展方式，但这种方式已经难以持续。同时，技术进步与人才应该更加受到重视，避免人才大量外流，并使其不断为辽宁新的经济增长动力加快形成做出更大贡献。在这个阶段，对经济的重视就应该转为对人才和创新发展的重视，并将此项工作作为未来工作的重点，特别是要尽快解决投资环境不完善，以及人才外流和公务员不作为的问题。

5. 应高度重视宏观经济下滑情况下的就业和民生问题

在经济新常态下，经济虽然低迷，但仍要重视就业和民生问题。2016 年，辽宁应在反腐取得巨大成就的基础上，在稳定经济形势，增强经济发展动力方面下大力气，特别是要在解决百姓就业和切实提高居民生活水平方面下大力气。要实现这样的目标，就要促进GDP 实际增速的提高。其中在第一产业增速基本平稳的情况下，应促使第二产业增速提高和第三产业大幅增长，使经济发展的动力逐渐转变，为解决就业和民生问题奠定经济基础。

四 辽宁省经济发展的对策建议

2016 年是实施"十三五"规划的开局之年。在辽宁经济进入"新常态"下的"新东北现象"时期，实现辽宁经济的全面振兴，要在坚持中央提出的"四个着力"的基础上，进一步做好加减乘除法，即用投资、需求、创新做加法；用淘汰落后产能做减法；用创新驱动做乘法；用市场化程度做除法。摆脱辽宁经济发展困境，推动辽宁经济发展，必须同步实施"四个驱动"。

（一）结构调整，提高创新能力，即创新驱动

党的十八届五中全会提出"必须把创新摆在国家发展全局的核心位置，让创新贯穿党和国家一切工作，让创新在全社会蔚然成风"。创新是产业转型升级的原动力，而产业结构调整更能助推科技创新。因此辽宁省委、省政府应继续大力推动产业结构调整和优化升级，继续淘汰落后产能，促进创新创业发展。

1. 政府营造创新环境，更好地服务创新创业

只有积极营造一个有利于创新发展的政策环境和制度环境，才能够激发调动全社会创新激情，才能实现"抓住创新就是抓住发展，谋得创新就是谋得未来"这一目标。因此，辽宁省政府要改变原有的工作思路，改变原有的依靠行政力量配置资源，直接插手企业运营等工作方式，积极努力为科技创新、产业转型提供服务。政府在转变职能的过程中，要重点完善支持企业创新发展的各项政策措施，加大对企业信贷融资的支持力度，降低准入门槛，简化审批程序，提高财政贴息的支持力度。鼓励自主创新，加大对自主知识产权的奖励力度。充分发挥政策的示范引导作用，为企业提供技术设备升级政府补贴。出台一系列政策举措加快发展多层次资本市场和配套中介服务机

构，以支持科技型企业发展。

2. 加快推进传统产业转型升级，推动产业结构向中高端迈进

2015年辽宁经济下滑的主要原因是工业结构比较单一，重工业比重依然很高，传统产业占主导地位，新兴产业发展滞后。因此，辽宁产业结构优化迫在眉睫，必须加快辽宁传统优势产业向产业链高端迈进的步伐。通过鼓励技术创新，利用技术创新驱动辽宁传统产业转型升级，驱动新兴产业发展，进一步提升传统产业与新兴产业产品的附加值和技术含量，以实现向中高端迈进的目标。

3. 实施创新引才举措，实现"孔雀向东北飞"

提振辽宁经济，要靠创业创新，而创业创新的主体是人才，因此留住人才是辽宁发展的根本。辽宁具有得天独厚的人才储备条件，但却留不住人才。因此，期盼"大雁北归"的同时，要想办法实现"孔雀向东北飞"是辽宁首先要解决的问题。通过制定财政补贴大学生创业政策、建立完善的体力智力价值分配机制等杜绝人才的流失问题；通过制定优惠的引进政策并打造一个宽松的就业创业环境，吸引更多的人才聚集到辽宁。

（二）简政放权，继续深化改革，即改革驱动

改革是促使辽宁经济走出低迷的必由之路，是加快转变经济发展方式的根本动力。政府在推进辽宁经济发展中起到了不可磨灭的作用，但随着经济的快速发展，政府体制改革已经落后于经济体制转轨的进程，已经出现阻碍经济社会发展的问题。以辽宁省为代表的东北地区一直因为"大政府、小市场"而被广泛诟病。因此，政府要勇于自我革命，加快转变职能，做到简政放权，处理好政府与企业、政府与市场，以及政府与社会的关系。

1. 通过改革，实现政府职能转换

要正确定位政府在市场经济发展中的功能和作用，转变管理职

能，严格落实简政放权的各项要求。与此同时，提高政府的宏观调控能力及社会管理能力，避免过多干预企业的日常经营管理活动。及时改变原有的硬性下发经济任务和指标、直接组织参与招商引资等不符合市场经济规律的模式，设置各级政府的权力清单、责任清单和负面清单，在规范市场经济秩序、优化市场经济发展的软硬件环境等方面下大力气，使用真功夫。

深化政府体制改革，就要彻底解决政府"越位"和"错位"的问题，从根本上转变政府的职能，将政府建设成为服务型政府。首先，杜绝"越位"。政府要建立现代市场管理的理念，不直接或间接管理经济事务。即不再行政主导、直接组织企业生产经营活动，不再直接制定指令性经济指标、产品指标等。其次，拒绝"缺位"。政府应在公共服务功能方面积极发挥作用，处理好政府与中介组织的关系，在培养中介组织和发挥中介组织作用的同时要依法对中介组织进行监管。

2. 通过改革，推动国有资本合理布局

国有企业在辽宁经济发展中起着举足轻重的作用，如何通过改革，提升国有企业创新效率，是深化改革中的一个重要问题。而目前，辽宁国有企业改革的核心问题应该是央企改革。央企在辽宁无处不在，其数量多、领域广、块头大、投资多，为了带动辽宁省经济快速发展，应当以推动辽宁省央企改革为突破口，引导这类企业建立现代企业制度，切实破除传统行政管理体制的弊端，主动适应市场发展变化的要求，充分利用自身的资金技术优势，提高企业的市场竞争力和发展活力。在推动辽宁省央企改革的过程中，应当学习和借鉴吉林省、黑龙江省等地区的先进经验，一方面为已经在辽落户的央企提供全方位的政策、资金支持，帮助它们解决发展难题；另一方面通过优化投资环境，吸引更多的央企及重大项目落户辽宁，创造新型的"央地对接"发展模式，进一步提高市场活跃度及发展水平。

（三）依靠市场机制，增强发展活力，即市场驱动

振兴辽宁经济的根本在于紧密依靠市场，通过市场机制实现资源优化配置，并不断增强经济发展活力。

1. 充分激发市场驱动力

辽宁省要实现全面振兴，必须要充分激发市场的驱动力。而激发市场驱动力就要顺应市场经济的基本规律，即由市场作为资源配置的主体，坚持由市场自主选择新产品、新技术、新业态。要不断丰富市场经济主体，创造更加公平的竞争环境，既要充分发挥辽宁省国企等的主导性、主体性作用，保持辽宁省企业的总体市场竞争力，又要善于培育中小企业并将中小企业作为市场新兴的主体，适应"大众创业、万众创新"新形势下市场发展的需要，不断提高市场活跃程度，形成"百花齐放"的市场发展格局。

2. 培育和巩固统一、开放、竞争、有序的市场体系

受传统的市场发展模式以及固有观念、体制等因素的影响，长期以来，辽宁省的市场要素培育和发展不够充分，市场体系发展不健全。为了落实党的十八届三中全会提出的"两个重要"和"两个毫不动摇"，辽宁省必须要着力培育和巩固统一、开放、竞争、有序的市场体系，建立统一的市场准入制度，允许各类市场主体进入相应的市场领域之内，实现平等竞争，有效打破各类传统的市场垄断。进一步建立和完善市场规则，发挥政府的宏观调控作用，保证市场竞争的公平化和充分化，有效维护市场经济的发展秩序。

要保持各类市场经济主体的活力，有效减小中小企业负担，尽快落实国务院关于加快推进能源、交通、环保等领域的价格改革办法，让更多市场商品的定价机制实现完全市场化，并根据辽宁省实际情况，制定一批切实减轻企业负担的税费优惠政策。充分鼓励民间资本进入创业领域，简化审批流程，创新监管机制，尽快实现投资主体的

多元化，着力消除各项民间资本投资的政策壁垒，实现资源配置效率的显著提高。

3. 建立市场导向的技术创新体系

技术创新是提高辽宁省经济发展增速的有效驱动力。在大力推动技术创新的过程中，应当紧密围绕辽宁省产业链条，合理部署推动技术创新的各种要素。要将企业作为技术创新主体，将省内各大高校、科研院所纳入创新体系之中，充分利用其智力优势，形成产学研一体化的技术创新体系。除此以外，在建立市场导向的技术创新体系的过程中，还可以充分利用现有的技术优势。目前，辽宁省在机器人、轨道交通、石墨、航空装备、半导体装备、生物制药等领域，有一批发展基础好的产业与技术创新联盟，还有一批具有较高技术水平的创新产业平台、技术创新园区和基地。因此，为了尽快打造成熟的技术创新产业链条，应当充分依托现有的成熟模式和体系，发挥孵化带动作用，促进更多的技术创新成果转化为现实生产力。

（四）依托"一带一路"，助推全面开放，即开放驱动

为全面分享"一带一路"的政策红利，辽宁应当实施开放驱动战略，培育国际竞争力。要以宽广的国际视野，长远的战略眼光，实施更加积极主动的开放战略，把国内外优质资源高水平引进来，让辽宁的产品和技术大规模走出去，不断拓展经济发展新的更大空间。

1. 大力推动辽宁省核心优势产业"走出去"

辽宁省具有发展现代装备制造业、现代能源产业等技术优势，通过分享"一带一路"战略所带来的政策红利，让这部分优势产业"走出去"参与国内和国际市场竞争，是带动辽宁省经济健康发展的一项有力抓手。在推动核心优势产业"走出去"的过程中，辽宁省应当抢抓机遇，注重合理引导投资消费，同时打造"辽宁制造"品牌，逐步提高优势产业产品的附加值和市场竞争力。进一步完善

优势核心产业的产业链条，鼓励创建产业技术研发中心，设立专项基金，扶持优势产业企业开拓国内外市场。当然，在推动辽宁省核心优势产业"走出去"的过程中，还要注重研究国际市场贸易规则，逐步将"产品输出"转化为"产业输出"，以此缓解产能过剩的问题。

2. 有效培育外贸竞争新优势

面对日益严峻的外贸形势，辽宁省应当以认真贯彻落实国务院《关于加快培育外贸竞争新优势的若干意见》为基础，巩固传统的对外贸易优势，不断培育和开拓新的国际市场，进一步强化外贸在辽宁省经济发展中的支柱性作用。为了实现贸易强省的目标，应当做到如下转变：一是推动出口由货物为主向货物、服务、技术、资本输出相结合转变；二是推动竞争优势由价格优势为主向以技术、品牌、质量、服务为核心的综合竞争优势转变；三是推动增长动力由要素驱动为主向创新驱动转变；四是推动营商环境由以政策引导为主向制度规范和营造法治化、国际化营商环境转变；五是推动全球经济治理地位由遵守、适应国际经贸规则为主向主动参与国际经贸规则制定转变。通过实施"五大转变"，全面优化辽宁省现有对外贸易格局，扭转对外贸易劣势，提高国际市场话语权。

3. 利用地域资源优势打造"一带一路"关键节点

辽宁省有着十分独特的地理资源优势，成为东北亚地区最为重要的商业贸易中心和交通枢纽之一。在"一带一路"总体战略布局之中，辽宁省也有着至关重要的地位和作用。因此，辽宁省应当充分利用境内的沿海港口群及铁路、公路、民航线路，承担起东北地区乃至全国对外贸易枢纽的任务。要进一步突出区位优势，完善各货物运输交通枢纽的功能，巩固现有的运输资源优势，同时积极开拓新的运输线路，围绕"一带一路"战略实现外贸出口发展水平的稳步提升。

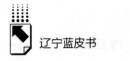

4. 完善对外出口贸易政策支持体系

要将大力发展对外贸易作为推动辽宁省经济复苏的有力抓手和崭新契机，一方面，为辽宁省从事对外贸易的企业提供全方位的资金、政策支持，提高辽宁省外贸企业产品的国际市场竞争力；另一方面，要全面优化对外贸易环境，吸引更多的国内外企业到辽宁省落户发展，形成推动辽宁省经济发展的新动力。

参考文献

鲍振东、曹晓峰：《中国东北地区发展报告》，社会科学文献出版社，2013。

林毅夫：《繁荣的求索——发展中经济如何崛起》，北京大学出版社，2012。

刘海影：《中国经济下一步是繁荣还是陷阱》，中国经济出版社，2013。

胡舒立、王烁：《中国2013年关键问题》，线装书局，2013。

张天维等：《后金融危机时代战略性新兴产业发展研究》，辽宁教育出版社，2011。

张天维、姜岩、陈岩：《战略性新兴产业的时政研究》，辽宁教育出版社，2015。

B.2

2015～2016年辽宁省社会
形势分析与展望

王 磊 杨成波 闫琳琳*

摘 要： 2015年，在经济增速不断减缓，下行压力持续增强情况下，辽宁省与居民生活相关的各项支出不降反升，社会发展仍保持良好势头。本研究对2015年辽宁省收入分配、人口、就业、社保、棚改、扶贫、简政放权以及社会治理等重点社会领域发展的总体形势，面临的突出问题进行了综合性分析与探讨。享受幸福生活是当今时代人们共同的追求，也是辽宁省奋斗的目标，但在经济发展下行压力的影响下，这一目标的实现面临严峻的挑战。本研究基于当前的经济发展形势，着眼于富庶文明幸福新辽宁目标的实现，从九个方面对辽宁省的社会发展进行了展望，并提出了具体的对策和建议。

关键词： 社会形势 社会发展 保障民生 辽宁省

---

* 王磊，辽宁社会科学院社会学研究所所长，研究员，研究方向为社会保障；杨成波，辽宁社会科学院社会学研究所副所长，副研究员，研究方向为应用社会学；闫琳琳，辽宁社会科学院社会学研究所助理研究员，研究方向为社会保障与收入分配。

2015 年是"十二五"规划收官之年，也是实施新一轮老工业基地振兴发展战略的重要一年。2015 年前三个季度，在经济发展处于下行期，财政收支增速下降明显的情况下，辽宁省高度重视民生、保障民生，与居民生活相关的各项支出不仅没有减少反而保持了增长，如社会保障和就业支出比上年同期增长 14.2%。总体看，辽宁居民收入、就业、社会保障和公共服务等各项社会事业仍保持较好的发展势头，广大人民群众更多、更公平地分享改革发展成果。

一 辽宁省社会发展总体形势

2015 年，辽宁省委、省政府高度重视民生保障，持续加大民生投入，不断增进辽宁人民福祉，社会运行和发展态势良好，总体可以概括为以下几个方面。

（一）城乡居民收入持续增长，收入来源日趋多元化

近年来，辽宁省城乡居民家庭人均收入呈现逐年增长趋势。2006 年辽宁省城镇居民家庭人均可支配收入为 10369.6 元，到 2014 年已达到 29081.8 元，名义增长 180.5%。同期，农村居民家庭人均纯收入从 4090.4 元增加到 11191.5 元，名义增长 173.6%。2015 年，在辽宁省 GDP 增长速度较低，全省经济下行压力不断加大的情况下，辽宁居民收入增速超过 GDP 增速。从 2015 年前三季度数据来看，城镇常住居民人均可支配收入 23341 元，比上年同期增长 7.1%；农村常住居民人均可支配收入 9762 元，比上年同期增长 8.1%。

在收入来源方面，辽宁城乡居民收入来源更趋多元化，收入结构不断优化。从趋势上看，城镇家庭人均年总收入中，工资性收入所占比重呈下降趋势，已经由 2008 年的 59.95% 下降到 2013 年的 56.91%，经营净收入则呈现上升趋势，由 2008 年的 9.37% 提高到 2013 年的

10.79%。辽宁城镇居民家庭在拓宽家庭收入渠道方面更倾向于自主创业或兼业方式。转移性收入在辽宁省城镇居民家庭人均年度总收入中的比重始终维持在第二位。这说明国民收入再分配在促进城镇居民家庭收入增长方面具有重要作用。辽宁省城镇居民家庭收入结构仍以工资性收入为主，转移性收入为辅，经营净收入占比呈增长趋势。而就辽宁农村居民收入构成而言，工资性收入已成为辽宁省农村居民家庭收入的第二大来源且呈逐渐上升势头，从2007年的22.4%提高到2013年的24.36%，6年间提高了1.96个百分点。转移性收入在农村居民家庭收入中占比为第三位，保持在5%～6.5%。但与城镇家庭相比，农村家庭转移性收入比重偏低，转移性收入成为增加农村家庭收入的短板。

（二）新兴服务业成为吸纳新增就业的新渠道

2015年，在辽宁省经济下行、整体公共财政预算支出下降的情况下，服务业发展却相对较快，比重进一步提高。全年与居民生活相关的各项服务业支出保持增长态势。据统计，2015年1月至4月，交通运输、仓储和邮政业，卫生和社会工作业，文化、体育和娱乐业3个行业门类增长较快，分别实现营业收入449.7亿元、33.2亿元、13.3亿元，增速均高于全省平均水平。前三季度，全省社会保障和就业支出比上年同期增长14.2%，节能环保支出增长59.9%。全省信息传输、软件和信息技术服务业投资比上年同期增长13.6%，科学研究和技术服务业投资增长10.3%，公共管理、社会保障和社会组织投资增长0.9%。新兴服务业逐步成为辽宁省对外开放的重要载体，是财政增收的主力军和吸纳新增就业的主渠道。

（三）提出医改惠民十项重点工作，医保体系改革进一步深化

2015年，辽宁省医疗改革的亮点在于提出医改惠民十项重点工

作，即实现县级公立医院综合改革全覆盖、实现每个乡镇有一所政府办卫生院、做好鞍山市城市公立医院改革试点、加快形成多元办医格局、扎实做好城乡居民大病保险工作、大力推进医保支付制度改革、打造群众信任的基层医疗卫生服务体系、全面实施进一步改善医疗服务行动、加快医疗卫生服务信息化建设、不断提升与城乡居民健康密切相关的公共卫生服务水平，并明确了相关责任单位。这十项工作既同当前医改的核心问题密切相关，又有高度的可操作性，有效地推进医改走向深入。具体来看，2015年，城镇职工医保、城镇居民医保和新农合参保率均稳定在95%以上。城乡居民医疗保险人均政府补助标准提高到了380元，门诊和住院费用支付比例分别达到50%和75%，全民医保体系进一步健全。2015年，辽宁省以破除以药补医机制为核心，进一步深化公立医院管理体制、补偿机制、人事分配、价格机制、采购机制、支付制度、监管机制等方面的综合改革。可以说，辽宁省以4月1日出台的《辽宁省人民政府办公厅关于深化医药卫生体制改革实施意见》为基本出发点，明确了医改的总体目标、基本原则、重点任务和保障措施，医改工作全面向纵深推进，为今后医药改革不断深化打下良好基础。

（四）棚户区改造成果得到继续巩固

辽宁省是东北乃至全国最先进行棚户区改造的省份，从2005年开始进行棚户区改造，到2015年共分为三个阶段：第一阶段是2005~2006年对5万平方米棚户区进行改造；第二阶段是2007~2008年对1万平方米以上5万平方米以下棚户区进行改造；第三阶段是2009~2015年对1万平方米以下棚户区进行改造。2014年辽宁省完成棚户区改造29.5万套，沈阳市完成棚户区改造1.2万户，提高了国有土地上的房屋征收与补偿标准，引导棚户区改造居民选择货币补偿。大连市改造棚户区2.4万平方米。截至2015年7月，沈阳市棚户区改造已启动39个地块，签订补偿协议10729户，签约比例48%。其中，选择货币补偿的3789户，拟购买商品住房的6009户，购买新建安置房的931户。大连市完成棚户区改造5892户，完成率73.4%，新获批棚户区改造融资贷款额度121亿元，棚户区改造完成率、新增棚改融资贷款额度位居全省前列。

（五）反贫困工作进入精细化管理新阶段

精准扶贫、"精细化"脱贫是提高反贫困工作效率，实现治贫方式转变的必然要求。而与精准扶贫直接相关的两项基本反贫困措施是社会救助（以低保救助为核心）与扶贫开发。随着贫困群体规模逐年减小，剩余贫困群体反贫困工作难度加大，辽宁反贫困工作步入了精细化管理的新阶段。统计数据显示，截至2015年第三季度辽宁城市低保对象73.67万人，占城镇人口的2.5%；农村低保对象80.87万人，占农村人口的5.58%。随着"应保尽保"目标的实现，辽宁低保救助"社会最后安全网"的功能日益显现。近年来，辽宁省加大了对扶贫开发的投入力度，2011～2014年，辽宁省财政投入扶贫开发的专项资金有10.3亿元，截至2014年底全省贫困人口减少到214万人，减少了31.8%。2015年辽宁省通过扶贫开发又减少贫困人口60万人。

面对剩余贫困群体反贫困工作难度大的现实，近年来辽宁省通过精确识别、精确帮扶和精确管理着力在精准扶贫工作上实现新的突破。2015年辽宁省以214万建档立卡贫困人口为重点，加大对贫困群体的支持。而为缓解贫困农户发展资金短缺困难，辽宁省自2007年开始把互助式扶贫作为精准扶贫的重要支撑。2015年辽宁省投入精准扶贫资金3亿元推进互助式扶贫模式。"互助式扶贫"模式使得扶贫资金由原来的"撒芝麻"变为集中利用，从而实现了资金利用率最大化。沈阳等地采取到户扶贫、智力扶贫、贴息扶贫以及移民扶

贫等新的扶贫政策措施实现对贫困群体的救助从"输血"到"造血"的转变。

（六）简政放权力度空前，充分激发市场活力

自党的十八大和十八届三中全会以来，辽宁省将转变政府职能简政放权改革工作提上了前所未有的高度，力度大、推进快、措施实、配套全、效果好。省委、省政府成立辽宁省转变政府职能简政放权工作领导小组，全面安排部署政府简政放权工作。2013年8月，率先出台《辽宁省人民政府转变职能简政放权实施意见》及其任务分工，对辽宁省政府转变职能简政放权工作提出总体部署，并且给出具体的改革时间表和路线图。2013年1月，取消和调整行政审批项目84项。其中，取消行政审批项目49项，合并行政审批项目5项，下放到管理层级项目30项。2013年8月，取消和下放353项行政职权。其中，取消153项行政职权，下放174项行政职权，其他21项；下放涉密职权5项。2014年6月，省政府取消和下放458项行政职权。其中，取消113项行政职权，下放310项行政职权，转移、合并及降低收费标准35项行政职权。2014年9月，出台《关于进一步深化行政审批制度改革转变职能简政放权的意见》，简政放权工作进入了攻坚阶段。2014年11月，再次取消和下放325项行政职权，集中于建设投资、生产经营及民生等重点领域。同时，为了彻底消除个别部门"抱着审批权不放"的情况，省委、省政府建立改革倒逼机制，先后多次到基层企业、群众中调研听取意见；参照江浙沪等先进地区取消和下放职权情况，建立自上而下的带动示范机制，坚持开门搞改革等政策机制，有效推动了辽宁省省简政放权工作的开展。从2014年至今，辽宁省取消和下放省级行政审批职权近千项，公开496项审批事项清单，各市取消调整4736项行政审批事项。辽宁省着力推进深化行政审批制度改革转变职能简政放

权工作,有效释放市场活力,促进政府廉政建设,为辽宁省经济社会持续健康发展提供了机制保障。

表1 辽宁省简政放权时间表

时间	简政放权	具体内容
2013 年 1 月	取消和调整行政审批项目 84 项	取消行政审批项目 49 项,合并行政审批项目 5 项,下放管理层级 30 项
2013 年 8 月	取消和下放 353 项行政职权	取消 153 项行政职权,下放 174 项行政职权,其他 21 项;下放涉密职权 5 项
2014 年 6 月	省政府取消和下放 458 项行政职权	取消 113 项行政职权,下放 310 项行政职权,转移、合并及降低收费标准 35 项行政职权
2014 年 9 月	出台《关于进一步深化行政审批制度改革转变职能简政放权的意见》	简政放权工作进入了攻坚阶段
2014 年 11 月	再次取消和下放 325 项行政职权	集中于建设投资、生产经营及民生等重点领域

资料来源:辽宁省人民政府网站。

(七)社会治理力度加大

建立了社会矛盾的排查化解机制。一是建立和完善社会稳定风险评估机制,强化"源头预防"。在出台政策、上项目和做决策前,要认真研判可能对社会稳定带来的影响,促进决策科学化、民主化,有效防止因决策不当引发影响社会稳定的问题。二是建立和完善定期排查机制,强化"干部下访"。领导干部以不同的形式走访、排查社会矛盾。三是建立和完善调处机制,强化"整体联动"。对信访大厅进行了改扩建,使"一站式"调处功能得到较好发挥,促进信访问题得到一次性解决。四是建立和完善领导接访机制。五是建立和完善督

办查究机制，强化"责任追究"。

加大了网络建设与治理的力度。一是坚持用法律手段、行政手段、经济手段和技术手段构建网上网下结合的防控体系，提高对利用互联网实施违法犯罪活动的发现、侦查、控制、处置能力，严防形成隐蔽性犯罪组织和破坏性社会动员力量。二是完善对网上舆论的监控和分析研判机制、重大案件快速反应机制、网上舆论引导机制，提高了对司法个案、突发事件的网上舆论引导能力。三是通过网络加强宣传工作，通过专栏、专题宣传新发展、新成就等。同时，积极拓展新媒体服务领域，如多媒体报、电子报纸、手机报等，培育了网络电视、网络电台、网上影视、网上游戏等一批网上服务特色品牌，加强网络信息服务功能。四是加强对公共场所的治理。在网吧安装安全治理系统，实行身份证登记上网制度，控制率达到100%。

完善网格化服务治理。在网格化治理中，以街道为单元划分大网格，以街和路为单元划分中网格，以楼栋为单元划分小网格，每个小网格配备1名网格员，网格员和社区党员志愿者、楼长、社区警员到居民区倾听居民诉求，解决实际困难。并通过互联网信息化平台和手机移动终端设备将社情民意、居民诉求和问题及时上传，上级把问题相应地转交给各相关单位，并限时办理。每周网格员可以为居民解答相关问题，提高了社区服务效率。做到"小事不出村、大事不出镇、矛盾不上交"，营造一个和谐的社会治安环境。

二 辽宁省社会发展面临的主要问题

（一）收入分配差距依然显著

辽宁省收入分配差距主要体现在城乡、地区和行业之间。城乡居民收入分配差距重现扩大趋势。从绝对数值上看，辽宁省城乡居民之间的收入差距从2011年的12000元增加到2014年的18000元，三年间增加了6000元；从相对值看，辽宁省城乡居民之间的收入差距具有明显的"N"字形波动态势，截至2014年城乡居民收入比激增到2.6∶1，为近年最高值。

地区间收入差距进一步扩大。2006～2013年，大连、沈阳、盘锦的农村居民家庭人均收入水平居各年度前三位，朝阳、阜新、葫芦岛则居后三位。最高水平与最低水平的收入差距达到近一倍。而且，即使是收入水平较高地区之间的收入差距也呈扩大趋势，如大连和沈阳两市农村居民家庭人均收入差距已从2006年的1272元扩大到2013年的3250元。

行业收入分配差距依然显著。金融业，信息传输、软件和信息技术服务业，科学研究和技术服务业等具有资本、技术或资源垄断性质的行业，保持了较高的工资水平，而农林牧渔业，住宿和餐饮业，水利、环境和公共社会管理业等非垄断行业的工资水平则始终较低。研究发现，行业职工平均工资最高与最低的比值已达到6.21∶1。

（二）人口总量高峰回落，老龄化严峻且人口聚集能力减弱

辽宁人口总量从1978年的3394万人增加到2013年的4238万人，年均增长率为0.7%。辽宁人口总量在2009年达到峰值4255万人之后，开始平稳下降。从人口自然增长情况看，1978年辽宁省人口自然增长率为12.70‰，之后逐年下降。2010年之后，人口自然增长率逐步维持在-1.3‰到0.3‰之间，2014年辽宁省人口自然增长率仅为-0.5‰。人口自然增长率负向变动，且低于辽宁总人口年递增率，说明辽宁省人口总量变化主要受人口净流入的影响。

从2013年辽宁省人口分年龄结构分布情况来看，辽宁省60岁以上人口比重达到19.13%，大连、丹东、锦州等市60岁以上人口比重已超过20%，人口老龄化形势非常严峻。与2005年相比，2013年

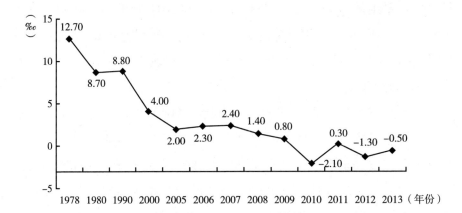

图1　辽宁省改革开放以来人口自然增长率变化情况

资料来源：2000年第五次全国人口普查数据，2010年第六次全国人口普查数据。《辽宁统计年鉴》（2014），中国统计出版社，2014。

18～35岁劳动适龄人口比重由26.30%下降到23.33%，35～60岁劳动适龄人口比重由42.46%增加到44.05%。辽宁省劳动力人口以中壮年为主，且年龄构成逐步趋于老龄化，且老龄化趋势明显。这不仅影响了辽宁当前经济的社会活动效益，更直接影响了辽宁未来的劳动力供给、就业年龄结构以及未来经济发展的长久可持续能力。

从"五普"和"六普"两次人口普查数据中辽宁省常住人口和户籍人口比值情况来看，"五普"时辽宁省常住人口与户籍人口的比值为113∶100，而"六普"时辽宁省常住人口与户籍人口的比值为103∶100。从辽宁省人口集聚程度的数据变化情况来看，辽宁省人口集聚程度由中人口集聚地区逐步走向弱人口集聚地区，且呈现进一步减弱态势。

（三）人口与经济社会发展协调程度不高

目前辽宁省人口自然增长率处于负向变动状况，使得辽宁省劳动年龄人口减少问题雪上加霜，也使得辽宁省经济发展形势更为严峻。2015年辽宁省第二季度GDP增速仅为2.6%，第三季度增速为

2.7%，远低于全国 GDP7% 的增速。在辽宁省到达人口高峰回落之后，人口老龄化、劳动年龄人口减少等人口问题使得辽宁省人口总量峰值回落带来的新一轮人口总量与经济水平之间不适应，影响经济社会的进一步发展。

辽宁省从"五普"到"六普"65 岁及以上老年人口比重上升了 2.43 个百分点，对比世界上较早进入老龄化的国家老年人口比重提高 2 个百分点需要 40～100 年的时间，辽宁省人口老龄化速度非常惊人，辽宁省是我国率先进入"未富先老"状态的省份。劳动力年龄结构老化也严重影响到经济发展速度和劳动生产率。"人口红利"时代结束和人口老龄化加速对未来经济增长、资本市场、社会保障基金等都会造成一定影响。

辽宁省经济增长贡献因素中，投资拉动的影响较大，贡献率为 69.06%，人口因素中人口数量和人口质量皆对经济增长有推进作用，贡献率分别为 2.53% 和 3.09%。辽宁省人才配置结构存在的结构性矛盾问题影响着人力资源市场与经济增长的均衡关系。辽宁省人才结构存在着传统产业人才多、高新技术人才少，单一型人才多、复合型人才少的特征。同时在技能人才队伍配置中呈现初级、中级工比重大，高级工比重小，高级技师比重更小的特征。

从人口社会经济协调弹性系数分析结果来看，改革开放之后，辽宁省人口社会经济协调程度逐步提升，2000～2009 年达到高度协调发展状态，进入 2010 年之后，人口社会经济协调程度开始下降，处于人口社会经济协调缓进状态，人民生活水平提高速度放缓。

（四）结构性失业仍然严重

在经济下行情况下，中小企业为了应对经济困境，为获得竞争优势，必须调整产品类型，并对产品进行升级，这就要求企业从业人员具有较高的素质。而当下许多求职者的劳动技能、受教育程度等与企

业的招工要求有差距，导致求职者就业困难。求职者对就业岗位也在工资、福利待遇、工作环境等方面都有较高的要求，而企业又不能完全地提供这些工资待遇，这也是导致企业招工难的一个重要因素。究其原因，结构性失业实际上就是产业结构调整后，劳动者素质与产业发展的要求不一致。辽宁省是重工业省份，而工业的吸纳人数有限，第三产业发展落后造成就业不利，加之工业结构调整，一些高耗能、高污染企业整顿关闭，也造成了部分人员的结构性失业。

（五）经济下行压力增大，医疗财政支撑及体制机制建设有待加强

2014年以来辽宁省经济形势不容乐观，GDP和财政收入下行压力很大。医药卫生体制改革与卫生事业发展需要大量政府投入，以保证服务供给的可及性、公平性和公益性，医疗保障财政支出存在较大压力。实行新医改以来，辽宁省医保筹资水平有明显提高，特别是新型农村合作医疗的筹资水平上升很快，但结构性机制性问题也有所凸显。医保体制机制建设上还存在着整合争议、医保制度待遇差异化、医保筹资机制和基金管理水平、卫生医疗人才短缺、卫生技术人才激励机制不健全、基本药物制度改革滞后、基层医疗机构服务能力不足、医疗资源配置不合理、医务人员激励机制改革实质性举措少、政府财政投入长效机制缺失等问题。

（六）社会救助对象识别与瞄准失当现象仍然存在

贫困的识别与瞄准向来都是反贫困工作所面临的重要问题。特别是在低保转向"综合救助"之后，一旦应该享受低保的低收入家庭没有为制度所覆盖，他们与低保家庭的转移支付差距就会更大，他们的实际生活将陷入更为贫困的境地。这实际上是对识别扶贫对象的精准性提出了更高要求。而一项利用国家统计局的资料对低保瞄准进行

的分析表明，43%的获得低保救助的家庭不具备资格；72%的应保家庭未获得保障。[①] 对辽宁省的研究表明，在城市中影响社会救助对象识别精准性的最大因素是隐性就业。在阜新等地的实地调研发现，即使最保守的估计，城市社区中也有50%的有劳动能力的救助对象存在隐性就业的现象，对这部分群体真实收入核查难度大，给救助对象的甄别准确性带来难度。而对辽宁朝阳等地农村的调研发现，农村社会救助操作过程中管理不规范现象比较突出，"关系保""人情保"还相当程度地存在着，这导致低保瞄准机制出现较大程度的偏差。

（七）简政放权实效性不足

通过对企业和基层的调研发现，它们对简政放权的感受并不明显，这说明改革实效性不足，还有很大改革空间。简政放权改革中，"放权"不等于"不管"，而是解决"权力不肯放、事情不愿管"的问题，既要"放得下"，还要确保"管得好"，避免出现"重下放、轻监管"的误区。一些部门存在着简政放权认识误区，一些地方部门"重权力、轻责任"，把行政审批权下放理解成为权力下放和取消，而没有意识到权力下放背后的责任。目前辽宁省取消的审批事项较少涉及核心利益，后期简政放权改革难度将加大。

（八）虚拟社会治理面临严峻挑战

一是互联网已经成为境内外敌对势力对我国进行渗透破坏的"主战场"。二是互联网已经成为社会矛盾的倍增器。容易误导舆论和激化社会矛盾，给社会治理带来困难。三是如何应对互联网复杂多变、点多面广、传播速度快、社会动员能力强等问题是我们政府当前

---

① Chen, Shaohua and Martin Ravallion, "Decentralized Transfers to the Urban Poor: China's Di Bao Program", Working Paper at the World Bank, mimo, 2005: 189 – 196.

社会治理工作中面临的首要问题，通过互联网的发展来遏制互联网的网上网下互动。四是在互联网中，个人的信息很容易被隐匿和篡改，使得行为主体的确认难度增加，给公安机关的识别工作带来不便，再加上网络违法犯罪的手段不断翻新，使网络违法犯罪的鉴别、防范工作变得更为困难。

三 促进辽宁省社会发展的政策与建议

（一）力促收入分配领域实现更高程度的社会公平

收入公平是确保全民共享改革成果的根本性保障。目前，实现辽宁收入分配领域更高水平的公平至少需要做好两方面工作：其一是缩小城乡收入分配差距。应发挥政府在收入分配调节中的主导地位，通过提高农村的转移支付力度进一步完善农村养老、医疗、救助、福利服务等领域的制度建设，缩小城乡保障资源配置和制度发展水平的差距。要加大农民工权益保障力度，特别是对拖欠农民工工资的行为要加大监察和处罚力度，与此同时，做好农民工社会保障与城乡社会保障制度的整合统筹与衔接，为农民工群体就业、创业创造有利的社会环境。其二，规范收入分配秩序，调节收入分配结构。要放宽市场准入门槛，治理行业垄断，实现公平竞争。通过采取工资、福利改革等方式降低垄断性行业畸高收入。要将高收入群体的财产转让收入、利息、红利所得纳入个税征管范围。

大力提高普通劳动者收入在整个GDP中所占比重，建立以市场为主导，政府、雇主、雇员三方共同协商的企业工资决定机制与增长长效机制。提高低收入群体收入水平，如通过提高最低工资标准、增加对低收入群体的社会保障和福利支出等来改善其生活状况。

（二）推进区域人口经济社会协调发展，全面提升区域竞争力

在经济社会发展中树立人口与经济社会协调发展的理念。通过适度鼓励形成普遍性的二孩化，增加未来人口总量，促进人口区域内集聚，大力提高人口素质等政策措施促进人口经济社会发展与生态环境发展相协调。将人口因素与资源环境、经济社会发展放在一个大背景下，实现人口与经济社会发展的有机融合，使人口规模、人口结构、人口素质在经济社会协调发展的框架下，塑造了一个区域协调的良好人口环境。制定吸引高素质人才的优惠政策，增强人口集聚效应。采用在住房、保险、子女入学、配偶安置、亲属随迁、投资创业、干部选拔任用等方面给予政策优惠的方式，吸引辽宁省经济发展建设急需的各类高素质人才来定居、工作或创业。建立健全职工职业生涯规划机制，为员工提供充分的调动或晋升机会，在录用高素质人才时才能使其看到充分的职业发展空间。构建和谐的工作环境吸引人才。利用高素质人才的吸引激励优惠政策，增加软实力建设投入，增强辽宁省区域人口集聚效应。增加辽宁省教育投资，重视人才，提升人力资本水平和科技水平，注重挖掘有特殊技能的人才，制定吸引人才的财政支持政策，实施灵活多样的办学形式，使正规教育、业余教育、成人教育、企业培训等人才培养方式共同发展，建立既适合辽宁省省情又符合人才培养和技术创新规律的政策机制，提升辽宁人口素质，为提升辽宁省区域竞争力打造良好的智力支撑体系。大力发展技术密集型产业并逐步淘汰替换那些环境污染严重、资源消耗过多的劳动密集型产业。可在电子通信、生物医药、新材料、技术性服务业、知识性服务业等领域积极发展技术密集型产业，逐步实现产业结构的跨越式提升，形成产业发展与就业发展相结合的互动局面。根据辽宁省主体功能区规划，实现人口与经济社会资源环境可持续发展是提升区域竞争力推进东北振兴的根本保证。

（三）建立贫困老人综合养老保障体系

通过制度补偿和人文关怀化解养老高风险群体面临的养老难题。完善基础性养老保险制度，对于低收入群体缴纳养老保险费给予一定的补贴和优惠，确保基础养老保险制度的全民性和普惠性。做好养老保障与社会救助制度的衔接，保证养老贫困群体同样可以享受有尊严的晚年生活。发展社区养老，健全社区养老服务体系，满足老人多元化的养老需求，提供更加人性化的养老服务。加强养老服务机构建设，对于入住养老院的贫困老人给予一定的资金补贴。动员社会各方力量参与养老资源的供给，鼓励和推动企业、慈善类社会组织关注贫困老人，并从物质和服务多领域向贫困老人传递养老保障资源。

（四）以创业创新带动就业，化解就业压力

在经济结构转型、经济下行的背景下，产能过剩对就业产生了一定的影响，但是在大数据、智能化、"互联网＋"等高速发展的时代，新兴产业的发展能很好地吸纳就业人员，大力发展信息业、旅游业、金融保险业等新兴产业，加强社会生活服务业的发展，使其逐渐成为城市新的就业增长点。鼓励以创业创新带动就业，优化创业创新环境，提升创业创新服务水平，大力支持大众创业、万众创新，把创业和就业结合起来，以创业创新带动就业，化解就业压力。

此外，发展第三产业尤其是新兴服务业是保内需、促增长、增加就业的重要途径。应引导新兴服务产业分工合理布局和细化，运用"互联网＋"模式大力提高新兴服务行业市场份额。通过新兴服务业发展带动就业的增加。

（五）加强医疗卫生体制机制建设，推进卫生事业良性运行

围绕辽宁省"十三五"规划的重点，把握战略方向，提升医疗

卫生治理体系的治理能力建设，增加改革红利，更好地实现政策目标。首先，在行政管理体制方面，基本医疗卫生制度框架要整合政府卫生职能，规范和完善政府的卫生投入机制，加强医疗人才队伍与考核机制建设，形成统一的、适应基本医疗卫生制度的行政管理体制，明确、合理划分不同级别、不同部门的卫生管理责权，建立健全决策和问责机制，充分调动和发挥医务人员的积极性。其次，完善筹资机制，加强支付方式改革，合理控制医药费用，确保城乡居民基本医疗保险的资金稳定和可持续发展。从制度、机制等方面攻坚，实质性提升基层医疗服务能力，强化基层医疗机构的综合改革。在省级药物目录编制方面，入选的药品应是质量安全可靠、居民可负担、具有较好成本效果比的药物。完善基本药物集中招标采购制度，加快建立基本药品供应保障体系。通过医疗人力资源激励机制改革，完善人才培养、人才激励机制，探索合理实现医务人员劳动价值的路径。加快社会资本办医和健康服务业发展，多措并举破除各种阻碍社会办医的障碍，促进医疗服务体系多元化发展。

（六）棚户区改造多措并举减少建设阻力

一是扩大融资渠道。财政资金的引导、政策性金融的支持、社会资本的广泛参与，为棚户区改造提供了可持续的资金保障。二是采取多样化的安置方式。对土地紧张的棚户区，可采取分散安置、货币化补偿、产权置换等方式缓解土地紧张问题，加速征迁进程。三是鼓励企业参与棚户区改造。对于迫切需要拿到土地协议进行融资的企业，可以先签订协议，后帮助其解决融资问题，具体细节可以补充协议形式进行约束。四是提升规划编制的科学性。重视规划编制工作，因地制宜，突出区域特色，提高规划编制的科学性和可操作性。五是优化棚户区改造的办理手续和流程。规划、土地、建设、环保和发改委等部门要相互配合，积极沟通，并合理下放审批权限，扩大基层权限，

加快手续办理流程。加强与基层单位的沟通衔接，征求基层意见，及时解决棚户区改造中所存在的问题。

（七）创新精准扶贫工作机制

加强救助对象甄别的科学性。对于因救助对象可能存在隐性收入而影响救助资源传递准确性的现象，建议出台相关法律保证民政部门核查救助对象的银行账户等金融资产信息的合法化和正当化。对贫困群体进行准确分类，确保救助措施能针对不同类型贫困群体的实际情况展开，做到精准而有效。对于不具有劳动能力的救助对象，要保障其基本生活水平，并确保其生活质量随着经济社会发展而相应提高；对于具有劳动能力的低保对象，应着眼于致贫的不同原因，根据其家庭结构的不同，综合运用基本生活保障、就业、医疗和教育等措施，使其借助救助阶段的缓冲作用，摆脱贫困，融入社会主流。特别是重视对贫困家庭子女营养、健康和教育的投入，切断贫困链条，防止贫困的代际传递。完善精准扶贫考核机制。对辽宁省建档立卡贫困群体的情况进行跟踪与评价，考核其在收入、消费、资产积累、教育和健康等方面的改善及脱贫状况。与此同时，反贫困资源和资金使用要做到公开和透明，对反贫困过程中出现的资金被挤占挪用等违反救助资源分配初衷的不法行为，要坚决予以纠正和制止。

（八）因地制宜进行改革设计，确保简政放权政策落地

辽宁省在推进简政放权和深化行政审批改革过程中，要因地制宜进行地方改革设计，结合辽宁老工业基地特点，做好"放""管""接""改""领""评"，建设地方政府平台配套，进一步转变政府职能。深化简政放权是破解机制体制障碍的关键理念，要从理念上认同简政放权的重要意义，切实增强责任感和紧迫感，以更大的决心和信心打好简政放权改革攻坚战。对于尚未解决的权力下放核心难题——

利益难题，尤其是对于政府管理的垄断性社会组织权力下放涉及的利益问题，要培育相类似的社会服务机构引入竞争，结合国家相关文件对该类社会组织进行拆分，或者与其他行业组织进行整合，从多方面切断垄断性社会组织与政府机构的联系。同时，制定相关服务标准，向人民群众公开办事流程，让需要办事的人民群众和企业看明白，听清楚，少跑路，制定社会承诺、投诉监督、检查监察制度，破解机制体制障碍。完善政务服务体系，打造阳光便捷的服务平台。建立和完善权力清单，加快建设法治政府和服务型政府。从高处布局，从实处"落子"，使简政放权和转变政府职能真正落到实处，真正解决制约辽宁老工业基地振兴发展的体制机制问题。

（九）加强社会管理创新的法制建设

一是保证立法的公正性和公开性。首先是立法公正性。公正性主要体现在法律的出台要以广大人民群众的根本利益为出发点，要以人为本，是多数人对少数人的统治方式，不能让少数有权人左右法律的精神，通过法律的外衣为己谋利。其次是立法的公开性。公开性主要体现在法律、法规的出台要征求广大人民群众的意见，接受人民群众的批评，吸纳人民群众的有益意见，使广大人民群众参与到法律的制定过程中。二是执法必严，违法必究。首先执法要严，法律面前人人平等，必须严格地执行法律条文的规定，不能随意更改法律，或是变相违法；其次是违法必究，任何人在法律面前都是平等的，任何人违法都要追究相应的法律责任，不能因人而异，发现问题，要及时处理。三是加强执法人员的素质建设。加强执法纪律和职业道德教育，全面提高执法人员素质。有效规范执法人员的执法行为，切实保障执法对象的人身权、财产权和人格尊严。建立健全执法人员档案信息化管理系统，探索建立社会回应制度，更新行政执法理念。

综 合 篇

Comprehensive Articles

B.3

2015~2016年辽宁经济
形势分析及展望

于晓琳　姜健力*

摘　要：　2015年以来，辽宁经济增速不断减缓，下行压力持续增大，困难挑战明显增多，呈现"总体放缓、缓中趋稳、稳中有难、难中有险"的基本态势。预计2015年辽宁经济将延续当前"缓中略升"的发展态势，全年经济增速将处于3.0%左右。初步预计，2016年全省经济运行将步入缓慢回升通道，经济增速有望回升至4%~5%。因此，应按照国家和全省"十三五"规划

* 于晓琳，辽宁省信息中心经济预测处处长，高级经济师，研究方向：区域宏观经济。姜健力，辽宁省委、省政府决策咨询委员会委员，辽宁省信息中心副主任，研究员，研究方向：区域宏观经济。

的基本思路统筹布局2016年经济工作，着力培育和树立创新、协调、绿色、开放、共享的发展理念，紧紧抓住国家推进新一轮东北地区发展振兴的重大历史机遇，以提高发展质量和效益为中心，抓改革、调结构、拼创新、稳民生、控风险、促增长，加快形成引领经济发展新常态的体制机制和发展方式，保持战略定力，坚持稳中求进，实现"十三五"良好开局，为如期实现全面建成小康社会目标奠定坚实的基础。

关键词：　经济形势　经济指标　辽宁省

一　当前辽宁经济运行的基本态势

2015年以来，面对世界经济复苏弱于预期和国内经济下行压力加大的双重困难局面，辽宁经济增速呈现不断减缓态势，下行压力持续增大，艰难险阻明显增多，全省稳增长、促改革、调结构、惠民生、防风险各项任务十分繁重。当前辽宁经济运行的基本特征可以概括为"下行放缓、缓中趋稳、稳中有难、难中有险"。

（一）当前辽宁经济运行"下行放缓"

2015年以来，全省经济增长速度比2014年下滑4个百分点左右，与全国的差距拉大至4个百分点以上，经济增速放缓态势明显。但是各季度累计增速呈逐季小幅回升态势，增速同比回落幅度逐季收窄，与全国同期差距逐季缩小，经济增速趋稳态势初现。前三季度，全省经济增长2.7%，比上半年略回升0.1个百分点，比一季度回升0.8个百分点，比上年同期低3.5个百分点，连续6个季度累计增速低于全

国平均水平，且差距扩大至 4.2 个百分点。其中，第一产业增加值增速逐季趋稳，第二产业增加值增速降幅收窄，第三产业增速逐季提高。

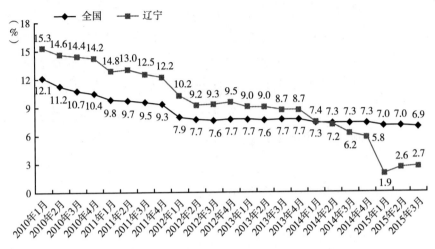

图1 辽宁地区生产总值月度累计增长率与全国对比

（二）当前辽宁经济运行"缓中趋稳"

1. 结构调整稳步推进

2015 年以来，全省大力推进经济结构优化调整，加快转变经济发展方式，经济结构调整进程稳步推进。一是服务业发展速度较快，比重进一步提高。前三季度，全省第三产业增加值比上年同期增长 7.2%，增速快于全省地区生产总值增速 4.5 个百分点，快于第二产业增速 7.9 个百分点。第三产业增加值所占比重为 46.2%，比上年同期提高 3.7 个百分点。二是新产业、新业态加快发展。电子商务发展取得新突破，网上零售业快速增长，与消费升级相关的商品持续热销。前三季度，全省限额以上批发和零售企业通过公共网络实现商品零售额比上年同期增长 48.4%，比上半年增速提高 7.9 个百分点。三是改建和技术改造投资保持增长，新兴行业投资增长较快。前三季度，全省改建和技术改造项目完成投资增长 2.0%，高于全省平均水平 23.2 个百分点,占固定资产投资比重为 6.7%,比上年同期提高 1.5 个百分点。前三季度,全省信息传输、软件和信息技术服务业投资比上年同期增长 13.6%,科学研究和技术服务业投资增长 10.3%,公共管理、社会保障和社会组织投资增长 0.9%。四是高耗能行业生产和投资比重均有所下降。前三季度,全省规模以上工业中六大高耗能行业增加值所占比重为 34.4%,比上半年降低 0.3 个百分点。全省固定资产投资中六大高耗能行业投资所占比重为 28.2%,比上半年降低 1.3 个百分点。五是综合能源消费量持续下降。前三季度,全省规模以上工业综合能源消费量比上年同期下降 5.4%,降幅比上半年扩大 0.2 个百分点。在全省 41 个工业大类行业中,34 个行业的综合能源消费量比上年同期下降,下降面为 82.9%。

2. 就业形势平稳

在经济增速持续放缓的同时,全省就业形势依然比较平稳。截至 2015 年 9 月底,全省实名制就业 66.6 万人,新增就业 34.5 万人,城镇登记失业率为 3.4%,低于全年控制目标。截至 10 月底,全省新增就业 35.8 万人,预计能够完成全年计划。

3. 居民收入平稳

在经济增速持续放缓的情况下,居民收入增长始终保持总体平稳的态势。前三季度,全省城镇居民人均可支配收入实际增长 5.7%,快于全省经济增速 3 个百分点;虽然低于上年同期,但从各季度累计增速来看,回落幅度没有扩大。前三季度,全省农村居民人均可支配收入实际增长 6.8%,快于城镇居民人均收入实际增速 1.1 个百分点,且与上年各季度累计增速相比,回落幅度逐季缩小。

4. 物价涨幅平稳

2015 年以来,全省物价保持稳定态势。前三季度,全省居民消费价格同比上涨 1.3%,其中 9 月上涨 1.8%,各月上涨幅度均保持在 2% 以下。

（三）当前辽宁经济运行"稳中有难"

面对严峻复杂的国内外发展环境，辽宁经济趋稳动力和下行压力相当，新动力成长和传统动力减弱对冲，影响经济运行的不确定和不稳定因素增多，辽宁经济运行正面临"五难"。

1. 工业生产难逃低迷，企业经营困难重重

当前，辽宁工业下滑势头仍在持续，工业生产形势日益严峻。尤其是年初以来，规模以上工业增加值月度累计增速始终处于负增长态势。其中，一季度降幅持续扩大，4月到8月降幅连续小幅收窄，初现企稳回升态势，但进入9月后，降幅又有所扩大，筑底回升态势不明朗。1～10月累计增速降至-6.0%，比1～9月降幅扩大0.6个百分点，比1～8月扩大0.9个百分点。其中，10月当月降幅扩大至-13.3%，为年初以来最大单月降幅。1～10月，全省工业用电量累计下降5.7%。全省工业生产者出厂价格已连续41个月处于下降状态。1～9月，全省规模以上工业企业实现利润同比下降24.8%，亏损企业户数增加22.6%，规模以上企业停产半停产率上升至7.8%。企业生产经营面临着市场环境和要素供给的双重压力。在经济下行期，企业融资难、融资贵问题突出，三角债问题普遍，税费、为职工缴纳社保等也加大了企业生产经营负担。产能过剩矛盾日益突出，没有形成有效的退出机制，很多"僵尸"企业被迫艰难维持，产能过剩调整步伐缓慢。

从支柱产业来看，除了石化行业基本保持平稳以外，装备制造业、冶金行业、农产品加工业均呈持续的负增长运行态势。前三季度，全省石化行业增加值同比下降0.5%，生产基本平稳；装备制造业仍呈下滑态势，部分企业订单严重不足，增加值累计降幅进一步扩大至6.6%，尤其是汽车制造业已经呈现下降趋势，对行业企稳回升影响较大；冶金行业继续低位运行，继续保持产品低价格、经营低效益的局面，增加值累计降幅达-5.6%，比1～8月扩大0.7个百分点；农产品

加工业下滑势头初步止住，增加值降幅连续4个月收窄，1～9月累计增速为-6.5%，与1～8月持平，比上半年回升0.7个百分点。

2. 投资增长难以为继，房地产市场形势严峻

2015年以来，全省固定资产投资延续了上年四季度以来的负增长态势，降幅在上半年有所收窄，但是下半年又呈持续扩大趋势，下行压力持续加大。1～10月，全省固定资产投资（不含农户）下降23.8%，降幅比1～9月扩大2.6个百分点，比上半年扩大10.5个百分点，与全国的差距扩大至34个百分点。其中，三次产业投资全面下降，第二产业投资、基础设施投资、非国有经济投资下降幅度较大。辽宁省民间投资比重已达73.6%，但是其投资多集中于传统产业，投资乏力态势较为明显，新兴产业投资规模不足，短期内难以对全省投资形成有效支撑。全省项目建设存在较大困难，开复工率下降，新项目储备不足，项目质量不高。投资需求增长难以为继的态势越来越明显。

全省固定资产投资增速大幅回落的主要原因是房地产市场降温明显。自2014年8月房地产投资月度累计增速首次出现负增长以来，一直保持负增长态势，且降幅迅速扩大。1～10月，全省房地产开发投资下降29.5%，比上年同期扩大16.9个百分点，与全国的差距扩大至30个百分点以上。同时，房地产市场形势依然严峻。已开工建设的房地产项目，有许多处于停滞状态。房地产去库存化进程缓慢，存在区域性、结构性过剩问题。此外，上年同期基数"虚高"与当年投资"挤水分"的双重影响，以及投资的统计口径变化等，也是当前投资增速急速下滑的重要原因。

3. 贸易形势继续恶化，进出口低迷态势难以扭转

2015年以来，世界经济持续低迷、外部需求疲弱，国际竞争加剧，外贸低迷态势在短期内难以得到明显扭转。辽宁贸易形势也继续呈现下滑态势，且大幅下降的局面未出现明显改善，同时呈现进出口双双下降，进口下降幅度大于出口的局面。1～10月，全省外贸进出口总额

下降 16.6%，降幅大于全国 7.9 个百分点。其中，进口额下降 19.8%，基本保持了年初以来 20% 左右的降幅，大于全国 4.1 个百分点；出口额下降 13.5%，与全国的差距保持在 10 个百分点以上。

4. 财政收入颓势难改，收支矛盾不断加剧

2015 年以来，全省公共财政一般预算收入延续了上年 9 月以来的负增长态势，且下滑幅度明显扩大。其中，二季度下降幅度有所收窄，但三季度又呈持续扩大趋势。1～10 月，全省财政收入下降 31.2%，降幅比 1～9 月扩大 3.8 个百分点，比上半年扩大 8.5 个百分点，比上年同期回落幅度扩大至 25.4 个百分点，在全国各地增速排名中继续居于末席。

5. 改革效应作用还需时日，软环境建设还需加强

受政府职能转变还在探索过程中、配套政策措施不够及时完善等因素影响，部分改革措施在实际运行中难以落地、难以深化、难见成效，改革红利作用不够。主要表现在：政府部门的工作效率不高，部分审批权限不清晰，一站式审批授权不足，下放权限承接差造成权力"真空"，后续服务脱节造成企业"东南飞"，信息交流和信息平台建设不完善，监督体系不完善，处罚机制不健全，出现懒政、怠政问题。由于缺乏激励机制而"不愿"作为；担心承担风险而"不敢"作为；工作能力不够而"不会"作为的"不作为"现象较多。全省经济发展软环境建设滞后，政府承诺存在不兑现或兑现不及时的情况，二、三线城市人才流失现象严重，金融体系和环境建设相对落后，金融生态环境的巨大差异直接导致了企业面临更高的金融成本。

（四）当前辽宁经济运行"难中有险"

辽宁经济发展面临一系列严峻复杂的问题，尤其是经济下滑过程中暴露出的风险较多。从目前来看，虽然经济风险总体可控，但局部风险增多。通缩风险苗头已经显现，尤其是金融风险、财政风险以及

社会风险等相互交织转化，复杂性和严重程度有可能超出预期，需要予以特别关注和警惕。

1. 警惕通缩风险苗头出现

工业生产价格（PPI）长期负增长且降幅偏大，居民消费价格（CPI）低水平微幅下行，反映需求疲软势头仍没有改观。特别是上年一季度以来，辽宁省出现了地区生产总值（GDP）季度累计名义增长率（按当年价格计算）低于实际增长率（按可比价格计算）的现象，进入2015年二季度后，辽宁省地区生产总值季度名义增长率不仅低于实际增长率，而且呈现负增长，反映通货膨胀水平的GDP平减指数为负，表明辽宁省出现通货紧缩风险的苗头已经显现。同时，自2013年三季度起，辽宁省GDP季度累计名义增长率一直低于全国名义增长率，这表明辽宁省经济运行的整体质量不如全国平均水平。

2. 警惕房地产市场风险加大

自2014年以来，全省房地产行业陷入低迷，市场持续出现量价齐跌、库存高企的困境，房地产市场的风险不断攀升。部分地区供过于求，房地产市场不景气容易导致开发商资金链断裂。虽然推进城镇化建设对房地产是利好因素，但由于辽宁本身长期积累的超前建设等问题，加上全国楼市低迷，房地产市场风险短期内有增无减。而房地产市场的风险也是引发其他一系列风险的根源所在，所以我们要时刻警惕房地产市场风险的加大。

3. 警惕地方债务风险增加

截至2014年底，全省政府性债务余额为10563亿元。目前来看，债务风险总体可控，但也存在一定的问题。一是全省政府负有偿还责任的债务增长较快。截至2015年上半年，全省多年累积的政府性债务已有1万多亿元。二是部分地方和行业债务负担较重，其中有较大一部分市级、县级、乡镇政府负有偿还责任的债务率高于100%。三是政府性债务对土地出让收入依赖程度较高。四是融资平台风险隐患较大。

有些地方政府和单位钻融资平台管理的漏洞，进行违规融资、违规担保。同时，多种因素叠加造成财政收入负增长，未来一段时期内，全省财政收入增速很难有大幅提升，财政收支面临一定的压力，对还债能力也产生了负面影响。值得注意的是，2015年、2016年也是国内信托、债券和地方政府性债务还本付息高峰期，金融风险暴露的概率加大。

4. 警惕潜在金融风险增大

当前，实体经济压力进一步向金融体系传递，与产能过剩行业、房地产业和地方融资平台相关联的潜在金融风险增大。

5. 警惕影响社会稳定的因素增加

国际经验表明，当经济发展达到中等收入水平之后，不仅经济问题会更加复杂，政治、社会问题也会更加突出。在基本解决温饱问题之后，人们就会对公平、正义提出更高要求，相应的政治诉求也会不断增加。过去长期存在但并不突出的收入差距问题、腐败问题、环境问题、食品安全问题、社会信用缺失问题等，都有可能成为引发社会动荡的诱因。同时，改革将对不同社会阶层的利益和权益产生不同程度的冲击。一旦社会稳定局面不能得到有效维持，经济社会发展进程就会中断，增长就会受到较大影响。随着国有企业改革的不断深化，职工数量大、下岗人员多、就业压力大、地方财政困难、城市贫困人口规模庞大、社会保障资金缺口突出等一系列社会问题会更加突出。特别是随着经济持续下行，居民收入增速也在减缓，通过自身发展使城乡居民收入水平尽快大幅度提高，明显缩小与发达地区收入水平和生活水平的差距，仍将是辽宁未来发展必须面对并着力解决的重大的现实问题。

二 2015年辽宁经济走势基本判断

从当前全省经济发展趋势来看，第四季度经济运行仍面临较大的下行压力。随着全国及全省稳增长政策效应的不断释放，预计2015

年第四季度，辽宁经济将延续当前"缓中略升、逐季回调"的发展态势。同时，2014年全年经济增速"前高后低"的走势，也为2015年经济增速逐季回升创造了条件。预计全年经济增速将在3.0%左右。若全省工业增速继续下滑，经济增速也不排除低于3.0%的可能，在2.6%～2.8%。2015年全省经济运行很有可能跌到"十二五"时期的谷底。

从产业看，受农业生产形势良好的有利影响，预计全年第一产业增加值增速将在4.5%左右。预计全年第二产业增加值增速将能够摆脱负增长态势，预计辽宁工业增加值降幅将逐步收窄，但全年实现正增长仍有一定难度。预计全年规模以上工业增加值降幅将回升至-4.5%左右。随着结构调整力度的不断加大，第三产业在经济中的比重将有所提高，但短期内提高幅度不会太大。预计第三产业增速将保持快于整体经济增长的态势，增速将在7.5%左右，占地区生产总值的比重将在44%左右。

从需求看，预计辽宁投资降幅将有所收窄，但摆脱负增长的难度很大。预计投资降幅将收窄至15%以内。消费市场将保持平稳增长态势，预计全年社会消费品零售总额增速将在8%左右。预计出口额在年底实现正增长的难度较大。预计全年CPI同比涨幅将在1.4%左右。

从收入看，财政收入和居民收入增长压力仍然较大。预计全年辽宁公共财政预算收入摆脱负增长的可能性甚微。预计全年降幅有望回升至25%以内。预计全年城乡居民收入增速将继续超过经济增速，其中，城镇居民人均可支配收入名义增速将在7.0%左右，农村居民人均可支配收入名义增速将在8.0%左右。

三 2016年辽宁经济发展趋势展望

展望2016年，国内外环境仍然错综复杂，全省经济发展面临的

机遇和挑战并存。其中，发展面临的困难和挑战依然较多，但是积极因素和新的动力正在集聚。

1. 全省经济发展面临的有利条件不少

从国际来看，全球经济增长依然处在温和状态，预计 2016 年将回升至 3.6%，高于 2015 年预计增速 0.5 个百分点。在发达经济体中，尽管通缩压力依然存在，但产出普遍加速增长，失业率普遍下降，预计 2015 年和 2016 年的增长率将小幅上升，2016 年增速将达到 2.2%。而新兴市场和发展中经济体的增长势头虽有所减弱，但其在世界产出中所占比例不断提高，在世界经济增长中仍将占最大份额，预计新兴市场和发展中经济体的经济增长将在 2016 年有所回升。

从国内来看，当前我国经济形势和运行态势总体是好的，经济发展长期向好的基本面没有变，经济韧性好、潜力足、回旋空间大的基本特质没有变，经济持续增长的良好支撑基础和条件没有变，经济结构调整优化的前进态势没有变。新的增长点和增长动力正在加快形成。宏观调控政策仍具有较大空间，各项改革将陆续释放红利。党的十八届三中全会、四中全会关于全面深化改革和全面推进依法治国的重要战略部署及其逐步实施对于全国经济发展的推动作用在 2016 年将进一步显现。党的十八届五中全会通过的全国"十三五"发展规划建议，以及坚持创新发展、协调发展、绿色发展、开放发展、共享发展的各项措施将为辽宁经济在 2016 年企稳回升创造有利条件，为辽宁实现全面建成小康社会，实现老工业基地迎头赶上乃至全面振兴创造更好的宏观环境。

从省内来看，一是国家层面的政策利好继续加大。自国务院 2014 年 8 月印发《关于近期支持东北振兴若干重大政策举措的意见》以来，中央各部门和央企积极响应和落实中央政策部署，将进一步加大对辽宁的政策倾斜和投入力度。新一轮东北老工业基地全面振兴和"一带一路"、京津冀协同发展、长江经济带等重大国家战略同步实施，必将使辽宁的发展潜力和优势得到充分释放。特别是贯彻落实"四个全面"战略布局，将为辽宁省全面建成小康社会、加快全面振兴提供根本动力和保障。二是随着省内稳增长、调结构、促转型等各项政策措施逐步落实到位，全省经济增长的内生动力将会更加充足，新的增长动力将会更快形成。三是全省出台的加速传统工业转型升级，加快推动全省制造业强省建设，推进机器人产业发展，促进战略性新兴产业发展，加快新兴业态发展等政策措施，将进一步促进全省工业经济的企稳回升。四是信息消费的发展、网络销售模式的推广、城乡居民就业平稳等将促进全省消费需求的增长。五是全省加快实施开放驱动战略，加速落实"一带一路"战略，鼓励企业走出去等，为全省外贸恢复发展提供了良好的政策环境和动力支持。六是全省深入实施创新驱动战略，推进创新创业发展，为加快经济发展动力转换提供有利条件。七是加快实施市场驱动战略，加快推进简政放权，有利于进一步优化全省发展环境。八是在经济增速下滑的同时，全省民生尚未受到太大影响，民生稳定反过来有利于支撑全省经济的增长。此外，近两年经济数据"挤水分"成效显著，为经济增长打下坚实基础。

2. 辽宁经济面临的挑战仍然有增无减

从国际来看，金融危机以来，世界经济面临的下行风险更为明显，IMF几度下调全球经济增速预期，几乎所有国家都在近期下调经济增长率预期。据 IMF 在 10 月的最新预计，2015 年全球经济将增长 3.1%，比 2014 年低 0.3 个百分点，比 2015 年 7 月的预测值低0.2 个百分点，创下 2009 年以来的新低。一些发达经济体面临投资水平低、金融监管基础薄弱及人口结构变化等问题。新兴市场和发展中经济体的经济活动预计将连续第五年放缓，尤其是一些大型新兴市场经济体和石油出口国，面临需求减弱和大宗商品价格下跌，资本减少、货币贬值压力以及金融市场波动加剧等问题，许多新兴

市场在危机后的信贷和投资高涨中正在积极进行调整，下行风险增大。预计2016年全球经济增长仍然面临较多风险。金融市场波动加剧会给发达经济体的金融稳定性带来挑战，从而通过金融条件收紧和资本流动逆转等，对新兴市场造成显著的溢出影响。大宗商品价格下滑、全球增长慢于预期、全球金融条件收紧，将会对低收入国家产生不利影响。随着新兴市场和发展中经济体前景预期变差，全球需求将进一步下降，通胀水平持续低于目标水平的问题可能变得更加严峻。

从国内来看，经济处于"三期叠加"的特殊发展时期，支撑我国经济发展的各种条件发生深刻变化。需求持续收缩与供给深度调整，产能削减与资产重组滞后并存；重化工业和产能过剩主导的下行力量，与新技术、新业态和新模式引导的新兴上升力量并存；实体经济降杠杆、去库存、逐步释放风险与虚拟经济加杠杆、资金脱实入虚和金融风险积聚并存。从整体看，分化下行的力量总体仍大于重塑上升的力量，经济运行深层次矛盾凸显。当前最突出的问题是经济增速下行压力加大，尤其是多年积累的传统产业的产能过剩问题突出，以及2014年以来房地产持续深度调整的累积效应有所增加，导致国内经济结构调整的阵痛超出预期。经济下行压力如果长期得不到缓解，就会挤压稳增长、调结构、促改革的空间，进而影响转变经济发展方式、调整经济结构和全面深化改革的顺利推进。一是经济增长内生动力依旧不足，居民收入增长缓慢将抑制消费增长潜力，投资需求面临放缓压力，外部需求持续低迷将阻碍出口回暖。二是消费者价格指数与生产者价格指数的"剪刀差"进一步扩大，在居民消费价格指数（CPI）趋于平稳的同时，工业生产者出厂价格指数（PPI）已连续41个月下降，二者变化趋势的持续背离显示实体经济增长存在困难。三是经济下行压力加大使化解产能过剩的难度增加，产能过剩依然是宏观调控中的最大问题。四是房地产市场调整风险增大，可能引发房地产市场系统性风险，并使得相关产业衰退乃至金融、经济动荡。五是财政金融领域的潜在风险增加，对财政收入造成负面影响，加大缓解地方政府性债务风险的难度；还会引起银行不良资产率上升，不利于保持信贷供求平衡，增加中小企业、民营企业融资难度。国内外机构普遍认为，2016年我国经济增长率将"破7"，在6.6%左右，略低于2015年。IMF报告最新预计，2016年中国经济增速将放缓至6.3%。国家信息中心预计，2016年中国经济将增长6.5%左右。

从省内来看，一是经济整体下行态势尚未逆转。全省经济运行下行力量依然强大。尽管二季度以来中央和全省加大了关于稳增长的政策力度，但从目前来看，政策效应低于预期。在省内外需求，特别是对重化工业需求依然低迷的情况下，辽宁经济的逐季小幅回升更多是"技术性"回升，与上年经济指标快速回落形成的"低基数"相关联，与各级政府"挤水分"相关联。二是部分工业企业生产经营困难，效益下滑严重。市场需求持续低迷、工业生产者出厂价格持续下降、支柱产业增加值增速回落，融资成本高、应收账款持续增加、税费负担重等，导致部分工业企业利润空间持续收窄，面临生产经营无收益，甚至越生产越亏损的局面。生产经营的积极性受到制约，停工或变相停工的企业不断增加，企业的市场取向使"稳增长"的微观基础变得薄弱。企业盈利水平低，使财政收入增收压力明显增大，实现全年财政收支平衡任务艰巨，支持"稳增长""促转型"的能力和回旋余地也明显下降。同时，居民收入的增长也受到制约。三是需求动力明显不足。固定资产投资增速大幅回落。企业投资意愿明显下降，尤其是房地产市场调整的深刻性和复杂性增加，投资负增长态势短期难以改变。外贸进出口形势严峻。四是民生指标下行压力开始显现。隐性失业和结构性失业有所增加。2014年以来，辽宁农民工返乡情况持续增加，同时，企业员工间歇

性、轮换式休假情况也持续增多。因此，从数字看城镇失业率并不高。居民收入的增长速度趋缓，城镇居民人均可支配收入累计增速已连续 8 个季度放缓。

据此判断并结合辽宁经济运行实际，初步预计，2016 年伴随着经济结构调整和转型升级步伐加快，全省经济运行将步入缓慢回升通道。如果国内外经济环境持续改善，那么 2016 年全省经济运行有望摆脱上年的低迷态势，经济增速回升至 4% 以上，可能达到 5.0%。

表 1   2015～2016 年辽宁主要经济指标预测

指标名称	单位	2015 年 1～10 月		2015 年全年		2016 年
		实际数	增长（%）	预计数	增长（%）	预计增长（%）
地区生产总值	亿元	20404.6	2.7	28900	3.0	5.0
第一产业增加值	亿元	1390.3	3.7	2310	4.5	4.0
第二产业增加值	亿元	9593.7	-0.7	13870	0.0	4.0
规模以上工业增加值	亿元	—	-6.0	—	-4.5	4.3
第三产业增加值	亿元	9420.5	7.2	12720	7.5	8.0
公共财政预算收入	亿元	1869.8	-31.2	2393	-25.0	5.0
固定资产投资额	亿元	17257.6	-23.8	17587	-15.0	-5.0
社会消费品零售总额	亿元	10499.7	7.8	12737	8.0	10.0
出口总额	亿美元	420.6	-13.5	529	-10.0	0.0
居民消费价格指数	%	101.3	1.3	101.4	1.4	2.0
城镇居民人均可支配收入	元	23341	7.1	31118	7.0	9.0
农村居民人均可支配收入	元	9762	8.1	12086	8.0	10.0

注：增加值增速按可比价格计算，居民收入增速未扣除价格因素。2015 年 1～10 月栏中，三次产业增加值、居民收入数据为前三季度数据。

四 对2016年辽宁经济工作的建议

2016 年是"十三五"开局之年，辽宁从此进入全面建成小康社会的决胜期、全面深化改革的攻坚期、老工业基地全面振兴的关键期，经济结构调整的决战期。2016 年，全省经济工作应继续深入贯彻落实党的十八届三中全会、四中全会、五中全会精神，围绕习近平总书记重要批示及系列重要讲话精神，按照国家和全省"十三五"规划的基本思路统筹布局，树立和贯彻创新、协调、绿色、开放、共享的发展理念，加速推进"四个着力"，紧紧抓住国家推进新一轮东北地区发展振兴的重大历史机遇，以提高发展质量和效益为中心，抓改革、调结构、拼创新，稳民生、控风险、促增长，加快形成引领经济发展新常态的体制机制和发展方式，保持战略定力，坚持稳中求进，为如期实现全面建成小康社会目标奠定坚实的基础。

1. "抓改革"是推进辽宁全面振兴的治本之策

着力完善体制机制，依靠深化改革激发内生发展动力。只有通过改革不断完善体制机制，才能释放市场活力，从而为结构调整、创新创业和改善民生创造条件。通过全面深化改革破除长期以来阻碍辽宁经济社会发展的体制机制弊端，形成适应经济新常态的体制机制和发展模式，这是辽宁破解振兴难题的治本之策。针对辽宁改革中存在的突出问题，首先要破除思想观念束缚这个改革的主要障碍，强力推进政府职能转变，进一步增强深化改革的自觉性、主动性、创新性和开拓性，大力推进体制机制创新。其次，改革要有实质性突破，敢于触及实质问题，措施要落到实处。提高对改革的关联性、系统性、整体性的把握，解决省市之间、部门之间、相关改革之间的不协调和不配套问题，提高改革的整体推进效果。

2. "调结构"是推进辽宁全面振兴的关键之举

着力推进结构调整，多策并举加快经济转型和产业升级。当前辽宁经济发展面临的一系列严峻复杂问题，归根结底就是经济结构和产业结构的问题。经济结构调整是破解辽宁经济增长困局的关键之举。一是加快调整产业结构，逐步实现经济发展由第二产业主导向第二、三产业共同拉动转变。加快建设现代产业体系，促进产业结构优化升级。认真贯彻落实《中国制造2025辽宁行动纲要》，制定落实"互联网＋"行动计划，加快改造提升传统产业，大力发展高端制造业，积极培育战略性新兴产业，有效化解产能过剩。推动"两化"深度融合、促进"四化"同步发展。加快发展金融业、文化产业、体育产业、科技服务业、健康服务业、养老产业等，促进电子商务、快递物流、大数据等以互联网为基础的新业态加速发展。推动军民融合发展。二是加快调整需求结构，逐步实现经济发展从单纯依靠投资需求拉动向内、外需协同拉动及投资和消费协同拉动转变。继续稳定有效投资需求，优化投资结构，提高投资效率，创新投融资方式，把握投资方向，消除投资障碍，这是继续发挥投资对经济发展关键作用的核心。着力实施扩大消费需求战略。加快实施全面开放战略。三是加快调整要素结构，逐步实现经济增长由依靠传统要素的规模扩张为主，向依靠创新驱动提升要素质量、提高劳动生产率为主转变。把"全要素生产率的提高"作为全省经济增长的根本动力。四是加快调整区域结构，逐步实现经济增长由区域竞相发展为主向区域协调发展为主转变。在现有区域发展战略的基础上，加快实施沈大自主创新经济带、"一带一路"东北通道经济带、辽西京津冀产业承接经济带等新"三带"区域发展战略。五是加快城乡协调发展，逐步实现经济增长由"以物为本"的城镇化拉动向"以人为本"的新型城镇化拉动的转变。以公共资源配置均等化促进大中小城市协调发展，从人口城镇化走向城乡一体化。

3. "拼创新"是推进辽宁全面振兴的决胜之要

着力鼓励创新创业，加快形成以创新为引领和支撑的振兴发展模式。辽宁要尽快摆脱经济低迷，取得发展先机，如期实现小康目标，取得振兴发展的全面胜利，关键就在于创新。与前一轮振兴相比，新一轮振兴要着重突出创新的引领和支撑作用，要将创新理念渗透于振兴发展的各个环节。要构建有利于创新的政策环境，加快建设产业技术创新体系，以企业为主体强化协同创新，打造富有创新精神的人才队伍，构建创新创业新模式，形成全社会创新创业的良好氛围。拼成果，见实效，争当创新的排头兵和先行区，实现整个发展模式的转变。

4. "稳民生"是推进辽宁全面振兴的基础

要着力保障和改善民生，让振兴发展成果更好地造福于民。以民生改善筑牢全省振兴发展的根基。要贯彻"以人为本"科学发展理念，在力求强省与富民的有机统一中更加突出"富民"。要把保障和改善民生作为根本的出发点和落脚点，既积极而为，又量力而行。稳增长归根结底就是稳民生，稳民生就是稳就业、稳收入、稳预期。解决好人民群众关心的就业、收入等重大民生问题，增强百姓对全省经济社会发展的信心。把握好发展和民生互相牵动、互为条件的关系，找准民生和发展的结合点，培育形成新的经济增长点。加快完善基本公共服务体系和收入分配制度改革。努力提高城乡居民收入，确保居民人均收入增长与经济发展同步，增强消费对经济发展的拉动作用。要加大支持社会发展力度，创新公共服务提供方式，把扩大就业作为各级政府工作的重要内容，抓实、抓好。各项政策应向就业倾斜，实施"全民创业"战略，鼓励、扶持自主创业。鼓励、支持就业容量大的产业发展，大力发展中小微企业和服务业，拓宽就业渠道。

5. "控风险"是推进辽宁全面振兴的基本保障

着力加强风险管控，以风险可控保障经济社会基本稳定。经济下

行期间，各种风险和问题开始显现。除了要警惕和控制通缩风险、房地产市场风险、地方债务风险、潜在金融风险之外，还要特别关注由于经济下行而影响社会稳定的各种风险因素。一是随着经济增速的持续下滑，全省就业受到的影响将逐渐显露，应关注潜在失业、隐性失业等就业数量问题，更要关注就业的质量问题。二是城乡居民增收难度增大，企业经营困难、效益下降和地方财政状况不佳，都将影响居民收入的提高。因此，各级政府应加强对经济社会发展的监测监控和预警预报，拟定应对预案，见微知著，及时发现风险苗头，化解风险。

6. "促增长"是推进辽宁全面振兴的必然要求

着力以新理念、新战略、新动力促进经济增长，以经济增长为振兴发展保驾护航。2014年以来，辽宁部分经济指标降幅有所扩大，增速排名连续居全国末位，经济下行压力有增无减，全省促进经济增长的任务更加艰巨繁重。一是要处理好"定"与"动"的关系。要积极调整经济发展策略，正确理性看待当前经济严重下滑现象。既要保持战略定力，不为"名"所累，不为某一指标某一时点的暂时下降所困扰，要把经济增速稳定在合理区间，实现没有水分、更高质量、更有效率、更加公平、更可持续的经济增长；又要相机而动，继续对全省经济发展的预期目标实行上下限区间管理，经济增速严重偏离预期目标时，要促进经济增速平稳回升至合理区间，为完成小康目标打下基础。二是要处理好"长"与"短"的关系。眼光要放长远，不追求不切实际的短期增长，坚决避免重回粗放增长、虚假繁荣的老路。三是要处理好"顺"与"逆"的关系。经济下行压力加大时，更不能违背经济规律"逆流而上"，而要"顺势而为"。维持一定的经济增长速度，既是改革的需要，也是改革的结果。应抓住契机，以新的发展理念和发展战略，加快形成新动力，以此促进经济增长，为全面深化改革、调整经济结构创造条件，也为居民增收、民生改善、就业稳定奠定基础。

综合考虑当前辽宁省经济形势和五年规划的要求，2016 年辽宁省经济增长目标可以考虑设定在 4.5% 左右。同时，强化反映创新、协调、绿色、开放、共享发展理念的指标。经济增长的关键问题和意义在于，保障就业和改善民生，实现经济结构调整和体制机制变革，实现发展方式的转变，逐步培育起新的经济增长点和发展动力。

B.4
辽宁基础设施建设成效评析

马 琳[*]

摘　要：　2015年辽宁在经济下行压力下，仍然全面推进基础设施建设，为顺利完成"十二五"规划的经济社会发展工作起到了有力的支撑和保障作用。加大城市建设特别是重大基础设施建设力度，对于拉动经济增长、优化城市环境、完善城市功能、保障改善民生具有重大意义。与此同时，也存在着城市基础设施建设与经济发展不相适应，农村基础设施建设投入不足以及基础设施管理不完备等问题。针对这些问题，辽宁应采取多方面解决措施，促进基础设施建设持续快速发展，以发挥基础设施建设对经济社会发展的支撑和保障作用。

关键词：　基础设施　农田水利　城乡差距

完善的基础设施是区域竞争力的重要指数，是地区经济发展的奠基石，这在经济学上属于一种必不可少的"社会先行资本"，在正常合理的情况下，投资的成本与收益的多少息息相关。在东北经济增速整体趋缓的大背景下，调整地区产业结构，大力发展现代新兴产业成

* 马琳，辽宁社会科学院农村发展研究所助理研究员，研究方向：农村经济。

为当今辽宁发展的重中之重，这对现有的基础设施水平和发展速度提出了更高的要求。加强基础设施建设，有利于推动经济结构调整和发展方式转变，能够拉动投资和消费增长，扩大就业，促进节能减排，对辽宁的长远发展将起到重要作用。

一　辽宁基础设施建设现状

2015 年在全省经济下行压力下，辽宁基础设施建设投资也有所下降。一季度，全省基础设施完成投资 364.7 亿元，比上年同期下降6.2%。其中，电力、燃气及水的生产和供应业完成投资 64.8 亿元，下降 15.4%；铁路运输业完成投资 44.3 亿元，增长 1.6 倍；道路运输业完成投资 54.6 亿元，下降 36.5%；水上运输业完成投资 26.5 亿元，下降 21.0%；电信、互联网业完成投资 11.5 亿元，增长 1.9 倍；水利管理业完成投资 17.6 亿元，增长 8.7%；公共设施管理业完成投资 114.6 亿元，下降 21.8%。[①]

近年的统计数据显示，2014 年辽宁省基础设施建设投资增速已明显放缓，全年全省基础设施建设投资 4746.1 亿元，与上年相比仅增长 8.3%（见图 1）。

大量的理论研究和实践经验表明，基础设施建设和服务对一个地区乃至一个国家的经济长期稳定增长具有非常重要的作用。基础设施的投入对经济的增长具有乘数效应，其与国民收入的增加具有正相关关系。因此，当辽宁省面临整体经济形势严峻、增长速度放慢的形势时，更应该保障基础设施建设投资，一定规模的基础设施投资将对推动经济发展起到积极作用。

---

① 资料来源：辽宁统计信息网，《一季度全省固定资产投资运行情况》，2015 年 5 月 10 日，http://www.ln.stats.gov.cn。

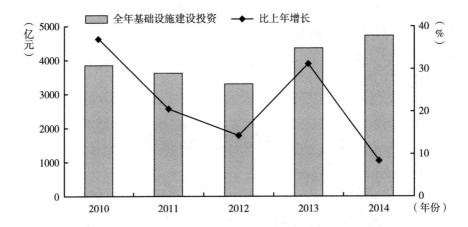

图1 2010~2014年辽宁基础设施建设投资及增长速度

资料来源：辽宁统计信息网。

（一）交通基础设施建设成效显著

1. 高速公路方面

2014年，辽宁省交通基础设施建设完成投资451.9亿元，全省高速公路新增通车里程149公里，高速公路通车总里程达到4172公里，丹东至通化、阜新至盘锦、沈阳绕城高速公路改扩建及阜新至盘锦北延伸线4个收尾项目全部完成，兴城至建昌、灯塔至辽中、盘锦港疏港3条高速公路建成通车，全省陆地县实现"县县通高速"。

2015年初，辽宁交通基础设施建设计划投资460亿元。其中，高速公路建设投资76亿元，普通公路建设投资176亿元。预计实施13个高速公路项目，总里程782公里。完成兴城至建昌、灯塔至辽中、盘锦港疏港等高速公路项目收尾工作。续建沈阳至四平高速公路改扩建、辽宁中部环线铁岭至本溪段、营口仙人岛港疏港和丹东大东港疏港等4个高速公路项目，确保沈康高速公路三期工程建成通车。

2. 客运站改扩建方面

2014 年，沈阳市南站综合交通枢纽、锦州市龙栖湾客运站、鞍山龙基物流园区等 17 个运输场站项目相继推进。沈阳经济区综合客运枢纽站、辽阳综合客运枢纽二期等 6 个项目的前期工作也在进行中。

2015 年初，辽宁计划投资 8 亿元进行运输场站建设，续建市县（区）级客运站项目 5 个，新建和改造市县（区）级客运站项目 8 个、新建农村客运站项目 8 个。重点完成沈本新城客运枢纽站、建昌县汽车客运站、抚顺市南站客运站、瓦房店中心汽车站、凤城市通远堡中心站建设和黑山县客运站改扩建工程。

3. 公共交通方面

2014 年，辽宁共更新了 2460 辆城市公交新能源车和 7138 辆城市出租新能源车，城市公交车和出租汽车"油改气"比例达到36.4% 和 76.5%，分别提高了 16.3 个百分点和 21.3 个百分点。目前，全省公交车辆达到 22500 辆，同比增长 3%；市区公交车万人拥有率达到 12.7 标台，同比提高 0.3 标台。

2015 年，辽宁继续开展沈阳、大连两市"公交都市"创建工作，推动具备条件的城市建设快速公交系统（BRT），目前大连已经开通了一条 BRT 线路，预计接下来沈阳或将推进 BRT 建设。

4. 铁路方面

2015 年 9 月 1 日，沈丹客运专线全面建成通车，正线全长 207.3公里，沈丹客运专线的设计时速为 250 公里/小时，运行速度为 200公里/小时，届时，从沈阳到丹东只需 1 小时 20 分钟左右。全程将节省 2 个多小时。

5. 航运方面

辽宁省交通厅港航管理局加大水路交通物流基础设施建设力度，截至 2015 年 11 月，大连港大窑湾集装箱物流园区、冷链物流园区、

长兴岛进口木材加工示范区，营口港贸易物流园区、现代物流服务中心，锦州港大宗商品商贸物流园区，丹东港粮食现代物流园区等部分园区项目已建成投产。

（二）城市基础设施建设稳步推进

2015年辽宁省进一步加快城市基础设施建设。沈阳地铁在1号、2号线建成通车后，9号、10号线的建设正在有序进行。2015年11月18日，沈阳地铁4号线正式开建，4号线全长约41公里，预计2020年底建成通车。此外，沈阳还将新建5条地铁线，包括3号线、6号线、7号线、8号线、11号线，并在已开通和在建地铁线的基础上新建5条延伸线路，包括1号线东延、2号线南北延线等。大连地铁1号、2号线一期工程已经实现试运营，其二期工程也在按计划稳步推进之中，目前大连地铁5号、4号、7号线前期工作已启动，其中5号线拟采用PPP（公私合营模式）推进建设，由南至北，横跨梭鱼湾海域。大连地铁5号线计划于2019年完工，7号线和4号线将分别于2019年和2020年完工。

2015年，新改建的沈阳北站北广场正式启用，该广场地面层为休闲广场，地下一层为旅客集散空间和出租车蓄车场。该项目的投入使用，在改善交通秩序、方便群众出行、提升环境质量方面发挥了重要作用。位于舍利塔滩地公园内的盛京碑林公园于2015年10月1日建成并正式向游人免费开放。盛京碑林公园由沈阳盛京碑林园区、舍利塔公园景区北岸景观和南岸景观三部分构成，存放了百余通市级文物石碑的碑林院，与古老的舍利塔、优美的生态景观相映生辉，是沈阳文化旅游、城市形象的新名片。公园自开放以来，人流如织、好评不断。

近年来，着眼于构建高效顺畅的立体化交通网络体系，沈阳市实施了一批重要交通基础设施建设工程。怒江北街下穿三环及裕虎铁路工程，是沈阳市为打通城市重要交通节点实施的一项重点工程，该项目建成后将成为沈阳市北部地区的重要交通通道，有效缓解沈阳南北走向道路的交通压力，并大大缩短由沈北大学城进入沈阳市内的时间。云龙湖跨浑河桥工程是沈阳西部新城区重点配套工程，是连接浑河南北方向的关键交通节点，大桥的建成将有力促进区域融合发展、产业升级。

（三）农村基础设施建设稍显不足

现阶段，辽宁省大部分农村地区基础设施建设方面仍存在诸多问题，例如在交通、农田水利、环境卫生等方面普遍存在着基础设施建设水平相对落后的情况。

1. 交通条件差，物流能力低

经过几年的建设，辽宁省的农村公路已粗具规模，初步解决了百姓出行难的问题，但一些地区仍存在路网结构不合理、公路修建标准低、养护维修资金不足等问题。通过对辽宁省内部分乡、村基础设施建设情况的调研结果来看，普遍存在着路面狭窄、路况差，公路等级低，交通条件不完善等问题。落后的交通运输条件导致物流运输陷入窘境，进而直接影响农产品的输出和出售，导致农民出现经济损失，制约了现代农村的发展，阻碍了农业经济实力的有效发挥。

2. 灌溉水源少，排水设施不够完善

农田水利是保证作物优质生长的必要前提，辽宁省农村水利仍然存在设施建设基础相对薄弱，有效灌溉面积少，排水设施不够完善等问题。现有农村农作物生长依然受自然条件的制约，也就是俗称的"看天吃饭"，农田水利没有发挥对农作物生长的有利调节作用，农民无法使农产品保质、保量生长，天气因素过多地影响了农产品的产量与价格，使农产品市场价格随气候变化而波动，间接削弱了政府对物价的控制能力，使农业经济实力无法得到真正提升。

3. 垃圾处理能力差，环境问题日益严重

目前，在农村基础设施建设中环境设施建设问题最为严重，农村污水和垃圾绝大多数未经处理就随意排放和堆放，对农村环境造成了严重的污染，甚至影响了农村饮水安全。农村污水和垃圾的无处理排放，使得农村环境也受到了不同程度的污染，加之广大农村饮水来源仍以自挖水井为主，既造成了资源浪费，也使农村饮水安全难以保证。此外，农村的燃料仍以柴草、煤炭为主，取暖仍依靠普通燃煤锅炉，造成农村的空气污染问题也一定程度地存在并日趋严重。

二 辽宁基础设施建设存在的问题

（一）城市基础设施建设承载力降低

城市基础设施建设与城市的快速发展、城市化水平的迅速提升和城市人口增长所产生的巨大需求相比，还存在一定差距。在城市化快速发展的同时，城市基础设施、服务与管理发展较为缓慢，城市化速度与质量失衡矛盾突出。城市基础设施建设滞后于城市化水平，管理水平有待提高。城市基础设施公有化程度过大，垄断经营程度过高。大多数城市基础设施企业都是国有独资企业，公有化程度过高。由于缺乏竞争，企业经营缺乏积极性、主动性。由于高度垄断，城市基础设施投资及管理效率低下，许多投资在低效率中流失，未发挥出应有的作用。随着外来人口的大量进入、城市规模的扩大，城市公共资源十分紧张，相关配套设施不断承受着人口增长的压力，教育、卫生、交通、水电气等公共事业资源因人口膨胀而日益紧缺。

城市道路交通建设滞后于城市化发展，人均拥有道路面积和路网密度偏低。部分城市的停车场等静态交通设施落后。由于道路供给不足，在一些城市的重要地段，车辆拥堵的现象、机动车与非机动车混行、行人与非机动车混行现象大大降低了道路的通行能力。

（二）农村基础设施建设投入不足

农业基础设施是农业生产和发展的物质载体，滞后的农业基础设施已经成为辽宁省农业发展的瓶颈。投资主体缺位、信贷投入渠道不畅、制度外的筹资方式等，使农业基础设施融资陷入困境。在近期的农村基础设施建设项目中，中央政府和省级政府的农村基础设施投资绝对量虽然不断增长，但在整个财政支出中所占比重却呈不断下降趋势，财政支持的资金与农村基础设施建设实际所需资金仍然存在一定的差距。就农田水利方面来看，虽然国家大力扶持农村水利建设与管理，但一些农村欠发达地区，仍然存在财政困难、配套资金难以完全落实等状况，致使部分工程无法按期执行，已开工建设的工程也很难按计划竣工验收。

农村基础设施建设存在着周期长、回报率低、风险性高等不利因素，这在很大程度上减少了农村基础设施建设得到商业银行贷款的机会。农村金融机构资金流失、服务缺位，造成农业基础设施建设资金和农业信贷资金严重不足。

另外，农村管护机制缺失也是农村基础建设投资不足的一个重要原因。普遍存在"重建轻管"或"只建不管"现象，管护机制建设明显落后且管护主体缺位，普遍存在"有人想用、无人愿管"的问题，严重影响着农村公共基础设施建设的投资效益。基础设施建设城乡不均衡的问题长期存在，农村公共设施普遍缺乏，城乡基础设施水平差距明显，表现在农村安全饮水普及率、燃气普及率、生活无害化垃圾处理率大大低于城市等方面上。改革开放以来，经济社会得到了飞速发展，城市公共基础设施日趋完善，基本上能够满足城市居民生活和生产的需要。但在广大的农村地区，农村公共基础设施建设投资

总量不足、建设水准不高，农村取暖、炊事能源、厕所等农村居民生活设施水平都较低，垃圾和污水处理方法简单，这些都已成为制约新农村建设的主要因素。

（三）基础设施缺乏市场化管理

基础设施管理体制存在着政企不分和服务价格不合理问题，虽然近几年辽宁进行了一些基础设施建设和管理的市场化改革，也取得了一定的成效，但主要是在电厂建设、港口建设、个别城市供水、污水处理、道路建设、垃圾处理等范围内进行，一些公路、水利、民航、铁路等设施仍然维持原来的管理模式，缺乏活力。加之基础设施服务价格的形成机制不适应成本效率原则，各类银行贷款、企事业单位自筹比例过高，而民间投资、外商投资比例偏小，项目主要靠政府投资、建设、管理，相对单一的投资渠道使基础设施建设投资不足，影响了基础设施的发展速度和市场化程度。

三 辽宁基础设施建设发展对策建议

（一）合理编制规划，强化项目管理

规划是工程建设的前提，是合理利用资源，使工程发挥更大效益的基础依据。坚持规划先行，按照科学、合理、适度超前的要求编制各级规划，杜绝盲目建设。明确各类基础设施建设的重点和建设顺序，科学合理地安排建设资金以有效降低建设成本。一方面要建立相关责任机制，保证基础设施规划的严肃性和连续性。建立考核办法，以保证各项规划顺利执行。另一方面，在大量的可行性研究工作基础上制定规划，根据区域的人口数量、产业现状、社会发展现状合理确定基础设施的布局，避免形象工程和政绩工程。在实

际的基础设施建设规划编制工作中，应采取以基层组织为单位、自下而上的方式进行编制。编制规划要因地制宜、统筹兼顾、突出重点、讲求实效。

（二）多渠道筹措资金，促进基础设施建设持续快速发展

加快城市基础设施建设必须深化投融资体制改革，努力拓展投融资渠道。可以利用国际金融机构贷款，努力从国际货币基金组织、世界银行、亚洲开发银行等金融机构获得贷款，为东北三省基础设施建设注入资金。努力寻找外国政府贷款，政府贷款的优势是利率低、期限长，是比较理想的融资渠道，而且每年有大量数额的政府贷款流入我国，辽宁省应努力争取更多的外国政府贷款。吸引国外企业投资，由外国企业出资建设，经收费经营收回投资后，移交当地政府等新方式吸引外国企业到东北投资。充分利用资本市场融资，将股票融资、产业投资基金融资、债券融资、基础设施信托、基础设施收费证券化等现代金融手段，作为筹措资金的渠道。基础设施建设资金不足的实质是基础设施投融资体制的落后，通过招商引资，吸引国内外民间资本，改善城市基础设施，为城市化建设服务。

农村基础设施及农田水利建设应建立稳定的财政投入增长机制，财政支出和固定资产投资要逐步增加对农村基础设施及农田水利设施建设的投入。重点加快电网改造、饮水安全、农村水电、道路、邮政、清洁能源、危房改造、信息畅通等工程建设。加强农村公共卫生服务体系建设，完善农村三级医疗卫生服务网络。开展农村环境综合整治，实施农村清洁工程，控制农业面源污染，做好垃圾、粪便、污水清理治理工作。加强农田水利工程投融资机制改革，保证各项重点建设项目的国家配套资金得以落实，以确保重点建设项目的规模和效益。政府应积极建立良好的制度激励机制以弥补财政支持力度的局限性，可以尝试适当引导社会资本投资水利建设。建立政府投资与社会

资本双层联动的多元化投融资新机制，并制定相应的法规、政策，通过产权改制吸纳资金。此外，还应积极争取中央资金投入，努力稳定并扩大中央农田水利资金对辽宁地区农田水利建设的支持力度，使各部门农田水利建设资金形成合力，让资金发挥最大效益。

（三）建立节约型社会，缓解基础设施瓶颈制约

建立和完善与资源节约相关的法律法规体系，明确制定和完善节能、节水、节地、节材等各项国家标准，并依法加强管理和监督；建立健全各项管理制度，制订明确的节约目标和切实有效的节约措施，加强资源节约的统计工作和信息发布制度，为企业和各个方面节约资源提供良好的服务。此外，还应建立有利于资源节约的产业结构，走新型工业化道路，加快产业转型，注重发展新型服务业和高新技术产业，加速国民经济信息化，逐步淘汰严重耗费资源和污染环境的落后技术及企业，用先进技术改造提升传统产业，控制高耗能、高耗材、高耗水产业的发展。

依靠科技，建立资源节约的技术支撑体系。积极开发具有普及推广意义的资源节约和替代技术，推广应用节约资源的新材料、新设备和新工艺。在农村大力普及节水灌溉技术，旱田灌溉采用管道式喷灌。在有条件的地方，建设蓄水调水工程补充水源。制定有利于实施资源节约的经济补偿政策、管理制度和实施方案。实行严格的资源管理制度，加强资源统一、科学管理，降低无必要消耗。

参考文献

李坤英：《东北三省基础设施建设现状分析与对策建议》，《东北蓝皮书：中国东北地区发展报告（2014）》，社会科学文献出版社，2014。

郑萍萍、吴迪：《辽宁农村基础设施建设现状及发展建议》，《农业经济》2012 年第 11 期。

梁素铭、韩云虹：《提高辽宁基础设施投资效果的思考》，《党政干部学刊》2007 年第 9 期。

《国务院关于加强城市基础设施建设的意见》，国发〔2013〕36 号。

B.5
辽宁新型城镇化建设取得的成就、存在的问题和发展趋势

沈忻昕　程显扬*

摘　要： 辽宁新型城镇化建设中取得的新成就主要表现为：推进以人为本的城镇化、合理用地的城镇化、加强基础的城镇化、保护生态文明的城镇化、服务均等的城镇化、保障完善的城镇化，将为更多的辽宁人从农村走向城市、走向更高水平的生活创造新空间。建设中存在的新问题主要表现为：产城融合的发展动力不足，区域协调的发展格局失衡，同步建设的发展理念欠缺，城镇一体的发展机制滞后，今后将进一步推进城市基础设施、公共服务设施和住宅建设，增强以工促农、以城带乡能力。建设中出现的新趋势主要表现为：规制体系将进一步健全，户籍体系将进一步改革，设施体系将进一步配套，管理体系将进一步创新，投入体系将进一步完善，从而为新型城镇化发展提供持续的动力，有利于维护社会公平正义、促进社会和谐进步。

关键词： 新型城镇化　以人为本　产城融合　生态文明

---

* 沈忻昕，辽宁社会科学院城市发展研究所副所长、副研究员；程显扬，辽宁大学人口研究所，研究生。

在"十二五"收官、"十三五"开局之际，辽宁新型城镇化建设中取得的新成就，将为更多的辽宁人从农村走向城市、走向更高水平的生活创造新空间；建设中存在的新问题，将进一步推进城市基础设施、公共服务设施和住宅建设，驱动传统产业升级和新兴产业发展，增强以工促农、以城带乡能力；建设中出现的新趋势，将为经济发展提供持续的动力，有利于维护社会公平正义、消除社会风险隐患、促进社会和谐进步。

一 辽宁新型城镇化建设取得的成就

（一）坚持了以人为本的城镇化

进入 2015 年以来，辽宁省的城镇化无论是速度还是水平都居于全国前列。目前，辽宁大中城市居多，有设市城市 31 个，其中副省级城市 2 个即沈阳、大连，地级市 12 个，县级市 17 个，建制镇 500 多个。目前，全省常住人口为 4391.4 万人。其中，城镇人口占总人口的比重 2011 年后以年均一个百分点的速度稳步提升，目前达到 2944.4 万人，占总人口的 67.04%；乡村人口 1447 万人，占总人口的 32.95%。同时，辽宁省的人口老龄化程度和水平都居全国前列，为应对人口老龄化和少子化形势，辽宁省已经明确实施国家全面放开二孩政策。在农业转移人口方面，为进一步促进和推动农业转移人口的市民化，辽宁省已经出台了一系列相关政策，保障农业转移人口能够享有五项权利与福利，即保障随迁子女平等享有受教育权利，享受基本医疗保障权利，享受保障性住房权利，享有就业创业技能培训的权利和参加"五险"的权利。通过各项政策与改革，让农业转移人口与城镇居民享受同等的基本公共服务，进一步提升城镇化的质量。特别是在棚户区改造方面，不仅在全国率先开展大规模的棚户区改造

工程，取得了显著成效，更开创了棚户区改造的"辽宁模式"。2015年，辽宁省投入棚户区改造用地 452.15 公顷，廉租房用地占比为5.8%，经济适用房用地占比为 20.7%，中小套商品住房用地占比为71.1%。同时，大力实施"就业促安居"工程，充分利用改造腾出的土地兴建小企业、创业市场、农贸市场和"再就业一条街"，安排棚户区援助对象就业或再就业，重点解决了 2.3 万多个"零就业家庭"的就业问题。在户籍改革方面，2015 年 7 月 10 日，辽宁省政府发布文件《辽宁省人民政府关于进一步推进户籍制度改革的意见》（辽政发〔2015〕18 号），以进一步调整户口迁移政策，全面实施居住证制度，努力实现全省农业转移人口就近就地城镇化为目标，采取优化户口迁移政策、创新人口管理制度、健全相关配套政策和积极推动工作落实四大方面的举措。该文件的发布进一步标志着辽宁省户籍制度改革开始进入全面实施阶段。

（二）坚持了合理用地的城镇化

近年来，由于经济社会的快速发展，全省的城镇化用地形势日益严峻，一方面建设用地增加的幅度很大；另一方面，国家下达的建设用地指标减少得较快。为了解决用地不足的问题，辽宁省开辟了 6 条用地保障渠道，一是通过重大项目争取国家立项，二是争取新增建设用地指标，三是建设用地增减挂钩和用地调整，四是开发利用未利用地，五是低效地利用，六是复垦利用废弃地。各种办法相互补充，使得全省建设项目用地紧张的局面得到明显缓解。同时，辽宁省还倡导节约用地和集约用地，提出了土地管理制度的多方面改革创新。经国土资源部批准公布了《辽宁省促进"一区一带"科学发展土地管理制度改革实施方案》，在实施过程中，通过城乡用地挂钩，创新耕地保护机制，促进辽宁省统筹城乡发展；通过矿业用地置换，创新差别化用地管控机制，转变土地利用方式；通过创新节约集约用地机制，解决历史遗留的违法用地问题，提高土地利用效益；通过创新加快农村土地管理制度改革，从根本上解决城镇化用地的困境；通过规划滚动修编，推进"三旧"改造等多项措施，扩大了用地规模。2014年5月24日，省政府正式对外公布《辽宁省主体功能区规划》（辽政发〔2014〕11号），对于国土空间开发具有战略性、基础性和约束性作用。2015年4月23日，省政府办公厅对外公布《辽宁省农村土地承包经营权确权登记颁证工作方案》，在促进新型城镇化建设过程中，需要进一步激发农业农村发展活力，切实保护农民权益，依法落实和维护农民对农村土地的各项权利，特别是在不断稳定现有农村土地承包关系过程中，进一步维护和保障农民权利的一系列重要举措，都为促进新型城镇化建设、促进现代农业建设提供了制度保障。目前，辽宁省家庭承包土地流转比例为25.6%，全省共有1266个工商企业参与土地流转，面积达144.37万亩，占全省土地流转总面积的12.9%，涉及承包农户16.1万户。而且，2015年辽宁省继续扩大土地承包经营权确权登记颁证工作范围，实现土地承包经营权确权登记颁证面积1000万亩，是上年的2.9倍。

（三）坚持了基础加强的城镇化

进入2015年以来，全省在新型城镇化建设的城乡基础设施建设方面不断推进。截至2014年末，辽宁省交通基础设施建设完成投资451.9亿元，高速公路通车总里程达到4172公里，全省陆地县实现"县县通高速"。县级以上公路建设改造3850公里，公路里程（不含城管路段）114504公里，增加4432公里。年末民用汽车拥有量539万辆，比上年末增长5.8%。在民用汽车拥有量中，年末个人汽车拥有量433万辆，比上年末增长14.6%。在乡村，农业机械总动力达到2678.02万千瓦，乡村办水电站已达到177个，装机容量476073千瓦，机电提灌面积占有效灌溉面积比重已达71.2%。尤其值得一

提的是，为了贯彻落实 2015 年 10 月 11 日国务院办公厅印发的《关于推进海绵城市建设的指导意见》，辽宁要求在全省范围全面推进海绵城市建设。截至目前，沈阳市和盘锦市等城市已出台关于海绵城市建设的指导文件，并积极申报国家海绵城市试点。沈阳市将城市水系综合整治与海绵城市建设相结合，按照海绵城市建设标准，组织实施绿化、公园改造、道路整修及沿河项目的建设和改造。并且，沈阳市将东部新城定为"海绵城市"试点区域，规划面积 37.4 平方公里，未来将在试点区域内结合辉山明渠及满堂河等水系，建设五座湿地公园，并且将对十余条道路进行透水铺装改建。同时，沈阳市还将新建一定规模的"海绵体"，以城市建筑、小区、道路、绿地与广场等为建设载体，让城市屋顶"绿"起来，道路、广场采用透水铺装，建设下沉式绿地广场等。盘锦市近年来进行了关于规模蓄留雨水、补给地下水的实践探索，在双台子区和辽河新城两个示范区内，坚持低影响开发，保护原有水生态系统。在城市绿地与广场建设过程中，注意恢复被破坏的水生态；在城市道路建设过程中，注意统筹区域内的湿地、滩涂建设；在小区建设过程中，科学进行海岸、河流建设，使海岸河流成为一条生态绿廊；在城市水系建设过程中，注意构建海河湖库水系连通体系，合理规划水库、百万亩苇海，将整个城市的富余雨水都汇集到规划地；在红海滩等水体要素管理过程中，实现区域性调蓄、溢流功能；建立雨水汇集、净化枢纽，最大限度地实现雨水的存储和再利用。

（四）坚持了保护生态文明的城镇化

进入 2015 年以来，全省在推进新型城镇化建设过程中生态文明建设成效显著。辽宁省人民政府继续实施"碧水工程"、"蓝天工程"和"青山工程"，改善环境质量，维护环境安全，促进绿色发展，为走出一条代价小、效益好、排放低、可持续的城镇化新道路进行了一系列努力。为了建设好碧水工程，2014年辽宁省交通厅联合省环保厅等部门，积极推进辽河生态文明示范区道路一期工程建设，2014年已实施主线190公里、连接线38公里，2015年继续推进剩余工程，做好项目续建和收尾工作；按期完成大凌河朝阳段滨河路建设，项目实际新改建路段全长52.1公里，已于2014年全面建成并实现通车；全面实施大伙房水源保护区综合治理，共投资450万元进行保护区风险防范设施建设。为了贯彻落实蓝天工程的工作部署，从2014年3月起，辽宁省积极推进城市公交"油改气"工作，新增和更新清洁能源和新能源城市公交车2460台。截至目前，全省共有城市公交车18381台，其中清洁能源和新能源城市公交车6693台，占比达到36.4%，计划到2017年底，全省城市公交车全部更新为清洁能源和新能源公交车。此外，在出租车方面，目前全省市区内清洁能源和新能源出租车共47531台，占比为76.5%，计划到2016年底实现市区内出租车全部更新为清洁能源和新能源出租车的目标。为了贯彻落实青山工程的工作部署，辽宁省安排了"青山工程"专项资金8.7亿元，治理230个全省高速公路、铁路两侧闭坑矿山，完成治理总面积2.87万亩，明显改善了矿山生态环境。同时，进行616个生产矿山的环境恢复治理，治理恢复面积4.38万亩。经过一系列治理工程，辽宁省已有846座矿山环境实现显著改善，生机重现。特别是在治理农村垃圾和建设宜居乡村方面，截至2015年第三季度全省共投入资金6.03亿元，清理农村河道、农村道路两侧及村边垃圾480.4万吨，基本完成积存垃圾集中清理工作；全省共投资68.9亿元，启动9088个行政村治理工作，8329个行政村制定了村规民约。安排村内保洁人员27873人，建设6889个养殖粪便处理设施，建设3.3万个垃圾收集池，建设765个垃圾处理场（点），建设686个垃圾中转站，建设226个污水处理设施，硬化村内道路和治理边沟7.2万公里，绿化1.6万公里村镇道路，有1883个行政村完成治理工作。目前，辽宁

省空气细颗粒物（PM2.5）浓度同比下降3%，2015年造林绿化256万亩，封山育林150万亩，草原沙化治理90万亩。

（五）坚持了服务均等的城镇化

近年来，全省在新型城镇化的公共服务方面不断加大相关投入，各类设施服务质量与水平不断提升。截至2014年末，全省各类城乡养老机构达到近1700家，国家和省资助117个城乡国办养老机构进行新建和改扩建，投入资金1.09亿元，千名老年人拥有床位27张；日享受居家养老服务超过50万人次；全省新增各类养老床位2万张，社会养老床位达到21.5万张。农村五保对象供养标准平均增幅超过10%，其中，集中供养标准由每年的5091元提高到每年的5600元，分散供养标准由每年的3480元提高到每年的3840元。全省已有村卫生室19844个，社区卫生服务机构1138所，在社区卫生服务机构中，社区卫生服务中心360所，社区卫生服务站778所。全省已有疾病预防控制中心131个，卫生院1025个，医院962个，妇幼保健院（所、站）110个。年末全省各类卫生机构合计35445个，卫生技术人员25.6万人，其中执业医师和执业助理医师10.2万人，拥有病床25.6万张。全省现有123个文化馆、艺术馆，129个公共图书馆，63个博物馆，150个档案馆。全省城市人均拥有道路面积由12.09平方米增加到13.44平方米；燃气普及率由96.15%提高到96.55%；供水普及率由98.77%提高到98.87%；城市生活垃圾无害化处理率由上年的87.61%提高到92.5%；全省森林覆盖率40.82%；人均公园绿地面积增加了2.68个百分点，达到13.44平方米；建成区绿化覆盖率也提高了1个百分点，达到41.16%。同时，辽宁省充分利用外资开展辽宁小城镇示范项目，该项目总投资14.3亿元人民币，其中，包括亚洲开发银行贷款1亿美元，水融资合作基金赠款25万美元，其余为国内配套资金。项目贷款期25年，其中宽限期6年。项目涉及丹东东港市、朝阳喀左县、锦州凌海市和北镇市沟帮子镇、铁岭西丰县、鞍山海城市南台镇、营口盖州市 7 个县（市）。项目主要建设内容为城镇道路建设、供排水、污水处理、集中供热、堤坝加固和生态绿化等工程。该项目实施后将对本地区的经济发展、基础设施状况改善和人民居住环境优化等方面发挥积极的促进作用。

（六）坚持了保障完善的城镇化

近年来，全省在新型城镇化的社会保障方面成效显著，参保人数和基金规模持续增长，各项社会保险覆盖范围继续扩大，各项制度不断完善。截至 2014 年末，全省参加城镇职工基本养老保险人数为1769.2 万人，比上年末增加 39.7 万人。城乡居民社会养老保险在全省各地全部展开，2014 年末参保人数达到 1032 万人，其中享受待遇人数 375.2 万人。全省年末参加城镇基本医疗保险人数增加近 54 万人，超过 2300 万人；参加失业保险人数比上年增加很多，超过 660万人；领取失业保险金人数比上年末也增加不少，达到 8.5 万人；失业保险基金征缴收入比上年下降 20.4%，达到 48.8 亿元，支出比上年上升 6.8%，达到 19.97 亿元；全省失业保险金结存也有明显增长，累计超过 220 亿元；农民工参加工伤保险的人数比上年增加 2 万多人，超过 195 万人；年末全省参加工伤保险人数超过 900 万人，比上年增加 46 万多人；全年享受工伤保险待遇人数与上年持平，达到13.2 万人；年末全省参加生育保险人数比上年末增加 31.7 万人，达到 783.9 万人；全年享受了生育保险待遇的人数比上年增加 2.6 万人次，共有 28.5 万人次。全年为劳动合同期满未续订的农民工支付一次性生活补助的人数，连同为提前解除劳动合同的农民工支付一次性生活补助的人数，合计超过 10000 名。在农村社会保障方面，截至2014 年底，辽宁省新农保试点工作进展顺利，新农合医疗保障水平进一步提高，新农合大病保险已覆盖全部 14 个省辖市和 2 个省直管

县，并以市为单位统一制订实施方案，实现市级统筹，各市保费从
15 元到 22 元不等，人均达到 18.3 元，参保人数达到 1973 万人，在
全国率先实现全省全覆盖。辽宁省继续提高低保标准，城市低保人均
标准提高了 44 元，增幅超过 10%，达到每月 456 元；农村低保人均
标准提高了 322 元，增幅也均超过了 10%，达到每年 3059 元。农村
五保对象集中供养标准提高了 509 元，增幅超过 10%，达到每年
5600 元；分散供养标准由每年提高了 360 元，增幅也超过 10%，达
到每年 3840 元。调整以后，全省城市、农村低保平均标准在全国分
别排第八、第九位。此外，160 万城乡低保对象基本生活得到有效保
障，城乡低保对象重特大疾病救助上限达到 1 万元以上，基本医疗救
助上限上调到 5000 元以上，特殊困难得到缓解。

二 辽宁新型城镇化建设的问题

（一）产城融合的发展动力不足

当前的突出问题，一是，老工业城市三次产业结构不合理。从
第一产业方面看，老工业城市的农业基础薄弱，工业没有及时反哺
农业，对于劳动力转移来说是一个很大的制约因素；从第二产业方
面看，虽然基础雄厚，但老工业城市多属资源型城市，重工业不如
轻工业吸纳劳动力能力强，其经济转型任务依然艰巨，工业化没有
与城镇化形成良性互动；从第三产业方面看，总体上还是欠发达，
特别是现代服务业发展缓慢，不能为剩余劳动力提供充足的就业机
会，制约了劳动力转移和人口城镇化速度。二是，老工业城市科技
成果转化的能力不强。重要的原因在于老工业城市经济结构中的产
业层次低，经济增长过多依赖资源型产业，导致高能耗、高污染等
企业占很大比例；同时，经济增长过多依赖劳动密集型产业，导致

发展方式粗放，传统产业升级改造缓慢。因此，在一个时期里难以培育和发展新兴支柱产业和文化创意产业，加快城市经济转型。三是，城镇化速度和城镇化质量失衡。近年来辽宁省城镇化率较高，这同新城新市镇房地产的发展有关，但是，这种人口城镇化动力没有更多地、更大地提高城镇化质量。在面临经济发展新常态的背景下，辽宁省以工业为主的经济结构和以投资为主的经济增长模式都已接近极限，"农民就地上楼"现象普遍，结果导致城镇化发展质量提高缺乏内在动力。

（二）区域协调的发展格局失衡

当前的显著问题，一是，辽宁省新型城镇化建设的内部空间不平衡。失衡的原因在于，辽宁省区域划分为沿海、中部和西北三个区域，沿海地区城市群城镇分布密集，借助后发优势，城镇化发展水平较高。中部地区是以老工业基地为核心的城市群，这个城市群中的大城市能够为人们提供相对满意的工作岗位，这一种明显优势不可避免地要吸引更多的农村人口，甚至中小城市的人口向大城市流动，在这种情况下大城市的城镇化发展速度必然快；比较而言，辽西北地区缺少上述优势，地区内中小城市，特别是小城市的人们满意的就业岗位较少，由此导致城镇化发展水平相对较低。结果形成目前的格局就是，新型城镇化质量最高的是大连、沈阳；其次是营口和盘锦；本溪和丹东也存在明显差距；最差的是朝阳。二是，辽宁省新型城镇化建设的经济空间不平衡。辽宁各地区的城镇化发展存在失衡问题，还在于区域经济的不平衡直接影响城镇化地域发展不平衡。沿海地区在国家沿海开放政策的支持下得到长足有力地发展。中部地区基础性产业发达，工业实力雄厚，特别是重工业得到很大的发展。辽西北地区由于自然环境、区位条件和资源结构性矛盾等因素的制约，发展相对滞

后。2014 年，辽宁省 GDP 总量达 28626.58 亿元，人均 GDP 为 65201 元。大连占全省的 26.7%，沈阳占全省的 24.8%，总量占全省的一半以上。沿海城市人均 GDP 均高于非沿海城市。三是，辽宁省新型城镇化建设的人口空间不平衡。近年来辽宁省城镇人口数量增长仅仅是 12% 多一点，但是城区面积却增长了近 30%，这表明，土地的扩张速度远远高于人口的增长速度，由此带来的问题是城镇化建设的速度过快，水平偏低；规模过大，功能较差，整体质量需进一步提高。

（三）同步建设的发展理念欠缺

当前的重要问题，一是，城镇化建设用地与绿化建设的步调不一致。到 2020 年辽宁城镇化率将达 75%，城镇化速度的加快难免会影响城镇化所在地及其周边地区生态环境的变化。在辽宁省新城新市镇建设掀起的新一轮城镇化开发建设热潮中，有些地方借助开发规划，大搞"造城运动"；有些地方受土地财政的驱使，大拆重建；有些地方征用农地，搞"摊大饼式"的"造城运动"；有些地方拆并农村村庄，城市建设用地增长得太快了。结果，住宅用地和工矿用地的比重太大，而绿地用地的比重太小，导致城镇建设用地过度扩张，城市绿地面积严重不足。二是，城镇化建设与环境污染治理的步调不一致。在辽宁省城市开发建设热潮中，生产垃圾和生活垃圾污染状况都是很严重的。一方面，在老工业基地的背景下，生产区和生活区往往是交错混杂的，不可避免地产生了大量生产生活垃圾，结果，距离市区较近的边远农村成了垃圾的排放地，农业用地遭受着固体废弃物污染和生活垃圾污染。另一方面，在城镇化进程不断加快的情况下，建筑工地、商业、餐饮业等场所的噪声污染现象也普遍存在，很多情况下严重影响着居民的休息与健康。三是，城镇化建设与沿海生态环境保护的步调不一致。最近几年辽宁省沿海新兴工业基地的发展，产业以具有高污染风险的重化工业为支柱产业，给沿海居民和脆弱的近海生态环境带来了新的影响。城市现代工业生产消耗以煤为主的大量能源，交通运输发展排放大量烟尘、二氧化碳、二氧化硫等大气污染物，居民将近半年的供暖期，排放造成了城市空气进一步严重污染，特别是辽宁省沿海城镇人口增多，对水的需求量必然加大，造成城市供水困难、紧张。因此，在城镇化建设过程中，生态环境建设和经济建设的同步问题不能尽快解决，必将直接影响城镇化质量和生态环境安全，甚至影响现代化的健康发展。

（四）城乡一体化的发展机制滞后

当前的要害问题，一是，城乡一体化建设的决策机制存在缺陷。在辽宁省的钢铁城市快速发展过程中，小城镇总体发展水平不高；在辽宁省的石油城市快速发展过程中，低碳型小城镇发展明显不够；在辽宁省的煤炭城市快速发展过程中，生态型小城镇明显缺位。特别是沈阳、大连这样的大城市对周边城镇的辐射带动作用还不是很充分，对于小城镇自身积累力量进行自我完善与发展的支持还需要进一步强化。二是，城乡一体化建设的推进机制存在缺陷。一些农村城镇化落后，特别是交通不发达；一些城镇基础设施不健全，特别是居民生活环境脏乱差；一些小城镇学校和医院设施水平低，特别是商业区和文体设施不能满足居民群众的需要。三是，城乡一体化建设的制约机制存在缺陷。有的政府对小城镇管理缺乏创新精神和科学理论，导致有些小城镇布局不合理，不利于提高农村劳动生产率；有的政府对城镇建设缺少财政支持，导致自主发展力量薄弱，不利于增加农民收入和消费；有的政府让小城镇发展仍然依赖自然禀赋，导致不利于农村经济和乡镇服务业发展，最终影响农村城镇化实现。

三 辽宁新型城镇化发展趋势和对策建议

为实施《国家新型城镇化规划（2014~2020年）》，探索符合辽宁省实际的新型城镇化道路，进一步提高全省城镇化质量和水平，辽宁省人民政府于2015年8月14日下发《辽宁省"十三五"推进新型城镇化规划实施方案》（辽政发〔2015〕32号），并于同年10月16日正式向社会公布《辽宁省新型城镇化规划（2015~2020年）》，为辽宁省未来推进新型城镇化提出了明确路径和重要举措。可以预期，2016年辽宁省新型城镇化的发展将呈现如下几个趋势和特征。

（一）进一步健全规制体系

2016年，辽宁省新型城镇化建设面临的土地政策问题将得到积极稳妥推进。预期全省及其各市要结合自己的省情、市情，按照守住红线的要求，在农业用地变成建设用地过程中，政府将获得的土地收益更多分配到城镇化建设中来，让农民更多地分享土地增值收益；按照试点先行原则的要求，对于符合土地利用规划的、作为城镇建设用地的农集体土地，允许进行直接转让和出租该土地的使用权，已进城定居、就业并落户的农民，允许其将土地、宅基地让渡给其他从事农业生产的农民；按照改革和完善土地制度的要求，逐步推进农村土地流转市场化，推行土地流转市场化改革，尽早建立"地票指标"市场，允许农村专业组织以土地的使用权参与合作企业项目；按照逐步推行土地在跨市之间占补平衡的要求，进一步坚决杜绝城镇化建设用地粗放型扩张，合理分配城镇化过程中的土地指标，集约节约利用土地资源；按照适当控制建设用地规模和数量的要求，进一步提高土地集约水平，对老城区内废弃、闲置土地强化循环开发利用。

（二）进一步改革户籍体系

2016年，辽宁省将进一步实现真正意义上的城乡户籍一体化。全省要加快建立以居住证为依据的基本公共服务供给制度，全面分离户籍与社会福利之间的连带关系，有序推进公共产品均等化。一方面，坚持以人为本原则，让大量的农民工真正变成市民。鉴于居住证制度的全面推广尚需体制上的完善，应适度扩大居住证制度试点范围，可以选择条件相对成熟的城市和镇优先推广。另一方面，按照加快户籍制度改革的要求，进一步放宽中小城市落户限制，方便有稳定工作的农民工落户，在推进农业人口市民化过程中，让更多的公共服务与福利惠及城市户籍人口与非城市户籍人口。特别是在社保、医疗、教育等方面构筑基本的安全网，促进农民工在教育、医疗、社保等基本公共服务方面享有与城镇居民相同的待遇，将农民工纳入城镇社会保障体系，使农民工享有与城镇市民社会保障同等的权利。

（三）进一步完善配套设施体系

2016年，辽宁的新型城镇化建设将进一步加强基础设施建设，加快推进将市政设施建设覆盖到农村和边远乡镇。在城市新区和各类园区建设过程中，要统筹农业产业园区、工业园区、现代服务业聚集区建设；在集中连片旧城改造过程中，要完善现代服务业体系，促进城镇化与基础设施建设协调发展；在新建城市道路过程中，要按照政府主导、市场运作的原则，采取综合管廊模式建设地下管网，加快城市地下综合管廊建设。优先发展重点镇和特色镇，发挥小城镇连接城乡的节点作用，加强通信、信息基础设施建设；充分挖掘自然和文化资源，加快宽带和数字电视升级改造；打造富有地方特色和民族特色的小城镇，实现各城镇之间资源信息共享，增强为周边农村提供服务的能力。加强一系列信息服务平台建设，目前比较重要的是城镇交通

信息服务平台建设、消防信息服务平台建设、环保信息服务平台建设、农村生产销售信息服务平台建设等。加快实施雨污分流工程，建设污水再生利用设施和综合雨水利用设施，推进城市水系发展。特别是要帮助农业人口解决在城镇化进程中的实际困难，结合辽宁经济的实际发展程度，改善农民工集中生活区域的基础设施条件，降低农村转移人口的经济压力。

（四）进一步创新管理体系

2016年，辽宁将进一步完善城镇化工作考核体系，调整考核指标和权重。自新型城镇化实施以来，辽宁省原来设立的城镇化相关考核指标，虽然在推动各地城镇化进程中起了重要作用，但是以往的考核体系有明显偏失，过于强调数量和规模，在一定程度上忽视了质量和效益，由此需要使地方政府城镇化发展思路进行必要的调整，在新型城镇化建设导向问题上，需要强化对于质量和效益的重视。一方面，要通过考核城镇化质量指标来约束地方政府无度扩地的行为。例如，加强对城市人口密度和经济密度的考核，提高城市综合承载力；加强对土地和资金利用效率的考核，遏制土地城镇化规模过度扩张；加强对城市居民就业和宜居指数的考核，提升辽宁省城镇化的发展质量；特别是加强对生态环境保护与修复等指标的考核，探索具有辽宁特色的"新型城镇化"发展道路。另一方面，应该鼓励多元化参与管理，鼓励人民广泛参与城镇化建设中的文化传承与创新、提高城市现代化运营与治理水平。特别是要积极发展各类民间组织参与公共服务，发挥社区自治、服务职能，广泛参与公共服务供给。

（五）进一步完善投入体系

2016年，辽宁将进一步完善新型城镇化建设需要的投入保障。资金是城镇化顺利进行的重要条件，地方政府需要主导建立稳定的投融资平台，进一步完善政府、企业和个人多元化的投融资机制。完善政府的投融资机制，要进一步发挥省财政调剂功能，以转移支付形式实现对县域城镇化的直接支持；要通过基本养老社会保障基金由省统筹的条件，进一步解决养老保险中部和南部养老金有所节余，同时西部和北部地区养老金有所不足，特别是将出现的支大于收的困难。完善企业的投融资机制，要进一步树立全新投融资观念，支持和引导民间资金参与城镇化建设；要通过市场机制为城镇化拓宽投融资渠道，进一步解决辽宁省西部、北部地区青壮年人口比重较低而老年人口比重较高带来的人力资源配置问题；要激活社会资本，为民间资金投资城镇化建设创造良好的政策环境；要探索金融机构改革，大力发展股票、政府债券等投融资渠道。完善个人的投融资机制，要在政府购买公共服务过程中，进一步鼓励社会资本参与城镇公共基础设施的投资运营；要采用调动社会力量参与的政策，在棚户区改造、保障房建设等工作中尽快形成民间投资与地方财政投资互补互动的新模式。总之，今后新型城镇化建设需要大量资金支持，要充分发挥市场机制的决定性作用，用市场化的办法建立城镇建设投入机制；要充分发挥政府调控的重要作用，创新城镇化建设相关投资产品的形式，为城镇化建设提供更多途径的资金支持。

经 济 篇

Economy Reports

B.6

辽宁装备制造业发展特点和趋势

李天舒*

摘　要：　辽宁装备制造业区域集中度较高，在全国具有重要的地位。近10年来装备制造业作为辽宁的优势产业在较长时间内保持快速稳定增长的势头。但2015年以来，装备制造业发展困难比较突出，面临市场需求不足，效益大幅下降等严峻情况，表明装备制造业处于增长动力重构和结构调整的关键时期。要按照智能化、网络化、绿色化的发展方向，着力发展体现辽宁优势和能够引领未来发展的高端成套装备，在基础工艺、关键基础材料和核心基础零件方面取得重要突破，致力于建设具有国际竞争力的先进装

* 李天舒，辽宁社会科学院经济研究所研究员，研究方向：产业经济、区域经济。

备制造业基地。

关键词： 装备制造业　辽宁

　　装备制造业是为国民经济提供生产技术装备的制造业，支撑着各类工业品和消费品的加工制造过程，决定着制造业整体技术水平和发展后劲，是推动工业转型升级的关键引擎。辽宁是我国制造装备的核心生产区域，装备制造业区域集中度较高。辽宁装备制造业以重型装备为主，涵盖通用设备制造业、专用设备制造业、电气机械及器材制造业等多个子行业，机床、矿山机械、高压输变电等装备制造业重要产品已经具备一定的国际竞争力。已形成以沈阳、大连为核心的装备制造业发展格局，拥有一批销售收入超百亿的在国内处于行业领先地位的大型装备制造企业。

　　东北老工业基地振兴战略实施以来，装备制造业作为辽宁的优势产业在较长时间内保持快速稳定增长的态势，占全省工业比重、拉动全省工业经济增长能力、占全国装备制造业的比重均稳步提高。2014年，辽宁装备制造业工业增加值占全省规模以上工业增加值的比重为32%，主营业务收入、利润、利税三项主要经济效益指标分别占全省规模以上工业比重的31.2%、43.9%、34%。但2014年第三季度以来，在市场低迷等因素的影响下，辽宁工业发展遇到了多年罕见的困难，装备制造业出现增速放缓、效益回落的情况，处于增长动力重构和结构调整的关键时期。如何运用市场化手段推动装备制造业智能化和高端化转型升级，建设世界级装备制造业产业基地，仍然是辽宁老工业基地全面振兴中面临的重大课题。

一 装备制造业运行的主要特点

2015 年以来，辽宁装备制造业面临的形势严峻复杂，市场需求不足的困难比较突出。从主要统计指标看，行业下行压力没有有效缓解，行业整体回升的基础仍不牢固。

1. 工业增加值增幅持续放缓

2014 年，辽宁装备制造业工业增加值同比增长 7.1%，高于全省工业增加值增幅 2.3 个百分点，比 2013 年工业增加值增幅低 2.5 个百分点。2015 年 1～9 月，辽宁装备制造业规模以上工业增加值同比下降 6.6%，低于全省工业增加值增幅 1.2 个百分点。自 2015 年 6 月以来，工业增加值累计增幅连续 4 个月维持在 -6% 左右。装备制造业作为辽宁工业的第一支柱产业，出现了由增加值增速高于全省平均水平到低于全省平均水平，由高速增长转为负增长的转折性变化，对全省工业整体运行影响较大。

2. 经济效益指标增速下降

2014 年，辽宁装备制造业经济效益出现明显下滑趋势，主要经济效益指标增速大幅下降。全年实现主营业务收入 15475.5 亿元，同比增长 0.6%，增速同比下降 8.5 个百分点。实现利润 882.6 亿元，同比增长 2.8%，增速同比下降 10.4 个百分点。实现利税 1386.5 亿元，同比增长 1.4%，增速同比下降 12.4 个百分点。2014 年，辽宁装备制造业主要经济指标均低于全国平均水平。主营业务收入同比增速低于全国平均水平 8.9 个百分点，利润同比增速低于全国平均水平 9.6 个百分点，主营业务收入利润率低于全国平均水平 0.6 个百分点，利税同比增速低于全国平均水平 9.7 个百分点，增值税同比增速低于全国平均水平 10.7 个百分点（见表1）。

表1　2014年全国主要装备制造业省市经济效益指标情况

单位：亿元，%

省、市	主营业务收入		利润		主营业务收入利润率	利税		增值税	
	本期累计	同比增长	本期累计	同比增长		本期累计	同比增长	本期累计	同比增长
全国	355015.7	9.5	22445.8	12.4	6.3	333880.1	11.1	8641.4	8.6
江苏	65509.8	8.9	4224.8	16.8	6.4	6425.8	15.7	1832.1	13.3
广东	54247.9	8.2	3074.4	17.6	5.7	4522.9	14.3	1120.9	10.5
山东	39566.1	13.1	2473.9	8.2	6.3	3773.6	10.1	1016.2	12.7
浙江	20579.5	6.5	1322.9	9.7	6.4	1984.7	10.1	547.1	9.7
上海	20038.9	4.6	1771.5	19.7	8.8	2340.6	15.9	384.9	2.8
河南	16188.3	17.8	1164.7	16.9	7.2	1522.4	16.8	280.9	13.6
辽宁	15475.5	0.6	882.6	2.8	5.7	1386.5	1.4	330	−2.1

资料来源：根据《中国统计年鉴（2015）》《辽宁统计年鉴（2015）》相关数据整理。

2015年1～8月，辽宁装备制造业主营业务收入、利润总额、利税总额占全省规模以上工业的比重分别为31.2%、43.9%、34%，主营业务收入增幅、利润增幅、利税增幅分别为−11.9%、−24.0%、−19.9%，处于历史低位。装备制造业主要子行业中通用设备制造业、专用设备制造业、汽车制造业、电气机械和器材制造业等主要经济效益指标均降幅较大。据统计，2015年1～8月，装备制造业4956户规模以上企业中，亏损企业821户，占全行业比重16.6%，亏损面比上年同期增加3.6个百分点。

表 2　2015 年 1~8 月辽宁装备制造业主要经济指标情况

单位：亿元，%

行业	1~8月工业增加值同比增长	1~8月主营业务收入		1~8月利润总额			1~8月利税总额		
		本期累计	同比增长	本期累计	增加额	同比增长	本期累计	增加额	同比增长
装备制造业合计	−6.6	8545.4	−11.9	437.0	−137.7	−24.0	699.1	−173.5	−19.9
金属制品业		1065.6	−7.2	41.0	−3.7	−8.3	66.3	−4.1	−5.8
通用设备制造业		2191.6	−15.8	104.6	−24.1	−18.7	161.6	−35.9	−18.2
其中，金属切削机床制造		252.7	−5.9	2.7	−3.4	−54.8	9.4	−4.0	−29.9
专用设备制造业		1228.6	−13.7	35.1	−23.5	−40.1	59.7	−25.0	−29.5
汽车制造业		1838.7	−9.1	159.8	−67.7	−29.8	274.5	−82.7	−23.2
铁路、船舶、航空航天和其他运输设备制造业		291.1	−13.5	8.6	−2.3	−21.1	14.4	−3.4	−19.1
电气机械和器材制造业		1281.8	−9.2	25.2	−1.5	−7.8	71.8	−12.9	−15.2
计算机、通信和其他电子设备制造业		477.9	−12.5	−6.6	−13.5	−20.8	33.1	−6.8	−17.0
仪器仪表制造业		135.5	−7.6	10.6	−1.2	−10.2	14.3	−1.6	−10.1
金属制品、机械和设备修理业		34.6	−47.3	2.0	−0.9	31.0	3.3	−1.3	−28.3

资料来源：根据相关统计数据整理。

3. 装备制造业大部分重点产品产销明显下降

2015年1~9月，辽宁装备制造业统计的14大类主要产品中，除气体压缩机、环境污染防治专用设备产品产量同比保持增长外，其他12类产品产量均同比下降。

一是金属切削机床产量下降，但机床数控化率明显提高。由于金属切削机床行业市场有效需求下降，国内机床行业低水平产能过剩问题突出，用户需求结构升级，机床行业发展面临的市场竞争形势比较严峻。2014年，金属切削机床产量11.4万台，同比下降0.9%。其中，数控机床产量6.3万台，同比增长24%。产品数控化率达到55.3%，比上年同期提高11.1个百分点。金属切削机床行业实现主营业务收入456.9亿元，同比下降5.2%。实现利润15.7亿元，同比下降11.3%。实现利税26.3亿元，同比下降12%。2015年1~9月，金属切削机床产量75454台，同比下降14.5%，其中数控机床产量46633台，同比增长0.1%；产品数控化率达到61.8%，比上年同期提高8.6个百分点。

二是汽车产量明显下降，经济效益大幅下滑。2014年，全省汽车行业实现平稳较快发展，汽车产销量增长幅度、各项主要经济指标增长幅度均高于全国平均水平，是拉动全省装备制造业增长的主要力量。2014年，全省汽车产量121.8万辆，同比增长12.7%，比全国平均增幅高5.6个百分点。其中轿车产量61.6万辆，同比增长6.2%，比全国平均增幅高2.3个百分点。汽车出口8.5万辆，同比增长17.4%。2014年，汽车行业实现主营业务收入3139.1亿元，比上年增长14.6%，占全行业比重为20.3%。实现利润306.8亿元，比上年增长61.4%。实现利税505.3亿元，比上年增长37.3%。但2015年以来汽车制造业已经呈现下降趋势，对全省装备制造业的拉动作用发生逆转，对行业企稳回升影响较大。2015年1~9月，汽车产量累计76.9万辆，同比下降7.6%。其中轿车产量41.9万辆，同

比下降8.3%。汽车产量累计增幅低于全国平均水平6.7个百分点。2015年1～8月，汽车制造业实现主营业务收入1838.7亿元，同比下降9.1%；实现利润159.8亿元，同比下降29.8%；实现利税274.5亿元，同比下降23.2%。

三是重型机械行业重点产品产量明显下降。2015年1～9月，重型机械行业下行压力较大，行业统计的4大类重型机械产品产量大幅下降，矿山专用设备累计产量39.6万吨，同比下降15.3%；金属轧制设备累计产量8815吨，同比下降30.6%；金属冶炼设备58118.7吨，同比下降38.2%；水泥专用设备97339.5吨，同比下降37.2%。

四是输变电行业发展潜力较大，但复苏迹象不明。在国家推进西电东送、全国联网的政策背景下，长距离输送电力的趋势日益明显，输变电行业是电力行业中最具潜力的细分领域。但由于输变电设备相对于电网建设投资具有一定的滞后性，行业复苏迹象不明。2015年1～8月，输变电行业实现主营业务收入1005.9亿元，同比下降7.5%；实现利润35.1亿元，同比下降11.7%；实现利税54.8亿元，同比下降14.8%。2015年1～9月，变压器产量9065.5万千伏安，同比下降15.0%；电力电缆产量137.2万千米，同比下降5.7%。

表3 2015年1～9月辽宁装备制造业主要产品产量

产品名称	单位	2014年全年产量	2015年1～9月累计产品产量	比上年同期增长（%）
金属切削机床	台	114473	75454	−14.5
数控机床	台	63328	46633	0.1
汽车	辆	1217813	769288	−7.6
其中:轿车	辆	615578	418981	−8.3
变压器	万千伏安	13976.4	9065.5	−15.0
电力电缆	万千米	198.8	137.2	−5.7
交流电动机	万千瓦	460.9	274.3	−25.2
气体压缩机	万台（套）	186.8	162.9	12.7

产品名称	单位	2014 年全年产量	2015 年 1 ~ 9 月累计产品产量	比上年同期增长（%）
机车	辆	485	151	−54.0
泵	万台	182.7	94.4	−38.4
矿山专用设备	万吨	60.9	39.6	−15.3
金属轧制设备	吨	16441	8815	−30.6
水泥专用设备	吨	183469	97339.5	−37.2
金属冶炼设备	吨	128949	58118.7	−38.2
石油钻井设备	台（套）	9385	4872	−38.1
环境污染防治专用设备	台（套）	5858	3994.2	14.5

资料来源：根据相关统计数据整理。

二 装备制造业结构调整取得积极进展

在市场倒逼机制和政策推动下，装备制造业企业加快产品升级步伐，传统装备制造业加速向智能化和高端化转变，结构调整成果渐显。装备制造业发展了一批具有国际竞争优势的高端产品、重点企业和优势行业，支持骨干企业跨区域兼并重组，引导骨干企业向系统集成和制造服务化转型。依托一批行业领军企业，初步实现了一批重大关键技术和进口产品的国产化替代。

1. 高端装备制造领域不断实现突破

充分利用重大技术装备首台套政策，支持沈鼓、沈阳机床、北方重工、特变电工等骨干企业依托国家重大工程，研制出一批世界级装备制造产品，逐步改变了关键零部件和核心元器件依赖进口的局面。制造出一批具有国际先进水平的设备，如大连船舶重工集团已经可以提供自升式和半潜式钻井、钻井船等海工设备；大连光洋科技集团有限公司已经成为国内高端数控系统、何服系统、机床功能部件和数控

机床的重要供应商；沈阳北方重工集团的双护盾硬岩掘进机以其高端性能得到国际认可；沈阳新松机器人自动化股份有限公司的40吨重载双移动机器人系统达到世界领先水平。大连机床集团在五大类数控机床、八大类功能部件、智能化加工生产线等方面突破了一批制约我国数控机床发展的核心技术，已提供了国内汽车制造行业50%以上的高档汽车发动机缸体、缸盖加工生产线。沈阳机床中高档数控机床批量进入航空航天、汽车、船舶、能源等国家重点行业的核心制造领域。沈阳机床围绕机床产品全生命周期向集金融工具、加工解决方案、新机销售、机床租赁、机床再制造等于一身的工业服务商业企业转型。

2. 部分骨干企业产品出口规模大幅扩大

发展国际产能合作是装备制造业调整优化结构的一个新的动力。辽宁确定了高档数控机床、输变电成套装备、海洋工程与高技术船舶等十大具备走出去优势的行业，装备制造企业加速开拓优势产品国际市场，充分释放辽宁先进装备制造业的产能。2015年1~9月，大连重工·起重实现出口交货值20.2亿元，同比上升30.7%。沈鼓集团实现出口交货值4.6亿元，同比上升139.2%。大连机车车辆有限公司2014年签订出口南非机车合同近10亿美元，实现从单纯整车出口，向产品配件、运营服务、属地化维修、海外建厂、技术输出等领域拓展。2015年1~9月，大连机车车辆有限公司实现出口交货值3.5亿元，同比上升478.4%。2015年6月，特变电工沈变公司作为工程总承包公司为印度网公司建设的220kV变电站实现全站带电运行。

3. 辽宁装备制造业重点产业联盟相继成立

装备制造业重点产业联盟以提升产业技术创新能力和打造全产业链为目标，致力于通过多层次合作共同突破技术瓶颈，形成和优化产业供应链，形成稳定的利益共同体。2015年以来，由特变电工沈变集团牵头的输变电产业联盟、沈鼓集团牵头的核电装备产业联盟、沈阳新松机器人自动化股份有限公司牵头的机器人及智能装备产业联盟、沈阳机床牵头的数控机床产业联盟、大连机车牵头的轨道交通产业联盟、大连船用柴油机有限公司牵头的船用柴油机产业联盟、华晨汽车集团牵头的新能源汽车产业联盟等装备制造业重点产业联盟相继成立。这将有利于提高重点产业链相关企业竞争力，促进装备产业整体水平提升。如辽宁核电装备产业联盟由沈阳鼓风机集团核电泵业有限公司联合沈阳远大科技电工有限公司、中国科学院金属研究所等20余家核电装备优势企业、科研院所组建，着力打造核电装备全产业链，形成了一系列行业和企业的技术标准。

4. 中德高端装备制造业园区启动建设

2015 年 6 月以来，规划面积 48 平方公里的中德高端装备制造园启动建设，依托宝马铁西工厂，作为中国制造 2025 和德国工业 4.0 对接的重要载体，重点发展智能制造、先进机械制造、汽车制造、工业服务等，致力于成为沈阳打造世界先进装备制造业基地的强大引擎。铁西区专门设立中德企业合作发展基金，吸引德国高端装备制造业企业进驻园区。

三　装备制造业发展面临的问题

装备制造业发展面临增长趋缓、创新投入不足、产业层次不高、中低端装备产品占比较大等问题。装备制造业组织结构、创新能力、产品质量和品牌，均与世界先进水平有较大差距，产业转型升级需求较为迫切。装备制造业发展的相关基础设施、服务体系建设有待加强。

1. 市场需求情况未见好转，部分重点企业订单明显不足

市场因素对装备制造业影响较大。装备制造业中工程机械、机床及冶金、煤炭、石化等专用设备领域受市场订单不足影响均较为明显，部分重点企业订货情况低于上年同期水平。订单不足、产品

价格走低，加上劳动力等各类成本上升，挤压企业市场利润，直接导致装备制造业效益水平降低。相关统计数据表明，2015 年 1～9 月，大连机床、大连重工·起重集团、大连船舶重工等企业累计订单金额同比降幅均在 15.0% 以上，反映了行业运行下行压力仍然较大。

2. 专业化分工协作体系不健全，系统集成能力较低

装备制造业产业生态不完善，产业链上下游各环节尚未完全打通，导致企业主体和市场配置资源的作用无法更好地发挥。装备制造业的产业链纵向发展不均衡和横向资源不共享问题，制约产业向高端升级。装备制造业的主要子行业产业链现状是：拥有一批龙头主机企业，其中不乏百亿级、千亿级企业，有的甚至具有世界级品牌地位和话语权。但相关配套的中小企业处于产业链底部，规模较小、技术水平较低、装备较差，缺乏自我升级能力，难以支撑产业向高端突破，导致本地基础材料、零部件、元器件产业不发达，大量关键材料和基础部件需要外购或进口。同时专业化服务企业难以嵌入生产制造企业供应链，无法形成生产性服务业与装备制造业融合发展的格局。

3. 装备制造业关键核心技术与高端装备对外依存度高

辽宁装备制造业存在产品技术对外依存度高、高端装备制造业发展滞后、产品附加值偏低等问题。装备制造业价值链比较优势主要体现在最终装配环节，总体处于装备产品加工阶段，而非装备产品制造阶段。装备制造业单项技术世界领先，成套装备技术却处于中低端水平。对装备制造业来说，材料、机械、电气、液压等技术都属于行业基础共性技术，但因长期以来形成的条块分工现象，缺乏对共性技术的联合研发和成果共享。附加值较高的为主机配套的核心关键零部件，多数要从欧美企业采购，成为制约装备制造产业向高端升级的瓶颈。核心元器件、材料及制造工艺、系统设计等方面技术的缺乏，最终导致装备制造产品性能及可靠性方面的不足。

四　装备制造业发展建议

先进装备制造业是新一轮产业发展的核心，未来 5～10 年是高端装备制造业发展的重要机遇期。2015 年 8 月，辽宁省人民政府印发的《辽宁省传统工业转型升级方案》（辽政发〔2015〕24 号）提出：到 2020 年，高端装备制造业销售收入占装备制造业比重达到 25%。到 2017 年，规模以上重点企业关键生产设备数控化率达到 50% 以上。中国制造 2025 的战略构想确定了装备制造业未来发展的十大重点领域，应依托辽宁装备制造业的技术基础和科技人才优势条件，推动电力装备、航空航天装备、轨道交通装备、高档数控机床和机器人、海洋工程装备、汽车等加快发展。加强产业联动和资源整合，推动质量提升和品牌创建，切实增强辽宁装备制造业竞争力，加快推进由装备制造大省向装备制造强省转变。

1. 以集成化和增量优质为突破口，构建装备制造业全产业链

装备制造业技术构成复杂，配套零部件多样化，处于产业链上下游的企业和供应商、客户等利益相关者都对整个产业链的发展有重大影响。因此，高度灵活的专业化生产网络是装备制造业结构升级的必要条件。应围绕"补链、强链"，进一步厘清装备制造业细分行业的上下游配套、延伸和协作的产业链条。打造集设计、研发、制造、服务于一体的高端装备制造业产业链，针对装备软件、创新设计等产业链短板开展针对性的招商强链工作。装备制造业企业向设备成套设计和项目总承包的方向发展。支持和引导装备制造业骨干企业由单一产品制造向集工程设计、设备选购、安装调试、维修检测、售后服务等总承包的服务型制造企业发展，从制造商转型为技术服务商、系统解决方案提供商。探索装备制造业协同创新和集成开发的有效方式和路径，推进协同研发、协同制造、协同服务等，支持整机集成制造企业

联合零部件生产企业、工业工程总承包公司联合装备制造企业发展制造与服务相结合的协同制造模式。

2. 瞄准国际国内两个市场，拓展装备制造业的市场规模

重视互联网＋营销的各种实现方式，找准需求和强化营销。注重与传统产业转型升级过程中的装备需求升级结合，对高端数控机床、自动化控制系统、机器人等智能化装备产品提供就近便捷服务。注重与新的经济发展阶段最具潜力的新的装备需求结合，如轨道交通装备、航空航天装备、海洋工程装备等。不断提高装备制造业对外开放度，促使优势装备制造业率先走出去，推动轨道交通、重型机械和数控机床等骨干企业利用全球市场资源谋求发展。鼓励高端装备制造业领域的企业通过并购境外科技企业、投资建厂、建立境外研发平台和营销体系等，打造跨国企业集团。以资本输出带动产能输出，实现辽宁装备制造业的产业优势与对方市场空间和资源优势的有机结合，在国际产能合作中彰显辽宁装备产品性价比好的优势。

3. 构建开放式创新平台，自主研发核心技术和关键共性技术

实现高端制造装备的创新，单靠一个单位或一个系统难以完成，要整合行业、企业等各方面的资源，协同创新，加快突破制约高端装备发展的关键共性技术、核心技术和系统集成技术，逐步开发具备国际水准的产品，提高技术研发能力。统筹政府资源，完善先进装备制造业发展的公共服务体系，在产业链关键点上精准发力。构建装备制造业共性技术研发创新平台和测试检测平台，装备制造领域的平台企业或自主，或通过牵头成立协会、联盟等形式，组织提供一般装备制造所必需的全方位生产性服务。加强专项资金引导作用，在智能制造、先进机器人等领域开展重大产业技术专项攻关，力争突破智能控制、关键零部件等重大产业技术瓶颈。重点培育一批精、专、强的中小企业，逐步解决装备制造业产业链上关键零部件依赖进口的难题。完善装备制造业研究成果共享的政策机制设计，支持企业、科研院

所、高校，组建跨行业的关键、共性技术研发平台和联盟，从横向打通产业链。完善装备制造业首台（套）产品风险补偿机制，为省产重大成套设备开拓市场提供机制保障。提高省产装备产品在政府采购和政府性投资工程中的应用比重。

4. 推动信息技术和制造技术深度融合

制造装备未来将向低能耗、精密和高速的方向发展，把信息技术应用到装备的创新研发中，推进装备制造向绿色智能化方向转型。利用信息化工具优化装备制造企业管理流程和运营流程，将工业软件应用到装备制造业行业的生产设备、生产工艺、生产管理等各个环节。利用大数据、物联网、云计算和自动控制、循环再造等技术手段对存量装备制造企业的机器设备和生产流程等的进行自动化、网络化和智能化改造，提升装备制造产品、工艺、流程等的设计和开发水平，在整个装备制造产品生命周期中实现对环境影响最小化，并尽可能降低能耗物耗。

参考文献

黄群慧、李晓华：《中国工业发展"十二五"评估及"十三五"战略》，《中国工业经济》2015 年第 9 期。

李昂、刘翰泽：《推动工业设计产业化发展加速制造业转型升级》，《中国经济时报》2015 年 11 月 11 日。

郭航：《中国制造 2025 带动高端装备制造业崛起》，《中国产经新闻》2015 年 8 月 25 日。

李乾韬：《打造广东装备制造业核心竞争力》，《南方日报》2015 年 8 月 21 日。

李景录：《装备制造业结构优化效果显著》，《经济日报》2010 年 7 月 31 日。

B.7
辽宁省传统产业转型升级的思路与对策

姜瑞春*

摘　要：　本文回顾了"十二五"以来辽宁传统产业转型升级的
进程，分析了受当前市场低迷和非经济因素的双重压
力影响，辽宁传统产业转型中面临的突出问题，指出
了传统产业转型升级的发展方向，提出了促进辽宁传
统产业转型升级的对策建议。

关键词：　传统产业　转型升级　创新驱动

东北振兴战略实施以来，辽宁经济经历了近十年的快速发展，综
合实力显著增强、传统产业转型升级稳步推进。但随着国际、国内经
济形势的严峻变化，全省经济运行中的矛盾与问题，尤其是辽宁产业
结构不尽合理的问题逐渐显现。国际经验表明，产业结构优化升级的
水平和程度，直接影响并决定着经济发展的活力。因此，从这个意义
上看，当前辽宁必须把产业结构调整和优化升级作为经济提质增效的
突破口和主攻方向，这也是全省经济摆脱发展困境、行稳致远的关键
所在。

一　辽宁传统产业转型升级进程

"十二五"以来，全省积极应对国内外复杂的经济形势，全力推

---

* 姜瑞春，辽宁社会科学院产业经济研究所副所长、副研究员，研究方向为产业经济。

进产业结构调整和优化升级，全省工业和信息化发展取得了新的成绩。

1. 工业经济实力进一步提升

"十二五"以来，全省工业由高速发展转入平稳发展阶段。2014年，全省规模以上工业企业 15707 户，资产 39247 亿元。规模以上工业企业主营业务收入 48801 亿元，居全国第六位。资产总额、主营业务收入分别比 2010 年增长 34.9% 和 35.4%。

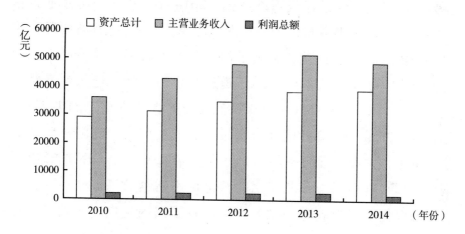

图1　辽宁省规模以上工业企业主要经济指标（2010～2014年）

资料来源：国家统计局网站。

2. 产业结构不断优化

"十二五"以来，促进传统产业转型升级，积极扶持战略性新兴工业加快发展，使全省工业结构得到明显改善。2014 年装备制造、原材料和轻纺等工业增加值比例由"十一五"末期的 32：44：24 调整为 32：42.6：25.4；战略性新兴产业完成主营业务收入 5535 亿元，占规模以上工业比重达到 11%。

装备制造业中，航空航天装备、新能源汽车产业、海洋工程装备、智能装备等高端装备制造业发展势头明显，数控机床产量达到

6.3万台，位居全国第1，通用航空产业规模位居全国第4，高端装备占全省装备制造业比重达到15%；石化行业炼化一体化和产业集中度进一步提高，化工精细化率达到54.1%；冶金行业品种结构不断改善，产品竞争力明显提高，鞍钢、本钢的高附加值和高技术含量产品已经占总产量的85%以上。

3. 创新能力不断增强

"十二五"以来，全省不断加大对工业创新的支持力度，以企业为主体的创新体系建设不断加强。2014年，省级以上企业技术中心665户，其中国家级企业技术中心40户。一批具有国际先进水平的新产品开发成功，打破了国外公司的长期技术垄断，沈鼓集团的20MW电驱天然气长输管道压缩机组，特变电工沈变集团的ZZDFPZ – 250000/500 – 800换流变压器，北方重工的1725mm热轧/1650mm冷轧高性能镁合金板轧制成套装备，沈阳机床的i5智能机床，大连中远船务的2.8万立方米LNG船，鞍钢的核电用钢、大型水电用钢，东北特钢的核电用不锈钢及高温合金，盘锦和运的卤化丁基橡胶等一批新产品填补了国内空白，达到国际先进水平。

4. 产业集聚成效明显

"十二五"以来，辽宁产业集群实现了快速发展。各地区坚持以工业园区为载体，以构建优势产业链为核心，采取增加公共服务平台建设投入、集群式招商、优势产业扩张和城市企业"退二进三"等多种方式，加快项目集中、企业集聚、产业集群，形成了沈阳铁西装备制造业、大连软件和信息技术服务产业、本溪生物医药等一批各具特色、错位发展、差异化竞争的园区产业格局。其中，沈阳欧盟经济开发区汽车产业、抚顺经济开发区装备制造、大连金州新区智能装备制造等15个产业集群被工信部批准为国家新型工业化产业示范基地，数量位居全国第四。2014年，全省100个重点产业集群实现销售收入 3.1 万亿元，占全省规模以上工业企业主营业务收入的 62.4%，销售收入超百亿元的产业集群达到 90 个，其中销售收入突破千亿元的产业集群达到 6 个。

5. 绿色制造技术有效推进

"十二五"期间，重点节能工程和节能新技术推广取得新进展，推广了蓄热燃烧、余热回收、蒸汽喷射真空制冷等节能新技术新产品 120 多项，支持企业实施工业炉窑改造、余热余压利用、电机系统节能等节能改造，累计实现节能 2600 多万吨标准煤。全省工业能效水平稳步提升，万元工业增加值能耗 2010～2014 年累计下降 23.8%。

6. 外向发展不断加快

"十二五"期间，全省工业实现海外并购项目 192 项。大连橡塑机械股份有限公司收购加拿大麦克罗机械工程有限公司，为跻身世界橡胶塑料机械制造的一流企业行列奠定了坚实基础；瓦轴集团并购了德国有百余年历史的技术型企业 KRW 轴承公司，开创了全国轴承行业国外并购科技型企业的先河。通过海外并购，龙头企业实现了资本扩张和企业技术升级，引进了先进的生产管理模式，解决了研发设计、营销渠道和品牌推广等瓶颈，获得了国际市场的通行证，加速了国际化步伐。

二 面临的突出困难、问题

振兴以来，全省经济发展取得了显著的成绩。但同时也应看到，经历了高速增长期后，辽宁经济已步入转型调整的关键期，长期困扰全省经济发展的结构性矛盾日益凸显，这些矛盾制约着全省传统产业的转型升级。

（一）从短期看，受当前市场低迷和非经济因素的双重压力影响

1. 受"挤水分"因素影响，工业增速加快回落

从2014年开始，全省工业在消化高速增长时期积累的矛盾过程中，呈现出增速逐渐回落的态势。全省规模以上工业增加值增速，从2014年9月开始各月份当月均为负增长，尤其是2015年以来，延续低迷走势，下行压力持续加大（见图2）。

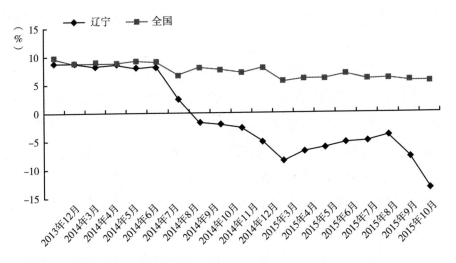

图2　辽宁与全国规模以上工业增加值同比增长比较

资料来源：国家统计局网站。

2. 市场有效需求不足，企业经营负担加重

受市场持续低迷影响，企业产品销售不畅，订单减少，企业融资难、融资贵、用工成本增加，经营成本不断上升，产品价格下跌，导致部分企业生产经营出现困难，停产半停产企业增多，企业效益下降。2015年一季度工业用电量同比回落9.4个百分点，铁路货运量增幅同比回落13.4个百分点。

装备制造业中部分骨干企业订单不足，沈阳北方重工、大连重工起重集团、大连船舶重工订单 2015 年一季度同比分别下降 19.1%、12.1% 和 29%。装备制造业 2015 年前三季度规模以上工业增加值比上年同期下降 6.6%。冶金行业、钢材等主要产品价格大幅度下滑，建筑钢材与上年同期相比平均下降 900 元/吨，每吨钢材平均亏损近400 元，民营矿山企业绝大多数处于停产状态。2015 年前三季度，冶金行业规模以上工业增加值比上年同期下降 5.6%。石化行业市场需求不足，加上部分产品产能过剩，企业在去产能化的竞争中，生产经营形势不容乐观。2015 年前三季度，石化行业规模以上工业增加值比上年同期下降 0.5%。

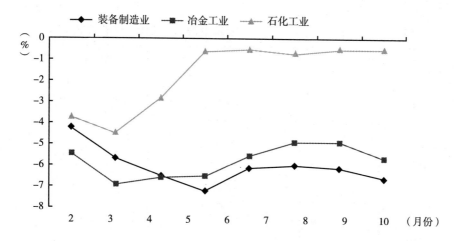

图3 2015 年以来辽宁省支柱产业规模以上工业增加值累计增长

资料来源：辽宁省统计月报。

（二）从长期看，受全省工业发展中多年累积的深层次的结构性、机制性、体制性矛盾，以及"三期叠加"作用影响

1. 科技创新能力有待进一步提高

发展中国家的经济发展历程表明，决定经济发展水平的主要因素

包括投入劳动力的数量、经营管理水平、先进技术的应用等，特别是随着工业化进程的推进，技术水平对经济的影响力逐渐加大。辽宁目前正由工业化后期向后工业化时期转变，科技进步应该成为经济发展的主要拉动力，但这种创新驱动的发展模式还未体现出来。2014年，全省R&D经费投入强度为1.52%，低于全国平均水平0.53个百分点，分别低于北京、天津、上海、浙江、江苏和广东等沿海创新型省市4.43个、1.44个、2.14个、0.74个、1.02个和0.85个。国家工信部对2013年全国各地区工业经济质量效益评价，辽宁综合排名居第16位。全省只处于中游水平，与工业大省地位（排名第6）很不相符，也反映出全省企业创新能力不强，产品附加值低，市场竞争力有待提高。

表1 2014年东部地区研究与试验发展（R&D）经费支出情况

地区	R&D经费支出(亿元)	R&D经费投入强度(%)
全国	13015.6	2.05
北京	1268.8	5.95
天津	464.7	2.96
辽宁	435.2	1.52
上海	862	3.66
江苏	1652.8	2.54
浙江	907.9	2.26
福建	355	1.48
山东	1304.1	2.19
广东	1605.4	2.37

资料来源：2014年全国科技经费投入统计公报。

2. 部分行业利润空间收窄，产能过剩问题突出

全省产业总体规模不够大，整体竞争力不强，大部分产业都存在产业链条短、配套能力差、附加值低等问题；全省重化工业占比较大，多数产品附加值低，竞争力不强，尤其在有效需求不足和产品价

格低位运行的情况下，企业产品销售不畅，订单减少，产能过剩局面更是雪上加霜。2014年辽宁规模以上工业企业主营业务收入排名第6位，但利润总额排名第13位，主营业务利润率为4.3%，在主营业务收入排名前10位的省份中处于末位。

表2　2014年规模以上工业企业主营业务收入与利润总额排名对比

单位：亿元，%

地区	规模以上工业企业主营业务收入	排名	规模以上工业企业利润总额	排名	主营业务利润率
山东省	143140.27	1	8843.91	2	6.2
江苏省	141955.99	2	9057.17	1	6.4
广东省	115451.13	3	7014.99	3	6.1
河南省	68037.47	4	4946.19	4	7.3
浙江省	64371.53	5	3729.13	5	5.8
辽宁省	48801.56	6	2107.63	13	4.3
河北省	47207.76	7	2610.9	7	5.5
湖北省	41401.49	8	2402.63	8	5.8
四川省	38063.87	9	2237	11	5.9
福建省	37097.44	10	2344.27	9	6.3

资料来源：国家统计局网站。

3. 战略性新兴产业发展缓慢，部分行业发展处于空白状态

节能环保产业、新一代新兴技术产业、生物产业、高端装备制造产业、新能源产业、新材料产业和新能源汽车产业为七大战略性新兴产业。在七大产业中，辽宁新材料产业发展较好，2013年全省新材料高新技术产品增加值占规模以上工业企业高新技术产品增加值的比重达到52.6%，而其他重点产业的发展相对缓慢，其中新能源汽车产业在辽宁尚属空白。

三 未来发展重点

1. 加强宏观调控，做好经济运行协调工作

充分发挥产业政策对工业经济发展的导向作用，引导全省企业加快经济增长方式转变和产业结构调整。发挥行业规划的作用，强化行业管理，加强质量、标准和品牌建设，促进行业健康发展。不断完善工业经济运行监测分析系统，强化对重点行业、重点企业和重点产品价格、市场情况的动态监测分析。

2. 抓好产业结构调整，推进重点项目建设

加快利用信息技术和先进适用技术改造提升传统产业，做大做强装备、石化、冶金等优势产业，增加关键品种、提高产品附加值，拉长原材料加工产业链。大力推进高端装备制造、新一代信息技术、新能源、新材料、生物医药和节能环保等战略性新兴产业规模化发展。

3. 抓好科技创新，提升产业的核心竞争能力

增强科技创新能力，进一步提高制造业的技术水平，促进制造业从要素驱动向创新驱动转变，以技术创新支撑和推动产业结构优化升级。一是进一步强化企业技术创新的主体地位；二是突破一批关键核心技术；三是推动创新成果的规模化生产和应用。

4. 抓好园区建设，促进产业集群发展

坚持集群式发展的新型工业化道路，注重产业集群内涵的培养和提升。一是加强对重点产业集群的规划指导。二是加强园区软环境建设，努力提高服务水平。三是根据各地产业基础和资源优势，整合发展一批特色工业集群。

5. 抓好"两化"深度融合工作，推进信息化建设

以《辽宁省推动两化深度融合促进四化同步发展行动计划》为指导，着力抓好传统工业转型升级、产品智能化提升、节能减排示范、物联网应用推广、工业软件振兴、产业集群两化融合示范、互联网产业应用示范等"七项工程"，重点推动制造过程转型，实现智能制造，推动产业形态转型，实现服务型制造，推动制造产品升级，提高产品智能化水平。

6. 抓好节能减排工作，促进产业绿色低碳发展

一是大力推进重点行业全流程绿色化改造。二是组织实施工业领域煤炭高效清洁利用等一批重点节能降耗工程，改造提升传统产业。三是积极推广应用工业窑炉改造、余热余压利用、电机系统节能等节能新技术新装备。四是发展再制造和资源综合利用产业。

7. 加强政策扶持，创造良好的投资环境

一是围绕重点发展领域，帮助骨干企业用足用好国家和地方有关优惠政策。二是落实土地、环保、资金等要素保障。各种资源的配置向主导产业、产业集群和战略性新兴产业倾斜。三是拓宽融资渠道。鼓励金融机构优化信贷结构，加大信贷投放，开展多形式、多层次的银企合作，支持股权投资基金、产业投资基金等参与工业和信息化项目。

四　应对措施及建议

（一）加大经济运行组织协调力度，努力帮助企业摆脱经营困境

在做好工业经济运行监测分析的同时，下大力气帮助企业解决当前生产经营中的困难和问题。

1. 着力抓好项目投达产工作

2014 年全省投资 10 亿元以上重大工业项目 96 项，总投资 5111.1 亿元，预计年内完成投资 581.9 亿元。其中，对 41 项年内投

达产或部分投达产项目，充分发挥行业优势，实行月调度、季推进计划，及时掌握项目进展情况。安排专人与环保、国土、金融、各市园区等有关部门对接，通过走访、举办联席会议等方式帮助企业协调解决项目建设中存在的问题，及时协调各类生产要素保障供给，确保项目尽早建成投产、发挥效益。

2. 大力推动组建企业联盟，帮助企业拓展市场空间

为克服企业各自为战、势单力薄的不利局面，本着政府引导、企业自愿、权责明确、利益共享、风险共担的原则，发挥新设立的企业联盟专项资金引导作用，推动组建企业联盟，使骨干企业降低成本、配套企业拓展上升空间。同时，鼓励总承包商机制，依托销售体系共享市场份额，整合联盟内企业战略资源，充分发挥技术、产品、服务和市场优势，从而推进制造业服务化、产业链一体化，共同走出去开拓市场提升企业全球布局能力。

3. 努力开拓全省消费品市场

继续在沿海发达地区举办消费类产品展洽会，扩大辽宁商品影响力，帮助企业拓宽销售渠道。同时，与外地代理商建立广泛联系，充分利用"互联网+"，以电商模式赢得市场空间，使全省的消费品工业获得质和量的提升。

4. 进一步减轻企业负担

当前全省企业反映突出的问题主要是"五险一金"缴费比例高、基数大。其中企业承担的养老保险缴费比例为20%，高于广东、浙江、福建等省份。全省作为老工业基地，退休职工多，企业包袱重，养老保险缺口较大，企业无力全部承担，本省财力也难以解决。针对全省面临的困境，可适当降低基数缴费比例，减轻企业负担。另一个反映突出的问题是具有垄断地位的行业和部分经营服务性收费较高、较乱。同时环保审批、安全审批、国土审批等前置审批环节评价报告项目繁、比例高、手续杂。建议借深化改革这一时机，特别是在当前

经济下行压力不断加大的形势下，尽量简化办事流程，减少收费环节，清理各类乱收费行为，帮助企业渡过难关。

（二）加大产业结构调整力度，努力推动工业提质增效

通过制定重点产品指导目录，引导企业通过产品结构调整实现技术路线的更新换代，不断推进产业结构升级，进一步发挥全省原材料资源和人力优势，从而巩固全省工业基础，提高工艺水平和产品质量，提升制造业层次和核心竞争力。

1. 加大支柱产业结构调整力度

装备制造业重点发展智能机器人、高档数控机床等十大类产品，石化产业重点发展有市场前景的精细化工产品，冶金产业重点发展高速铁路用钢、高强度轿车用钢等关键钢材品种，消费品行业重点开发生产适销对路产品。

2. 进一步发挥产业集聚效应和引领示范作用

向产业上下游延伸，努力形成一批规模大、创新性强、影响广的现代产业集群基地；抓好国家新型工业化产业示范基地创建，建设一批具有区域品牌特征的产业集群；建设一批以产品试验、标准服务、检验检测为主要服务内容的公共服务平台。大力推动节能降耗和淘汰落后产能工作。建立健全能源监控、分析、预警系统；推广工业炉窑改造、余热余压利用、电机系统节能等十项重大节能降耗技术应用；做好违规在建和新建项目的等量或减量置换工作；研究建立利用节能环保标准促进落后产能退出的工作机制。

（三）加大创新驱动发展力度，努力激发企业内生活力

1. 加快企业技术创新

技术创新是企业发展的原动力。为此，要继续抓好企业技术中心、技术创新示范企业等创新主体建设工作。加快新产品研发和新技

术推广，通过供给创新激活消费需求，推广首台（套）重大技术装备及新能源汽车、新材料、生物医药等领域的新产品应用。

2. 加强产学研用合作平台建设

继续完善企校合作联盟机制，鼓励企业与高校形成优势互补、资源共用、风险共担、利益共享的战略共同体，推动创新成果产业化。

3. 加快关键核心技术攻关

鼓励省内企业抓住全球产业重新布局机遇，到境外设立研发机构、生产制造基地和市场营销网络，增强国际化经营能力。抓好重点并购项目，力争在海外并购项目质量和水平上有所突破；研究采取利用外汇储备、股权投资等多种方式，解决企业并购融资难题。组织企业实施海外先进适用技术引进工作，重点在核电工程、智能装备、民用航空和海洋工程、高等级原材料等领域实现突破，通过引进关键技术及消化吸收再创新，加快形成一批具有自主知识产权的核心技术和产品。加快首台套重大技术装备研发生产，提高重大技术装备国产化水平。

（四）加大两化融合力度，努力提升企业竞争优势

1. 重点抓好七项工程

以全面落实《辽宁省推动两化深度融合促进四化同步发展行动计划》为重点，突出抓好传统工业转型升级、产品智能化提升、节能减排示范、物联网应用推广、工业软件振兴、产业集群两化融合示范、互联网产业应用示范等"七项工程"，加快促进企业信息技术应用和综合集成水平不断提升，充分把握信息技术和工业融合发展新趋势，在融合发展中提升全省产业竞争力。

2. 加快培育发展新业态、新模式和新产业

大力发展智能制造技术和装备，选择在重点领域开展智能工厂应用示范，推动东软集团和华晨集团在汽车电子、车联网、新能源汽车

领域进行合作，成立联合创新中心和应用示范基地。开展以云计算、物联网、卫星导航与位置服务等产业为主的大数据应用示范，加快组织制定"互联网＋"行动计划，发展壮大新兴业态，打造新的产业增长点。加快由生产型制造向服务型制造转变，研究制定关于服务型制造产业发展的指导意见；在装备、钢铁、石化等领域发展大宗商品交易平台，在轻工、纺织、医药等领域推进物流和电子商务平台建设。

参考文献

2015 年辽宁省政府工作报告。

《中国制造 2025 辽宁行动纲要（征求意见稿）》。

省经信委：《关于加快发展工业重点产业和重点产品促进结构调整升级的指导意见》。

李希：《在市厅级领导干部专题培训班上的讲话》，2015 年 8 月 21 日。

B.8
辽宁省战略性新兴产业培育与发展研究[*]

曹颖杰 姜 岩[**]

摘 要: 战略性新兴产业是推动区域经济转型发展的重要力量。2015年辽宁省战略性新兴产业有不同程度的发展，但整体发展速度缓慢，存在着诸如技术创新能力不强，市场规模小，产业循环链短、产业集中度不高、产业支撑体系不健全等问题。辽宁战略性新兴产业培育和发展要立足区域优势，统筹产业布局；加大技术创新，培育企业主体地位；推进创新要素汇集，提升产业集中度；优化发展环境，提高产业支撑能力等，以推动战略性新兴产业持续快速平稳发展。

关键词: 战略性新兴产业 技术创新 产业支撑

加快培育和发展战略性新兴产业是辽宁省应对当前经济下滑压力增大、解决深层次发展问题的重要举措，也是推动产业结构优化升级、推动区域经济转型发展的重要内容。辽宁省紧抓新一轮全球经济调整和发展的机遇，立足区域基础和产业优势，大力培育和发展战略

---

* 本报告为国家社科基金项目(12BJL075)的阶段性成果。
** 曹颖杰，辽宁社会科学院产业经济研究所助理研究员，研究方向：产业经济、经济法；姜岩，辽宁社会科学院产业经济研究所助理研究员，研究方向：对外贸易、产业经济。

性新兴产业，自主创新能力和国际竞争力得到显著提升，发展取得明显成效。

一 辽宁省战略性新兴产业整体情况

随着国务院的一系列支持东北振兴重大政策举措的出台，辽宁迎来了新一轮经济发展的机遇，辽宁的战略性新兴产业（以下称新兴产业）也迎来了发展的新契机。但受国际大环境影响，辽宁新兴产业发展也受到一定程度的影响，2013～2014年，辽宁新兴产业整体发展速度趋缓。

辽宁高端装备制造业、新材料产业、新一代信息产业三个产业依靠原有的产业优势，已经形成了一定的产业规模，其产值之和占全省战略性新兴产业的82%。生物产业、节能环保产业、新能源产业尽管发展速度较快，但产业整体规模仍较小（见图1）。

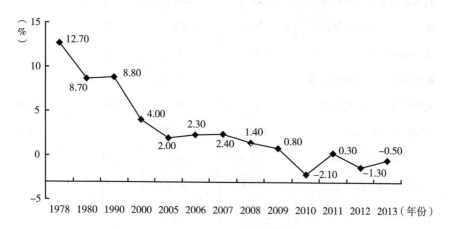

图1 2014年辽宁六大战略性新兴产业发展情况

资料来源：辽宁省统计局（以下同）。

（一）高端装备制造业产值略有下滑，但仍是推动辽宁省战略性新兴产业发展的主要产业

2014 年高端装备制造业主营业务收入为 1970.6 亿元，比上年下降 4.2%，占全省战略性新兴产业的 49%。其中金属加工机械制造、铁路运输设备制造、电机制造、石油钻采专用设备制造、通用仪器仪表制造等行业连续两年的主营业务收入均达到百亿元以上，金属加工机械制造行业主营业务收入超过 800 亿元（见表 1）。

表 1　2014 年、2013 年辽宁高端装备制造业行业发展情况

单位：亿元，%

行业	2014 年	2013 年	增速	增减
高端装备制造业	1970.6	2056.6	-4.2	-86.1
金属加工机械制造	834.9	917.6	-9	-82.7
石油钻采专用设备制造	229	220.2	4	8.8
电子工业专用设备制造	15.2	13.2	15	2
渔业机械制造	0	0	0	0
医疗仪器设备及器械制造	87.9	91.8	-4.3	-4
地质勘查专用设备制造	0	0.6	-100	-0.6
铁路运输设备制造	306.5	284.7	7.7	21.9
城市轨道交通设备制造	9.9	9	10.8	1
航空航天器及设备制造	42.8	42.6	0.4	0.2
电机制造	241.8	275.1	-12.1	-33.3
光纤光缆制造	12.3	13.4	-8.2	-1.1
通用仪器仪表制造	153.9	158.2	-2.7	-4.3
专用仪器仪表制造	32.2	28.5	13	3.7
光学仪器制造	4.2	1.7	149.7	2.5

（二）新材料产业发展缓慢，整体规模缩减

2014 年辽宁省新材料产业主营业务收入达 794.6 亿元，较 2013 年下降 11.6 个百分点。其中在辽宁省新材料行业中占有重要地位的合成材料制造产业增速下降 10.9%，产业规模缩减 57.8 亿元，占新材料产业缩减规模的 55%。此外，有色金属合金制造行业主营业务收入同比下降 14.6%，占新材料产业缩减规模的 32%。合成材料制造和有色金属合金制造产业分别是辽宁省新材料产业的第一大产业和第二大产业，两大产业规模的整体下滑，致使辽宁省新材料产业整体规模缩减（见表 2）。

表 2　2014 年、2013 年辽宁省新材料产业发展情况

单位：亿元，%

行业	2014 年	2013 年	增速	增减
新材料产业	794.6	898.9	-11.6	-104.3
合成材料制造	471.5	529.3	-10.9	-57.8
信息化学品制造	10.3	11.1	-7.2	-0.8
合成纤维制造	31.6	38.6	-18.1	-7
特种陶瓷制品制造	23.5	20.7	13.5	2.8
稀有稀土金属冶炼	61.3	69.3	-11.5	-8
有色金属合金制造	196.4	229.9	-14.6	-33.5

（三）新一代信息产业增速小幅下滑，但发展平稳

2014 年，辽宁省新一代信息产业主营业务收入实现 520.8 亿元，较 2013 年有小幅度下滑。其中通信设备制造、电子器件制造和电子元件制造是辽宁省新一代信息产业的三大主要产业，三者主营业务收入均超过百亿元，合计占比近八成（见表 3）。

表3　2014年、2013年辽宁新一代信息产业发展情况

单位：亿元，%

行业	2014年	2013年	增速	增减
新一代信息产业	520.8	542	-3.9	-21.2
计算机制造	37.5	40.5	-7.4	-3
通信设备制造	155.9	137.4	13.5	18.5
广播电视设备制造	11.6	10.3	12.6	1.3
雷达及配套设备制造	60.9	76.7	-20.6	-15.8
电子器件制造	142.4	143.7	-0.9	-1.3
电子元件制造	112.5	133.4	-15.7	-20.9

（四）生物产业规模小幅扩大，发展势头良好

2014年，辽宁省生物产业主营业务收入达到357.9亿元，比2013年增长6.3%。其中中药饮片加工和生物药品制造行业规模较大，主营业务收入分别为138.1亿元和136.7亿元，合计占生物产业的77%（见表4）。

表4　2014年、2013年辽宁生物产业发展情况

单位：亿元，%

行业	2014年	2013年	增速	增减
生物产业	357.9	336.5	6.3	21.4
生物化学农药及微生物农药制造	5.7	5	13.9	0.7
中药饮片加工	138.1	125.8	9.8	12.3
中成药生产	77.3	75.9	1.8	1.4
生物药品制造	136.7	129.8	5.3	6.9

（五）节能环保产业规模略有减小，但发展平稳

近年来，辽宁省围绕冶金、石化、电力、建材等典型高能耗重污染

行业，开展节能减排、可再生能源高效利用、石化能源清洁利用等技术开发和工程示范，积极发展节能环保产业。2014年节能环保产业主营业务收入达257.1亿元，比上年下降3%。其中环境保护专用设备制造在辽宁省节能环保产业中所占比重最大，2014年主营业务收入达130.4亿元，占比51%。随着对生态环境保护意识的提高，辽宁省污水处理及其再生利用、废弃资源综合利用业等行业发展也较为平稳。

表5　2014年、2013年辽宁省节能环保产业发展情况

单位：亿元，%

行业	2014年	2013年	增速	增减
节能环保产业	257.1	264.9	−3	−7.8
环境污染处理专用药剂材料制造	6.4	6.4	0.2	0
环境保护专用设备制造	130.4	137.7	−5.3	−7.3
废弃资源综合利用业	86.3	86.5	−0.2	−0.2
污水处理及其再生利用	30.8	30.8	0	0
其他水的处理利用与分配	3.3	3.6	−8.3	−0.3

（六）新能源产业规模较小，但发展迅速

目前，辽宁省新能源产业主要包括水力发电、核力发电、风力发电和太阳能发电等。尽管辽宁省新能源产业在辽宁省战略性新兴产业中，所占比重较小，但是发展较为迅速。2014年辽宁省新能源产业实现主营业务收入119.2亿元，比2013年增长22.1%。其中风力发电依然是辽宁省新能源产业的主要产业，产值所占比重达到53%；核力发电产值增长较快，增速为108.9%，已经是辽宁省新能源产业的第二大产业。

表6　2014年、2013年新能源产业发展情况

单位：亿元，%

行业	2014年	2013年	增速	增减
新能源产业	119.2	97.6	22.1	21.6
水力发电	4.5	8.4	−46.4	−3.9
核力发电	37	17.7	109.0	19.3
风力发电	63.4	58.8	7.8	4.5
太阳能发电	0.1	0.2	−58.3	−0.1
其他电力生产	14.2	12.4	14.5	1.8

二　2015年1～9月辽宁省战略性新兴产业发展现状

（一）新兴产业主要指标多为负增长

1. 新兴产业总产值为负增长

2015年，辽宁省经济增长出现了重大转折，而辽宁省新兴产业表现得尤为明显。1～9月，辽宁省新兴产业总产值累计为1455.25亿元，同比下降了9.8%。辽宁14个市中，只有鞍山市、本溪市、营口市、辽阳市和盘锦市实现了正增长，分别增长16%、1%、0.3%、1.2%和13%。其他9个市均为负增长，其中阜新市下降了49.7%。

从新兴产业结构看，2015年1～9月各产业总产值分别为：①电子及通信设备制造业552.75亿元，同比下降13%；②航空、航天器及设备制造业36.06亿元，同比增长4.4%；③计算机及办公设备制造业67.21亿元，同比下降14.8%；④信息化学品制造业16.3亿元，同比下降5.6%；⑤医疗仪器设备及仪器仪表制造业224.62亿元，同比下降6.7%；⑥医药制造业558.31亿元，同比下降了8.1%。六大产业中，只有航空、航天器及设备制造业呈现正增长，新兴产业整体发展下滑。

表7　新兴产业2015年1～9月各项经济指标

地区	总产值	工业销售产值	出口交货值	主营业务收入	利润总额
辽 宁 省	1455.25	1442.29	237.84	1408.50	111.22
沈 阳 市	585.40	577.26	59.27	553.93	31.46
大 连 市	389.32	394.67	155.21	415.75	46.86
鞍 山 市	39.10	37.02	2.38	30.00	2.54
抚 顺 市	41.14	40.66	0.00	36.86	2.61
本 溪 市	180.13	176.19	0.63	175.59	18.35
丹 东 市	44.95	44.17	9.46	42.05	3.01
锦 州 市	24.64	24.25	1.27	24.96	3.55
营 口 市	32.15	31.86	5.42	29.74	0.70
阜 新 市	9.18	8.77	0.31	7.96	0.09
辽 阳 市	13.68	13.13	0.00	11.98	-0.72
盘 锦 市	56.89	56.54	2.23	42.68	0.69
铁 岭 市	10.74	10.60	1.51	8.97	0.30
朝 阳 市	6.02	5.87	0.00	5.87	1.12
葫芦岛市	21.90	21.31	0.14	22.15	0.65

资料来源：辽宁省统计局。

2. 新兴产业工业销售产值负增长

2015年1～9月，辽宁省新兴产业工业销售产值为1442.29亿元，同比下降8.3%。14个市中只有鞍山市、本溪市及盘锦市实现正增长，分别增长17%、0.7%及12.9%。1～9月工业销售产值排名前两位大沈阳和大连分别实现577.26亿元、39467亿元，分别下降了6.5%和11.6%。

2015年1～9月，六大新兴产业工业销售产值分别为：①电子及通信设备制造业551.61亿元，同比下降了12%；②航空、航天器及设备制造业35.79亿元，同比增长5.2%；③计算机及办公设备制造业64.97亿元，同比下降15.5%；④信息化学品制造业16.38亿元，同比

下降4.7%；⑤医疗仪器设备及仪器仪表制造业220.06亿元，同比下降5.2%；⑥医药制造业553.48亿元，同比下降5.5%。

3. 新兴产业出口交货值负增长

2015年1~9月，辽宁省新兴产业出口交货值实现237.84亿元，比上一年同期下降了14.3%。只有鞍山市、本溪市、丹东市、盘锦市和铁岭市与上一年同期相比，实现了正增长，其中鞍山市增幅较高达到188.3%。而抚顺市、辽阳市和朝阳市新兴产业出口交货值均为0，与同期相比下降100%。

六大新兴产业出口交货值分别为：①电子及通信设备制造业163.13亿元，同比下降了12.3%；②航空、航天器及设备制造业5.45亿元，同比增长11.4%；③计算机及办公设备制造业32.64亿元，同比下降20.5%；④信息化学品制造业1.29亿元，同比下降50.7%；⑤医疗仪器设备及仪器仪表制造业24.08亿元，同比下降21.5%；⑥医药制造业11.25亿元，同比下降8.2%。

4. 新兴产业主营业务收入负增长

2015年1~9月，辽宁省新兴产业主营业务收入为1408.5亿元，较上年同期下降了9.36%。只有辽阳和盘锦两个城市实现正增长，新兴产业主营业务收入分别为11.98亿元和42.68亿元，分别增长21.73%和10.84%。

六大新兴产业主营业务收入分别为：①电子及通信设备制造业536亿元，同比下降了12.64%；②航空、航天器及设备制造业36.83亿元，同比下降0.89%；③计算机及办公设备制造业66.78亿元，同比下降12.82%；④信息化学品制造业16.87亿元，同比增长2.75%；⑤医疗仪器设备及仪器仪表制造业207.89亿元，同比下降6.58%；⑥医药制造业544.12亿元，同比下降7.42%

5. 新兴产业利润总额实现正增长

2015年1~9月，辽宁省新兴产业利润总额达到111.22亿元，较上一年增长了 121.81%。全省 14 个市除了沈阳、大连和本溪实现两位数增长外，其他城市利润总额也实现了小幅增长。在新兴产业其他各项指标增速普遍下滑的情况下，各市利润总额却有所增长，证明了辽宁新兴产业发展的质量有所提高，效益有所增加。

六大新兴产业利润额分别为：①电子及通信设备制造业 29.41 亿元，同比增长了 34.35%；②航空、航天器及设备制造业 1.44 亿元，同比增长 2.16%；③计算机及办公设备制造业 4.09 亿元，同比增长 3.86%；④信息化学品制造业 -0.83 亿元，同比下降 0.44%；⑤医疗仪器设备及仪器仪表制造业 16.45 亿元，同比增长 17.93%；⑥医药制造业 60.66 亿元，同比增长 63.95%。

（二）新兴产业投资情况

1. 整体完成投资增幅下滑

2015 年 1~9 月，辽宁省新兴产业完成投资（或自年初累计完成投资）为 548.776 亿元，而上年同期为 561.8285 亿元，较上年减少了 13.0525 亿元，下降了 2.3%。按隶属关系分，中央完成投资为 4.8891 亿元，同比下降了 51.2%；地方完成 543.8869 亿元，同比下降了 1.4%。按建设性质分，新建完成投资 430.7027 亿元，同比下降了 3.3%；扩建完成投资 550.8272 亿元，同比下降了 8.5%；虽然改建和技术改造完成投资 33.1732 亿元，同比增长了 63.5%，但改建和技术改造完成投资占总投资比重为 6.1%，对全省完成投资影响有限。

2. 投资以内资企业为主，自筹资金占主导地位

2015 年 1~9 月，辽宁省新兴产业按登记注册类型分，内资完成投资实现 536.8580 亿元，占完成投资资金的 97.8%，其中私营企业达到 254.9253 亿元，占内资的 47.48%；而港、澳、台投资企业为 1.245 亿元，外商投资企业为 10.673 亿元，个体经营企业完成投资额为零。

2015 年 1~9 月，辽宁省新兴产业自筹资金为 516.8664 亿元，占

全部投资来源的94.2%；国内贷款为45.3676亿元，占全部投资来源的8.27%；利用外资3.185亿元，占全部投资来源的0.6%。而国家预算内资金和其他资金额度较少，比例较小。虽然国家预算内资金只有0.05亿元，较2014年的零预算有很大进步，但这对辽宁新兴产业投资整体来说是杯水车薪，这体现出中央政府及地方政府对新兴产业发展的支持严重不足。

3. 各市新兴产业投资额有所调整

2014年沈阳、大连新兴产业投资额还是一路领先，占新兴产业投资额的领先位置。2015年，沈阳仍以完成投资额209.7103亿元，施工项目数量232项位居榜首；而鞍山则以完成投资额128.6028亿元，完成施工项目98项，赶超大连位居第二，较上年同期分别增长了116.7%和151.3%。大连完成投资73.7545亿元，完成施工项目50项，比上年同期分别下降了45.6%和16.7%，位居第三。14个市中，辽阳市完成投资增幅较大，其完成投资为10.9729亿元，比上一年度增加了9.5538亿元，增幅达到673.2%，实现历史新高（见图2）。

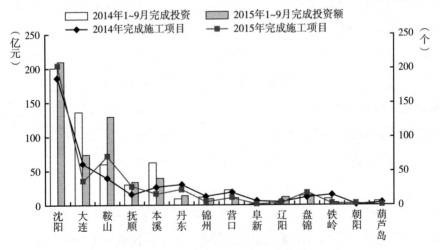

图2 辽宁各市新兴产业投资情况

三　辽宁省战略性新兴产业发展存在的问题

（一）技术创新能力不强，企业主体地位不突出

辽宁省战略性新兴产业发展的一个薄弱环节是技术创新能力不强，虽然战略性新兴产业取得很多技术突破，但是作为产业发展重要依托的关键技术和核心领域的自主知识产权数量较少，专利数量虽多但存在技术含量低的问题。从整体来看，战略性新兴产业中中低端产业比重大，难以满足产业发展的创新需求。企业创新的主体地位不强，研发基础薄弱，缺乏自主创新的动力支撑，产学研结合不紧密，缺乏协同创新能力。

（二）市场规模小，产业循环链短

辽宁省战略性新兴产业逐步发展，产业竞争力也逐步增强，但是战略性新兴产业增加值占全省地区生产总值的比重偏低，如2014年辽宁省战略性新兴产业实现主营业务收入4020.2亿元，占全省规模以上工业主营业务收入的8.09%，总体规模偏小，对区域经济的拉动作用以及对传统产业的辐射效应不足。从全国范围来看，辽宁战略性新兴产业总产值占全国比重低，发展趋于缓慢。辽宁省战略性新兴产业仍处于初始发展阶段，产业化程度不高，尚未形成整体共赢的产业循环链条，存在产业链条短、产业链低端化问题。

（三）存在同质竞争，产业集中度不高

辽宁省是国家重要的老工业基地，大力发展战略性新兴产业对促进经济发展方式的转变，提升区域经济竞争力具有重要的作用。但是辽宁省战略性新兴产业发展过程中省内有八九个城市把培育和发展战

略性新兴产业作为发展重点，在产业定位方面存在重复建设、产业同质性的现象，且多集中发展电子信息、生物医药、高端装备制造业等，一定程度上影响战略性新兴产业的发展。辽宁省战略性新兴产业虽然集聚了相当数量的企业，形成很多具有特色的产业园区，但是产业集中度不高，产业集聚效应还有待加强。

（四）产业配套支撑体系不健全

战略性新兴产业是战略性和新兴产业的结合体，突出知识、技术、人才、服务等的全面支撑和配套。辽宁省战略性新兴产业相比较而言，产业配套能力不强，高技术、高附加值的产品及关键器件仍需进口，不具备成套装备的市场优势；战略性新兴产业发展所需要的基础设施不完善，难以满足产业发展的需要；区域内专业化协作配套能力不强，产业关联性有待加强；支撑战略性新兴产业创新发展的信息服务、技术交易等平台不完善，科技成果转化率不高等，对新兴产业发展难以起到强大的支撑作用，一定程度上影响和制约了战略性新兴产业的发展。

四 辽宁省战略性新兴产业发展的对策

（一）立足区域优势，统筹产业布局

优化产业布局，形成重点突出、功能互补的区域产业发展新格局。沈阳、大连要充分发挥产业优势和科技优势，强化高端化发展，加大原始创新和集聚创新，力争在自主知识产权和关键核心技术领域取得突破，占据高端产业发展的制高点，提升高端产业的市场竞争力。沈阳经济区、沿海产业带要立足产业基础和比较优势，强化国际化发展，加大开放式创新，以延伸重点领域产

业链为切入点，加快高附加值产业的发展，培育和发展特色产业集群，提升产业的辐射带动作用。辽西北要充分立足区域经济基础和特点，加强合作发展，引进先进技术、创新人才和团队，扩大合作层次和范围，推动与沈阳等城市的产业协作和协同发展，培育和发展新兴产业。重点支持区域标志性新兴产业发展。根据不同地区产业发展的状况，立足突出优势、错位发展的原则，集中有限资源重点发展区域标志性新兴产业。重点支持发展有一定基础和发展条件的机器人、软件、智能制造装备。在高端装备制造领域，形成以沈阳、大连为中心的深度合作区域，辐射带动其他区域协同发展的格局；在生物技术和新医药领域，形成以沈阳、大连、本溪和全省其他等地相互促进的发展格局；在新能源领域，形成以锦州为重点，沈阳等地相互支撑的发展格局；在新一代信息技术领域，形成以沈阳、大连为重点，以鞍山、丹东、锦州等为依托的发展格局。

（二）加大技术创新，培育企业主体地位

加大自主研发投入力度，支持和引导中小企业和民营企业增加科技投入，逐步提高研发投入占销售收入的比重，提高产品的附加值，形成自主知识产权，提升企业的技术研发和高科技成果转化的能力。注重技术引进和自主创新相结合，结合产业发展基础和发展方向，引导各类科技创新基金、平台等资源向战略性新兴产业倾斜和汇集，提高产业的核心竞争力。优化产业链条，积极引导技术创新，促进高新技术和传统产业的耦合发展，提高产品的科技含量和市场竞争力，引入竞争机制，扩大分工，构造并优化产业链条。增强企业主体地位，鼓励和支持企业成为技术创新投入的主体，加大对新技术研发和引进技术的投入，鼓励企业建设技术中心、工程实验室等，支持企业通过兼并重组国内外企业以提升企业创新能力。

要充分发展资源优势和比较优势，发展和壮大新兴产业领军企业，实现领军企业带动支柱产业发展，支柱产业发展带动产业整体发展。整合和高效配置现有产业资源，集中发展产业链中的领军企业，发挥其核心主导作用和辐射带动作用，积极带动中小企业发展，推动产业集聚化进程，逐步完善产业链和产业配套体系，形成对产业发展的重要支撑以提升产业整体竞争力。

（三）推进创新要素汇集，提升产业集中度

推动产学研相结合。鼓励企业与科研院校建立长期的科技与人才合作机制，对技术密集、关联度高、带动性强的相关产业的关键技术、核心技术和共性技术等进行联合攻关。联合建立大学科技园、产业园等产业培育基地，健全产学研管理和服务体系，促进科技成果的转化和产业化发展。建设一批新兴产业发展的特色产业基地。依托现有专业园区、高新园区、工业集中区，突出"特色化、集聚化、高端化、创新化"，重点建设一批产业配套能力强、市场影响力大、集成创新活力强、创业环境好、辐射带动强的新兴产业特色产业基地。围绕要素互补、生产营销环节共用、上下游产业配套的要求，促进优势资源、产业关联性较高的企业向基地集聚，强化企业间的专业化分工与协作，增强产业集聚效应，把基地打造成为全省新兴产业发展的引擎和载体。促进人才集聚。战略性新兴产业发展需要充足的人才做保障，特别是大量的高技术人才，人才是推动战略性新兴产业跨越发展的智力支持和保障。加强对技术工人的培训和科技人才的培养，培养高层次创新创业人才、高水平管理人才、高技能实用人才，提高创新能力，以增强产业发展的创新驱动力。着重引进一批高端人才和专业技术人才，完善人才激励、工作、引进机制，充分调动人才的积极性，促进高层次创新人才向产业集聚。

（四）优化发展环境，提高产业支撑能力

深化体制机制改革，加快政府职能转变，积极推进简政放权，进一步取消和下放行政审批事项，在项目核准与备案、土地供给、资金支持等方面给予优惠，规范管理部门职责权限。优化金融环境，政府要加强政策引导，加大对重大科技项目和关键性技术的支持力度，拓宽战略性新兴产业融资渠道，鼓励金融机构创新贷款方式，优化信贷配置结构，创新金融服务方式和金融产品以提供金融支撑。健全基础配套设施，要结合产业发展基础和优势，结合具体的战略定位和发展方向，加大基础设施投入，构筑完备的综合性、立体化基础设施网，加快道路、水、气、电、通信等硬件基础设施建设，不断提高战略性新兴产业发展的综合承载力和支撑力。加快公共服务平台建设，组织和协调各类服务机构，建立和完善信息、咨询、培训、网络营销等综合配套公共服务平台建设；加快发展重点产业，加快研发、检测、评估等技术创新服务平台建设；加快发展科技服务业，加快建设科技成果交易中心、知识产权事务中心、科技孵化器等，为促进科技成果的转化和产业发展提供重要的支撑。

参考文献

辽宁省人民政府：辽宁省《政府工作报告》（2015 年）。

辽宁省人民政府：《辽宁省壮大战略性新兴产业实施方案》。

辽宁省人民政府：《辽宁省人民政府关于加快发展新兴产业的意见》，国务院发展研究中心信息网，2010 年 2 月 1 日。

B.9
辽宁民营经济发展成效及展望

刘佳杰*

摘　要：　2015 年，辽宁省继续推动民营经济①发展体制改革，通过促进创业、助推中小企业升级转型、破解融资难题等举措助推中小企业发展壮大，着力——破解中小企业发展中的各种难题。新的一年中，辽宁广大民营企业要继续防范各类风险，重点提升企业创新能力，积极开拓国内外市场，以升级转型保持基本平稳发展态势。

关键词：　辽宁　民营经济　中小企业

2015 年，辽宁省民营经济组织继续认真落实党的十八届三中全会和省委十一届七次全会暨经济工作会议精神，全面落实省政府的部署，坚持稳中求进的工作总基调，坚持以全面深化改革为主题，以转变发展方式为主线，以推动创业为动力，以培育创新型中小企业为重点，以破解发展难题为着力点，调结构、促升级、稳增长，全省民营经济、中小企业保持了平稳较快发展的态势。尽管如此，民营经济一直是辽宁经济社会发展的一项"短板"，产权运行的外部环境约束力较强使其面临比国有经济更大的压力和风险。根据辽宁省《辽宁省

---

* 刘佳杰，辽宁社会科学院经济所副研究员，研究方向为公共经济。
① 由于相关数据严重不足，本文不再就现状、问题进行具体阐述。

发展民营经济实施方案》，在新一轮东北振兴计划实施的大背景下，辽宁将进一步打破制度藩篱，通过多项实际措施发展壮大民营经济。

一 2014年辽宁民营经济重点工作完成情况

数据显示，截至2014年，辽宁民营经济增加值完成19450亿元，增长7.2%，占全省GDP的67.9%；固定资产投资完成14361亿元，下降6.7%，占全省投资的58.8%；上缴税金2169亿元，增长0.1%，占全省税收的40.3%。民营市场主体总计185.4万户，其中，民营企业30多万户，个体工商户140余万户；从业人员1153.2万人，比2010年增长2.8%，年均增加6.26万人。民营经济出口交货值2124亿元，增长1.6%，占全省出口总额的57.6%。2014年，辽宁以具体工作切实保障了民营经济的发展。

（一）推动民营经济发展体制改革

民营经济的繁荣离不开一流的发展环境。按照省委、省政府关于贯彻落实《中共中央关于全面深化改革若干重大问题的决定》要求，2014年，辽宁对推动非公有制经济改革任务进行了细化。其中，营口市被确定为辽宁非公经济综合配套改革示范区试点地区。通过试点，力图在制约权力、政策体制、法规清理、服务体系方面真正落实创新，实现由源头到末梢的改革，变管理为服务；通过养老费、用地、金融等专项资金的适当倾斜，在全省进行示范。目前，营口市政府已经召开了市直相关部门会议，对实施综合配套改革工作进行了部署，正在着手起草关于开展试点工作的政策意见。同时，为进一步推进小微企业发展政策措施的贯彻落实，辽宁省结合地方实际完成《关于我省对支持小微企业健康发展政策落实情况的报告》，有力地支持了全省贯彻落实支持小微企业健康发展的各项措施，各市也依次对存在的问题进

行了整改。此外,《辽宁省人民政府关于加快民营经济发展的若干意见》从鼓励大众创业、拓展发展空间、强化财税支持、加强金融扶持、推动转型升级、减轻企业负担、强化用地保障、开展民营经济综合配套改革示范区试点、完善政府服务等九个方面提出了关于加快辽宁省民营经济发展的具体政策措施,制定了一系列为适应经济新常态主动和市场对接的有力举措,巩固了民营经济在辽宁经济中的地位。

(二)推进创业工作

辽宁民营经济发展进入了一个崭新的历史时期,创新创业发展已成燎原之势。2014 年 5 月 16 日,由阜新市人民政府、辽宁省中小企业厅共建的辽宁省中小微企业创业基地正式成立。基地以解决制约辽宁省中小微企业在创业中遇到的困难为着力点,对创业扶持工作进行体制创新和机制创新,促使中小微企业在市场化过程中发展壮大。基地具备市级经济管理权限,县级行政审批权限;基地封闭运行,任何人、任何部门、单位不得随意到基地考察、检察、收费、罚款;发布了项目入驻负面清单,召开了招商推介会,加大招商引资力度。目前,基地基础设施建设正在积极推进中,预计年内完成厂房建设 30 栋,建筑面积 24.37 万平方米;签约项目 33 个,协议引资额 35 亿元,到位资金 22.95 亿元,入驻企业 100 户,其中规模以上企业达 43 户;实现新开工项目 16 个,竣工项目 12 个,研发包装项目 6 个。在加大创业基地建设的同时,创业培训工作也在同步进行。通过开展辽宁省中小企业创业辅导培训工作,包括彰武县及创业基地工作人员在内的 53 人,赴安徽参加创业辅导培训,增强了创业的骨干力量;开展大学生创业辅导培训,与辽宁广播电视大学、辽宁装备制造职业技术学院合作,培训应届毕业生 42 人;与朝阳市团委合作,在朝阳师专举办大学生就业创业报告会,有 370 多人参加了报告会;全年开展创业活动 18 项,有 1200 人次参加。

（三）推进创新型中小企业转型升级

2014年，辽宁各市中小企业主管部门会同财政局、科技局对2013年认定的750户创新型中小企业进行了评价调整，通过深入实施创新型中小企业培育工程，通过省中小企业发展专项资金及其他各类扶持企业发展资金等重点扶持60户创新能力强、成长性好的创新型中小企业。2014年1~8月，全省创新型中小企业主营业务收入累计增长18.1%；截止到9月底，共有135户创新型企业通过融资顾问的帮助实现融资84.88亿元。继续推进中小企业"专精特新"工程。组织完成全省中小企业"专精特新"产品技术认定工作，有370项产品技术被认定为2014年辽宁省中小企业"专精特新"产品技术，达到国际先进水平和填补国内空白的项目149项，占总量的40%；其中有151项新认定的"专精特新"产品技术，为辽宁省创新型中小企业的产品技术，占总量的41%，体现了创新型中小企业的科技领军作用。制定了关于"推进信息化与工业化深度融合，进一步完善中小企业技术创新体制机制"的整改工作方案，建立健全以省中小企业网为龙头的三级中小企业信息服务网络体系，建立覆盖全省中小企业的信息网络，开展企业信息化应用基础培训工作以及加强与信息化服务商的合作，为推进辽宁省信息化与工业化深度融合进一步奠定了基础。此外，还继续推进中小企业公共技术服务平台建设工作。2014年，有30家单位被认定为省中小企业公共技术服务平台，重点培育了10个省技术服务平台，通过认定和扶持公共技术服务平台帮助企业提高和强化创新能力，取得了较好的效果。

（四）以直接融资为重点缓解中小企业融资难题

为了满足中小企业长期资金周转的需要，辽宁省通过搭建融资平台、拓宽融资渠道、加强信用担保等多项渠道积极为广大中小企业服

务。2014 年，辽宁省举办中小企业直接融资培训班，培训全省中小企业近 200 家。制定《加大中小企业上市培育工作力度，推进中小企业上市融资》工作方案，收集整理了 100 多家中小企业的上市培育需求信息；建立与完善多层次资本市场，在辽宁股权交易中心设立中小微企业板块，分设"中小企业创新成长板"和"小微企业孵化展示板"，组织全省中小微企业挂牌交易及展示；拓展融资渠道，积极推进抚顺市小微企业增信集合债和大连市中小企业集合票据发行工作；推进省中小企业服务中心拓展中小微企业融资服务领域；积极探索中小微企业融资租赁和中小微企业私募债发行工作。通过开展多种形式的银企对接活动，与交通银行沈阳分行、营口市中小企业局等部门共同举办了"营口市金融服务进园区暨银企对接会"，17 家来自营口汽保工业园区的企业参加了对接会，达成多项贷款意向；各市每个季度至少开展一次融资服务进园区、进产业集群等对接活动，截至 2014 年 9 月底，共开展融资对接服务活动 37 次，100 家企业获得贷款 62.5 亿元；与建行合作深入推进"助保贷"产品，沈阳市等 6 个市投入政府资金 7200 万元，共为 52 户企业贷款 2.72 亿元，预计可为全省中小微企业新增近贷款 10 亿元，另有 2 个市拟开展"助保贷"业务；与广发银行沈阳分行、光大银行沈阳分行、东亚银行沈阳分行、邮储银行沈阳分行等金融机构就合作推进中小微企业贷款融资事项达成合作共识，仅东亚银行就为创新型中小企业贷款授信 8500 万元。积极争取国家资金支持，帮助省内 15 家担保机构获得国家资金支持 1105 万元；完成省本级风险补偿金评审及发放，50 家中小企业担保机构获得风险补偿金支持，共计实现担保额 191.89 亿元；争取国家中小企业担保机构免税政策支持，辽宁省新增 3 家中小企业担保机构获得国家免征 3 年营业税政策支持，3 家符合条件的担保机构可申报本年度减免营业税支持；完成中小企业担保机构备案及年检工作，大连、营口等六市对 130 家中小企业信用担保机构备案信息和年检工作上门服务。加强信用体系建设，新征集 7100 户中小企业信用信息，更新数据 10 余万项；利用信用与融资平台帮助 15 户企业获得国开行贷款 3 亿元。仅在 2014 年上半年，全省纳入备案管理的中小企业信用担保机构共 185 家，注册资本金 262.65 亿元，共为 8900 户中小企业提供贷款担保 277.51 亿元。

（五）以支持企业"走出去"为重点，帮助企业开拓国内外市场

辽宁民营经济面临着多重有利条件叠加的重大历史机遇，充分利用"两种市场、两种资源"是企业发展壮大，走向国际化的必经之路，也为辽宁的优势互补、开放发展创造了新的机遇。2014 年，积极做好鞍山高端阀门集群、铁岭专用车产业集群、阀门现场经验交流三个集群的帮扶工作并取得实效。辽宁组织 30 家中小企业参加了全国第八届 APEC 技展会取得了积极的成效；部分中小企业参与的 2014 年葫芦岛大小企业配套对接活动，涉及协作配套项目金额 208 亿元，其中采购额 90 亿元；24 家中小企业参加第十一届中博会，完成展位 26 个。积极开发国内市场的同时，中小企业也纷纷关注、开拓国际市场：来自韩国京畿道华城市的 8 家中小企业与辽宁 70 多家中小企业在"2014 中韩贸易对接洽谈会"进行了一对一的洽谈，共达成洽谈件数 116 件，洽谈金额 1058 万美元，意向签约件数 58 件，意向签约金额 683 万美元；省政府积极促进部分创新型中小企业产品开拓德国、英国、韩国、日本、中国台湾等国家和地区的市场、推介辽宁省创新型中小企业合作需求、组织各市参加了中国大连中小企业"走出去"公共服务平台经验交流合作活动暨首届全球工业贸易投资合作（大连）峰会（GITICS）；拜访了德国、英国、韩国、日本等中小企业工作机构，建立了较好的业务工作渠道。

（六）建立多层次的培训体系

辽宁通过构建起立体式、多层次的民营经济人才培训体系，提高人力资源管理效率，为民营企业培养有识、有能、有用的人才，打造人才的"蓄水池"。在营口市建立辽宁省中小企业职业技能鉴定工作站、培训基地和鉴定基地工作，开展申请认定台安县职业教育中心为辽宁省中小企业厅信息中心职业技能鉴定所的技能鉴定基地工作。截至2014年9月底，共完成职业技能培训1100人，鉴定合格人数1056人，合格率达96%；开展安全生产管理标准化培训，培训企业中、高层管理人员与负责安全生产人员达2680余人；在鞍山、本溪、营口、丹东等市举办了《小企业会计准则》培训班，培训500余人；开展烟花爆竹生产经营、安全质量管理、营销管理及大型焰火燃放等培训，培训700余人。开展高级管理人员培训工作。通过与清华大学合作，举办清华大学高级工商管理研究生课程进修班（辽宁十二期班），开展对辽中小企业的董事长、总经理等高级管理人员进行培训；举办移动互联网时代的瓶颈管理培训班，邀请北大、清华及著名管理咨询专家授课，提升企业运用互联网谋求发展的能力，培训在辽企业董事长、总经理150余人。与北京大学、辽宁大学等高校探索辽宁中小企业领军人才、新一代企业家及管理人员新的培训方式，为储蓄人才打下坚实基础。

（七）做好发展环境建设

为切实保障民营经济发展环境，辽宁省出台一系列制度、条例，积极推进中小企业公共服务体系建设。辽宁通过下发《关于做好〈辽宁省中小微企业权益保护条例〉贯彻落实工作的通知》《辽宁省中小微企业维权投诉处理办法》，建立中小微企业权益保护联席会议制度，开展贯彻落实宣传、"全省重点维权投诉案件督办月"等活动，营造良好发展环境，从而健全民营经济领导促进机构，优化政务服务，降低办事成本，保护了民营企业合法权益。截止到2014年10月底，辽宁省共受理维权投诉案件136件，已办理125件，办结率为92%，比上年同期提高了2个百分点；提供政策法律咨询服务2695人次。

二 辽宁民营经济发展趋势分析

目前，辽宁面临极为严峻和复杂的经济形势，要保持经济增长较快的困难依然很多，推动民营经济发展将是着力稳定辽宁经济增长的重要抓手之一。自辽宁老工业基地振兴战略实施以来，辽宁国有经济比重调整步伐相对缓慢，民营企业的转型升级也举步维艰，很多小微企业低端同质化竞争严重，在市场上仍然是资源要素的竞争，猛拼价格；同时，辽宁民营企业受身受资源要素约束，融资难、成本上升、用地用工困难等问题使得相当一部分民营企业面临严峻的生存考验；缺乏拥有自主知识产权、掌握核心技术、具备国际竞争力的民营企业，研发投入基础相对薄弱，创新能力严重不足；民营经济发展面临的困难和问题依然突出。

2015年，国际经济发展相对差异逐步缩小，全球经济整体依然增长缓慢，早已深度融入世界市场的中国实体经济难以独善其身，民营企业稳增长增效益既需要时机又需要努力。从国内看，辽宁老工业基地振兴的过程中深层次矛盾和问题不断显现：市场需求有限，行业之间、上下游产业之间的结构调整阵痛仍要持续，辽宁民营企业整体实力不强无法应对各种风险。尽管如此，老工业基地振兴十多年来，综合实力大幅提升，经济增长的良好支撑基础及条件激发经济增长的内生动力；伴随制度红利的进一步释放，辽宁新的增长动力正在形成，新旧动能转换是企业发展壮大的必然历史过程。目前，辽宁省经

济平稳发展的积极因素不断集聚，总体呈现筑底趋稳的发展态势。例如，辽宁省直机关的"帮企业稳增长促振兴"活动通过统筹推进、上下联动，真正认领企业、有效帮扶企业，通过协调资金、引进项目等具体制定帮扶措施，为辽宁中小企业寻找解决问题的有效途径，以实际行动帮助企业共渡难关。

三　促进辽宁民营经济发展的对策建议

2016年，辽宁要进一步深入贯彻落实党的十八届四中全会、五中全会精神，以深化改革求动力，创新升级求活力，进一步解决制约中小企业发展的突出问题，为全省经济保持平稳健康发展做出贡献。

（一）进一步推动民营经济发展新机制

鼓励民营企业建立现代企业制度。实施民营企业建立现代企业制度引领计划，按照企业自愿的原则，引导支持规模大、信誉度高、市场竞争力强、管理规范的民营企业建立现代企业制度；对建立现代企业制度的民营企业，在大小企业配套项目、财政专项资金项目、金融信贷等方面给予优先安排。加强产权交易市场和职业经理人市场建设，搭建政策咨询、法律服务、信息咨询、资产评估、人才培训等政府公共服务平台，为民营企业建立现代企业制度提供个性化服务。

推动民营企业参与国有企业改革。充分利用并积极争取国家和省里推进国企改革的财政、金融、税费等方面的优惠政策，鼓励引导民营企业参与装备制造、原材料等重要行业和关键领域的国有企业改革；积极推进国有企业装备、技术、人才、市场与民营企业机制灵活等方面的优势互补，实现资源整合嫁接；鼓励支持民营企业在推进国企改组改制、主辅分离、服务外包过程中，通过并购、控股、参股等形式参与国企股份制改造；加强与国有企业监督管理部门的协同合作，配合探索建立民营企业参与国有企业改革的运作机制。

继续做好深入推进非公经济综合配套改革示范区试点工作，起草辽宁支持综合配套改革试点工作政策意见，会同有关部门加强对营口试点工作的指导。认真落实党的十八届四中全会、五中全会精神，依法行政，加快建设法治型政府。要建立重大事项集体讨论决定制度，实行重大责任追究制；要制定具体的规章制度，规范资金的审批和使用；要实行决策终身负责制，对工作流程进行规范监督。

（二）以创业战略提升经济活力

推进创业基地建设，推广无费区试点。继续支持辽宁省中小微企业创业基地建设，全面实施"五个四工程"和"四个十目标"推动探索创业服务新机制；将"无费区"试点向全省推广，省直和每市选择一个创业基地进行创业无费区运行；支持各市、县（市）区建立创业基地，将创业用地纳入地方土地利用总体规划，专门用于创业基地建设；加强对创业基地的支持力度，省市相关财政资金，同等条件下优先对创业基地的基础设施、公共服务项目给予支持。

完善创业培训体系，开展多层次的创业培训服务。继续开展创业辅导师培训，培养创业辅导的骨干力量；深入创业基地，开展有针对性的创业培训工作，举办2～3期创业辅导培训班，促进创业基地建设。发挥省创业基地作用，在创业基地开展公益性现场咨询服务活动，每半个月一次。加大创业宣传工作，营造良好的创业氛围。与新闻媒体合作，宣传辽宁省在促进创业方面的政策措施，推广辽宁省中小微企业创业基地的经验与做法；在厅门户网站开设创业服务专栏，定期发布创业扶持政策和创业项目；与辽宁省大学生就业指导局合作开展大学生创业服务月活动，为大学生提供政策、融资、项目对接等服务，提高大学生创业的成功率。

（三）继续推进创新型中小企业培育工程

深化对创新型中小企业的支持力度，加大创新型企业对辽宁中小企业转型升级的引导作用。加强和引导各类扶持政策措施向全省创新型中小企业倾斜，创新型中小企业扶持专项资金将重点用于支持各创新型中小企业新项目的研发；重点推进一批高成长性创新型企业发展，继续抓好60户重点创新型中小企业的扶持工作；抓好全省创新型中小企业新建、续建项目建设工作，将全省更多的优质资源向创新型重点企业、重点项目倾斜；扶持一批创新型中小企业"专精特新"品牌，引导企业承接高新技术转化成果，开发一批具自主知识产权的"专精特新"产品技术，形成企业的自主品牌，推进创新型中小企业实现产品技术的转型升级。积极推进信息化与工业化深度融合，不断完善中小企业技术创新体制机制建设。加强与信息化服务商的合作，普及、推广信息化产品应用，实施"辽宁省中小企业信息化百千万工程"推进工作。

（四）强化直接融资能力

推动"中小微企业板"发挥融资功能，加大对挂牌和展示企业的融资服务力度；扩大中小企业债券融资规模和范围，加大与投融资机构和中介服务机构的合作，推进有条件的市积极推进中小企业集合债、中小企业集合票据、小微企业增信集合债券及私募债等债券的发行工作，争取新突破；加大企业上市培育工作力度，建立企业上市培育信息库，开展有针对性的企业上市培训及辅导，组织上市对接，推进更多企业进入上市培育和上市辅导期阶段；拓展直接融资渠道和手段，大力推进投融资机构在辽宁开展创业投资、风险投资和股权投资，推进融资租赁公司对中小微企业拓展业务；试行中小企业应收票据背书业务。加强与国有银行、股份制银行、中小银行以及城市银行的合作力度，推进银企合作不断深入；推动银行业金融机构推出更多面向中小微企业的特色金融产品，并推进"助保贷"等金融产品在各市的推广应用；继续深入推进金融服务活动，积极推动商业银行、担保机构、融资租赁机构、风险投资机构等深入省内各个产业园区、产业集群，提供有针对性的融资服务；推进融资顾问进创新型中小企业、小微企业、产业集群和产业园区工作。推进担保体系的不断完善，组织信用担保机构申请国家中小企业发展专项资金中改善中小企业融资环境资金、减免营业税和省贷款担保风险补偿专项资金等相关政策和补助资金支持；强化对中小企业担保机构的备案管理和培训，推进担保机构提升管理水平。加强信用体系建设，丰富和充实中小企业信用数据库的范围和内容，扩大小微企业信用数据；营造诚信经营氛围。

（五）积极开拓国内外市场

支持辽宁民营企业、中小企业开拓国内、国际两个市场。做好辽宁大小企业协作配套对接工作，根据行业需要，组织两次大小企业协作配套对接会；搭建大小企业协作配套网络对接平台，调度有需求的协作配套项目在厅门户网站进行发布，打破传统协作配套对接会时间和地域上的局限性，促进大小企业配套工作常态化。支持民营企业、中小企业开拓省外市场，继续通过展位费补贴等方式资助中小企业参加中博会、APEC 技展会等全国性、国际性展销展洽活动。推进与韩国中小企业主管部门和服务机构的合作，加强与美国、欧盟、新加坡、中国港澳台等国家和地区中小企业主管部门和服务机构的沟通与协调，搭建交流平台，调度企业服务需求，帮助企业开拓市场，组织访问团赴发达国家进行学习考察，研究发达国家中小企业发展的先进经验，帮助中小企业开阔视野，提升企业自身素质，提升企业竞争力。

（六）完善法规体系建设

推进辽宁省大小企业协作配套立法，与省政府法制办共同研究大小企业协作配套立法的可行性与必要性，研究借鉴国内外立法经验，在立法可行的情况下开展立法调研，起草规章草案。推动出台加快辽宁省民营经济发展的政策意见，并加强政策的宣传贯彻。继续推进政策法规的落实工作。协调省人大在全省开展包括各地对条例的宣传、实施细则或贯彻意见制定情况，维权体系机制建设情况，维权相关措施的落实情况等。通过加强政策扶持和业务指导，不断扩充平台网络服务资源，增强平台网络的服务能力和社会影响力，促进服务机构提档升级，鼓励更多的机构争创国家级公共服务示范平台，带动提升全省服务机构发展水平。开展中小微企业政策的专题调研，包括近年来国家和辽宁省支持中小微企业的政策落实、政策效应调研和创业政策调研，通过调研了解当前政策落实情况，评估政策效应，便于相关部门确定下一步政策支持方向做好法治辽宁建设和依法行政工作。

参考文献

周俊峰：《中小企业国际贸易融资问题》，《环球市场信息导报》2015年第1期。

李恒：《小微企业财务管理及对策》，《中小企业管理与科技》2015年第19期。

白雪：《我国中小企业债务融资的风险及其防范》，《现代经济管理》2015年第2期。

王娜、吴彩英、耿云娇：《科技型中小企业融资研究》，《科技风》2015年第4期。

B.10
"十三五"辽宁现代农业发展的思路与对策

侯荣娜　王丹*

摘　要： "十二五"辽宁现代农业发展成果显著，第一产业增加值、主要农产品数量、农民收入、农民机械化水平等指标都显著增长，为"十三五"辽宁现代农业发展奠定了良好的基础。因此辽宁要在"十三五"这一重要战略机遇期中，延续"十二五"现代农业发展成就，并创新理念、明确目标、科学发展，不断加大支农和惠农力度，采取切实有效的针对性措施，转变农业发展方式，提升现代农业的质量、效益和竞争力，推进现代大农业发展取得更显著成效，到2020年基本形成现代农业物资装备先进、组织经营方式优化、产业体系完善、供给保障有力、综合农业效益明显提高的新格局。

关键词： 现代农业　农民增收　土地流转

　　"十三五"时期，是深入推进辽宁社会主义新农村建设、如期全面建成小康社会的关键时期，也是实现辽宁新一轮振兴的重要阶段。辽宁推进现代农业发展，充分发挥农业现代化的基础作用，既是立足

---

* 侯荣娜，辽宁社会科学院农村发展研究所副研究员，主要研究方向为农村公共政策、财政政策；王丹，辽宁社会科学院农村发展研究所所长，研究员，主要研究方向为农村经济。

本省省情和发展阶段的必然选择，也是协调推进新型信息工业化、新型城镇化的客观要求，对于维护我国粮食安全、促进现代农业发展、实现富国强省意义重大。辽宁必须紧紧抓住"十三五"这一重要战略机遇期，努力走出具有辽宁特色的新型农业现代化道路。

一 "十二五"辽宁现代农业发展成就

辽宁在"十二五"期间不断加强对现代农业的政策支持力度，农业发展成果显著，为"十三五"辽宁现代农业大发展奠定了坚实的基础。

（一）第一产业增加值连年增长

2010~2014年辽宁第一产业增加值呈现连年增长态势，2014年比2010年绝对值增加654.65亿元，年均增长率为8.8%。第一产增加值占GDP比重出现了稳中有降趋势，从2010年的8.8%下降至2014年的8%，下降了0.8个百分点。第一产业占全国第一产业的比重基本围绕在4%左右。全国位次在第11、12位徘徊。2014年辽宁第一产业增加值达到2285.75亿元，占GDP比重8%，同比增长3.14%，位列全国第12位（见表1）。2015年是"十二五"的收官之年，全省农业农村发展赢得了较大的提升空间，整体上呈现了"稳增产、扩增收、转方式、促一体"的态势，为辽宁"十三五"现代农业发展奠定了良好的基础。

表1　"十二五"辽宁第一产业增加值主要指标分析

单位：亿元，%

年份	第一产业增加值	第一产业占GDP比重	第一产业占全国比重	第一产业在全国位次
2010	1631.1	8.8	4	11
2011	1915.6	8.6	4	11
2012	2155.8	8.7	4.1	11

续表

年份	第一产业增加值	第一产业占GDP比重	第一产业占全国比重	第一产业在全国位次
2013	2216.2	8.1	4.1	12
2014	2285.8	8	3.9	12

资料来源：根据辽宁统计年鉴整理计算。

（二）辽宁主要农产品产量持续增产

随着农业社会化和农村市场化程度的提高，"十二五"期间辽宁农产品数量呈现持续增长态势，2010～2013年辽宁全省粮食、油料、肉类、禽蛋等农产品产量逐年上升，2013年粮食、油料、水果、肉类、禽蛋、水产品分别比2010年增长24.37%、14.06%、28.86%、3.17%、0.4%、17.7%，年均增长率分别为7.5%、4.5%、8.8%、1.05%、0.13%、5.6%（见表2）。2014年辽宁遭遇特殊旱情，导致主要农作物产量大幅滑落。2014年辽宁全省粮食、油料、水果产量分别达到1753.9万吨、63.7万吨、592.1万吨，分别同比减产441.7万吨、49.9万吨、352.6万吨。

表2 "十二五"辽宁主要农产品产量

单位：万吨，%

年份	粮食	油料	水果	肉类	禽蛋	水产品
2010	1765.4	99.6	733.1	407.2	275.7	429.1
2011	2035.5	119.8	810.7	408.2	277.4	453.9
2012	2070.5	120.9	894.3	411.9	279.9	480.8
2013	2195.6	113.6	944.7	420.1	276.8	504.9
2013年比2010年增长	24.37	14.06	28.86	3.17	0.4	17.7
年均增长率	7.5	4.5	8.8	1.05	0.13	5.6

资料来源：根据辽宁统计年鉴整理计算。

（三）农民收入增长态势持续向好

现代农业的快速发展使得农民人均收入、工资性收入、家庭经营收入等各项收入都呈现了增长态势。2010～2014年，全省农村人均纯收入呈现了持续增加的态势，由2010年的6907.9元增长至2014年的11191.5元，绝对增幅4283.6元，年均增长率为12.82%。工资性收入、家庭经营纯收入、转移性收入都出现了较大增幅，绝对增幅分别为1712.3元、1766.3元、804.4元。其中家庭经营收入占人均纯收入比重呈现了下降趋势，由2010年的50.5%下降至2014年的46.9%，工资性收入比重、转移性收入比重都呈现了增加态势，分别由2010年的38.4%、7.8%增长至2014年的39%、12%（见表3）。

表3 "十二五"辽宁农村人均收入比重分析

单位：元，%

辽宁	人均纯收入	工资性收入	家庭经营纯收入	财产性收入	转移性收入	家庭经营收入占人均纯收入比重	工资性收入比重	财产性收入比重	转移性收入比重
2010	6907.9	2650.0	3486.1	234.1	537.7	50.5	38.4	3.4	7.8
2011	8296.5	3179.7	4271.0	244.6	601.2	51.5	38.3	2.9	7.2
2012	9384.0	3630.2	4784.0	246.0	724.0	51.0	38.7	2.6	7.7
2013	10522.7	4209.4	5160.2	283.2	870.0	49.0	40.0	2.7	8.3
2014	11191.5	4362.3	5252.4	234.7	1342.1	46.9	39.0	2.1	12.0

资料来源：根据辽宁统计年鉴整理计算。

（四）农业机械化水平进入新阶段

"十二五"期间，辽宁整体机械化水平进入了一个新阶段。辽宁全省的耕种收综合机械化水平由 2011 年的 66.85% 提升至 2014 年的 75.1%，增长了 8.25 个百分点。其中农用机械总动力由 2010 年的 2408.3 万千瓦增长至 2014 年的 2685 万千瓦，增长了 11.5%。机耕面积由 2010 年的 342 万公顷增长至 2014 年的 382.9 万公顷，绝对增幅 40.9 万公顷，机耕面积占辽宁整体播种面积比重由 2010 年的 81.72% 增长至 2014 年的 91.95%。有效灌溉面积占播种面积比重呈现了一个下降态势，由 2010 年的 36.75% 下降至 2013 年的 31.84%，下降了 4.91 个百分点。2012 年机电提灌面积占播种面积比重为 27.72%，比 2010 年增加 1.75 个百分点（见表 4）。

表 4　"十二五"辽宁农用机械化情况进展

年份	农用机械总动力(万千瓦)	播种面积(千公顷)	机耕面积(万公顷)	机耕面积占播种面积比重(%)	有效灌溉面积(万公顷)	有效灌溉面积占播种面积比重(%)	机电提灌面积(万公顷)	机电提灌面积占播种面积比重(%)
2010	2408.3	4184.9	342.0	81.72	153.8	36.75	108.7	25.97
2011	2558.1	4356.2	373.3	85.69	158.8	36.46	109.7	25.18
2012	2678.02	4361.3	384.5	88.16	169.9	38.95	120.9	27.72
2013	2788.49	4422.4	388.8	87.92	140.8	31.84	—	—
2014	2685	4164.1	382.9	91.95	—	—	—	—

资料来源：根据辽宁统计年鉴整理计算。

（五）设施农业成为农业重要增长点

"十二五"期间，辽宁设施农业也取得了大发展。截至 2014 年，辽宁设施农业面积已达到 1120 万亩，其中蔬菜播种面积 881.9 万亩，总产量达到 3234.7 万吨，实现总产值 721 亿元。沈阳、鞍山、锦州、朝阳四市设施农业面积已超过百万亩，省内有 9 个县被省政府授予一县一业示范县，辽中县、台安县、瓦房店市、于洪区、海城市、开原

市、盘山县、庄河市等 8 个县（市、区）被农业部认定为国家现代农业示范县。设施农业已成为辽宁带动农民增收致富的支柱产业，拉动农业经济发展重要增长点。

二 "十三五"辽宁现代农业发展的制约因素

（一）现代农业物资装备水平不强

现代化的农业物资装备水平是实现现代农业发展的一个重要途径，然而，目前辽宁现代农业整体物资装备水平不强。表现为：一是，农业基础设施仍然薄弱，包括农田水利、土地平整、农田道路等基础设施跟不上。据统计，2012 年，辽宁灌溉面积为 1868.5 千公顷，占耕地面积比重仅为 45.7%，还不到整个耕地面积的一半，比全国低 5.8 个百分点。加上大部分水利工程年久失修，标准化水平极低。另外，辽宁的病虫害应急防控体系也很薄弱，处置突发农作物病虫害能力不强。二是，农业机械化水平也较低。2010 ~ 2012 年，辽宁农用机械总动力由 2010 年的 2408.3 万千瓦增至 2012 年的 2678.02 万千瓦，年均增长速度仅为 3.6%。另外，辽宁的农机设备也主要是以小型动力机械居多，大中型机械较少。三是，农业科技创新能力薄弱。农业科技成果有效供给不足，辽宁农业科技进步贡献率较低。极度缺乏农业科技人才，导致农业经营主体对农业科技的吸纳力不强，农业科技的推广和普及程度较低，农业科技与农业产业相互脱节的问题比较突出。另外，农业的自主创新能力也较弱，特别是农业新品种的研发能力水平较低，科技对现代农业的引领和支撑作用非常薄弱。由于政府财力有限，农业科技服务在很多方面存在缺位和不到位现象，仅依靠专职化农业技术推广队伍，已经很难满足现代农业发展的综合需求。

（二）土地适度规模化程度不高

现代农业区别于传统农业的重要特点就是土地规模化经营，土地适度规模化程度不高是制约现代农业发展的一个重要因素。传统的一家一户的土地细碎化经营模式，已经暴露诸多弊端，已经难以适应农业社会化发展的需要，所以推进土地的适度化规模经营是现代农业发展的必然趋势。近几年，随着土地流转，辽宁有土地集中化、规模化经营的趋势，但是进程较慢，土地规模化程度并不高，据统计，2008年底，辽宁的耕地集中度仅为8.75亩/人，大大低于吉林、黑龙江的土地集中度水平，辽宁大部分农户一般还是自营自家的承包地或者少量租种外出打工农户的承包地。据2013年统计，辽宁户均经营的耕地面积仅为18.16亩，也大大低于黑龙江（57.14亩）、吉林（39.86亩）水平。另外，辽宁的土地流转率也较低，据2015年调研统计，辽宁土地流转率只有25.6%，远远低于全国30%的平均水平，而且，私下自行流转的农地面积多数低于20亩，综合来看，辽宁整体的土地适度规模化程度并不高。

（三）农村土地制度不完善

农村土地制度改革是发展现代农业的关键。现行农村土地制度在一定程度上还在阻碍辽宁现代农业的发展，首先，农民的土地承包经营权仍不完整，农民对承包土地的占有、使用、收益权利还没有得到具体落实，从而导致农民以转包、出租、股份合作等形式流转土地的经营权行为存在很大的不规范性，缺乏相关部门的监管。尤其是辽宁土地流转市场机制还尚未建立，土地流转市场发育滞后，导致辽宁农村土地流转都是自发、无序的进行，从而导致土地纠纷难以解决。其次辽宁土地确权登记进程的滞缓也在影响辽宁农业发展的效率，表现为对土地权证的作用认识不足、一些已私自开垦的"四荒"土地确

权难以落实、在耕地上建成的私人住宅阻碍了土地确权等。农村土地产权关系不明晰、农民土地权益受损、社会矛盾多发是辽宁现代农业的发展的重要制约因素。

（四）农业社会化服务体系建设滞后

现代农业发展必须有发达的农业社会化服务体系跟上。目前看，辽宁的农业社会化服务体系建设比较滞后。一是，辽宁公共机构服务能力不强，尚不能成为辽宁农业社会化服务体系的依托力量。尤其是政府购买农业社会化服务的相关机制没有真正建立起来，重视事前审批，轻管理，往往导致财政资金效率不高，产生部分浪费。二是，合作经济组织不健全，难以发挥基础性作用。近年来辽宁农民专业合作社等合作经济组织虽然发展势头很好，但是农民参与率仍然较低；部分合作经济组织自身发展困难，服务内容、方式和质量不能满足农民的需要，对农户带动能力不足。此外，辽宁部分村集体经济组织有名无实，长期处于瘫痪状态，村集体组织与农民的联系越来越少，组织农业生产的程度越来越低，服务功能也越来越弱。三是，服务内容不能达到"全要素"覆盖。辽宁各地基层农业社会化服务普遍存在"重视产前、产中服务，忽视产后服务；重视生产技术服务，忽视金融保险等服务"等现象。此外，土地流转、家庭农场和合作社管理和监督等环节服务也得不到重视，严重制约了辽宁新型农业经营主体的发展。

（五）农业发展面临高素质人才缺口

一是，辽宁农业发展在市场竞争格局中仍处在产业链低端，农业科技人才数量严重不足，农业科技创新推广力量严重薄弱，质量有待提升。二是，随着农村剩余劳动力的加快转移，农村高素质人才大量流失，尤其是新生代农民工离农意识强烈，常年从事农业生产的劳动力呈现妇女化、老龄化趋势，农村"空心化"、农村实用型人才青黄不接，农业发展劳动力结构性短缺和后继乏人的困境，将严重阻碍辽宁现代农业发展进程。三是，农村基层干部队伍也出现了结构老化的问题，将严重制约基层的公共服务能力。

（六）农业融资难的制约

随着辽宁新型农业经营主体的不断涌现，对资金的需求逐年加大，融资难成为制约辽宁现代农业发展的一个首要因素。首先，农民自有资金不足，长期以来，与城镇居民收入快速增长相比，农民增收缓慢。2014 年辽宁农村居民人均可支配收入的增长速度（10.1%）超过城镇居民可支配收入增长速度（8.9%），但仍不足城镇居民人均可支配收入（29082 元）的 50%，除去必要的生产和生活支出后，农民的可支配收入所剩无几。因此，依靠农民自有资金投入现代农业建设，能力十分有限。其次，财政投入不足。近年来，辽宁财政支农资金虽不断增加，但对于现代农业发展实际需要来讲，只是杯水车薪。近两年，由于辽宁经济下滑，县级的财政投入明显不足，财政支农资金增长幅度明显低于财政经常性收入增长幅度，同时有很多农业项目的配套资金难以落实，影响了支农效果。最后，农村金融市场发育迟缓，农村金融远不能满足现代农业的发展需求。近年来，随着辽宁村镇银行、农村信用社等农村金融机构的发展，农业贷款数额虽有了较大幅度的增长，但是对于新型农业经营主体的资金来说仍然是远远没有得到解决，有近 50% 的信贷需求的涉农企业和农户不能从正规的金融机构获得贷款，而只能借助民间借贷满足急需。

三 "十三五"辽宁现代农业发展的基本思路

"十三五"是我国全面建成小康社会的关键阶段,也是实现辽宁新一轮振兴、东北全面振兴的重要时期。辽宁作为东三省重要产粮基地之一,要紧紧抓住"十三五"重要战略机遇期,创新理念、明确目标、科学发展,加快转变农业发展方式,不断提升辽宁农业的现代化水平,在"十三五"时期取得现代化农业的大发展。

"十三五"辽宁构建现代农业发展要本着"市场导向、政策激励;科学规划、统筹协调;发挥优势、突出重点;拓展功能、产业融合;科技支撑、改善环境"的五大基本原则,力争到 2020 年农村人均纯收入比 2010 年翻一番、第一产业总产值、粮食综合生产能力大幅提升,农、林、牧、副、渔全面发展;农民人均可支配收入达到14000 元以上,稳定提高粮食生产能力。在保障国家粮食安全上发挥更大的作用。基本实现辽宁从传统农业向现代农业的彻底转型。力争到 2020 年把农业打造成生态、高效、绿色的现代农业产业体系,农村经济走向全面繁荣发展。可以具体列为九大目标。

(1)实现粮食综合生产能力稳步提升。坚持把粮食安全放在辽宁农业发展的首位,到 2020 年,农田基础设施建设基本完善,高标准基本农田建设规模继续扩大,农田水利设施完备,农业有效灌溉面积继续扩大;坚持和严守最严格的耕地保护制度,守住基本农田数量红线,稳定主要粮食作物的面积;提升辽宁农业防灾减灾能力,强化特殊气候的应急防控能力建设,建立健全东部沿江、南部沿海港口和辽西北沿省界三条重大植物疫情阻截带建设;切实调动农民种粮积极性,确保辽宁粮食综合生产能力稳步提升。

(2)实现五大农业主体功能区特色发展。强化辽宁"中部平原、辽北、辽西、辽东、沿海"五大农业主体功能区建设,中部平原地区主要为粮食畜牧精品农业区，积极发展水稻、玉米、畜产品、蔬菜及淡水产品。辽北地区为粮油和畜牧业产区，积极发展玉米、水稻、花生、畜产品及林果、蔬菜等产品。辽西地区为林草畜牧设施农业区，主要发展设施农业、林果、花生、花卉、畜产品。辽东地区为林业及特色农业产区，主要发展中药材、食用菌、林特产品，沿海地区为水产粮食果蔬产区，主要发展水产品、水稻、水果、蔬菜。通过五大农业主体功能区的建设发展，创造一批辽宁特色、优质、绿色农业的品牌，满足消费需要的各种优质农产品更加丰富多样。

（3）实现农业科技支撑作用明显增强。农业科技整体水平明显提升，辽宁农业科技的重要研发和应用领域达到国内、国际领先水平。以企业为主体、产学研农科教相结合的现代种业研发中心和"育繁推"一体化商业化育种体系建设完善，育种业发展得到重大突破。

农业劳动力技能也大幅提升，农业科技成果转化率明显提升。现代农业技术得到广泛应用，良种覆盖率达到100%，农业科技贡献率达到60%以上。

（4）新型农业经营体系构建完成。农业产业化、组织化达到较高水平，专业大户、家庭农场、农民专业合作社、农业企业等新型农业经营主体发展壮大，2020年参与产业化、组织化经营的农户达到80%以上；土地流转进程加快，多种形式的农业适度规模经营不断推进；设施农业快速发展，农产品加工业增加值占工业增加值比重不断增大；农业产业化大发展，形成一批较大规模的农业产业化集群，培育一批较强竞争力的现代农业龙头企业。

（5）实现农产品质量更加安全化。健全辽宁农业质量安全标准体系建设。各种农产品全部实行市场准入制度，全面实现无公害、绿色、有机食品按标准化组织方式生产。完善省、市、县和企业的"三级四层"农产品质量安全检测体系。完善重点农产品的风险监测

与预警机制、农产品质量安全突发事件应急处置机制，搭建农产品质量安全追溯和监管信息化综合服务平台；完善省以下地方农产品质量安全监管体系建设，农产品执法监管能力大大提升。

（6）实现农业生产大规模机械化。加快辽宁农业机械化发展，支持农机与农艺技术相结合，重点支持辽宁自主品牌农机企业提高高端产品开发和产业化能力，着力推进农机服务产业化发展。"十三五"辽宁每公顷耕地农机总动力逐年提升，主要农作物综合机械化程度达到90%以上，农业机械的智能化水平大幅提高。全省农业机械化水平跃上一个新的台阶。

（7）实现农业可持续发展。继续实施"碧水、蓝天、青山"工程，全面实施浑河、太子河等流域综合治理，积极推进大伙房水库水源保护综合治理行动，实施新一轮的退耕还林、还草项目，农业生态环境建设得到明显改观；合理开发和保护农业资源，大力开展循环农业示范市建设，推进农村新能源项目建设，探索建立工业和生活污染生态补偿制度；农村固体废弃物、农药和农膜污染得到全面治理，农村秸秆有效利用率达到95%以上，农村人居环境得到明显改善；2020年生态、优质、节约、高效农业得到全面发展。

（8）实现城乡一体化发展。农村剩余劳动力不断转移，积极推进户籍制度改革，建立城乡统一的户口登记制度，完全放开中小城市落户限制，合理确定沈阳、大连市落户条件，农业转移人口市民化有序推进；工业化、城镇化水平逐年提升，到2020年，辽宁城镇化率将达到72%左右，科学合理的城镇化布局形成；基本实现城乡基本公共服务均等化，继续完善农村义务教育、农村医疗卫生、农村养老制度改革，加强农村最低生活保障规范管理。

（9）实现农民生活全面小康。农民人均纯收入持续增加，农民生活得到全面改善，农村居民恩格尔系数将为30%以下，农村自来水、农户电话基本全面普及。农村养老保险、新型农村合作医疗达到基本全覆盖，农村义务教育将进一步增强，优质教育资源将得到合理配置，农村医疗、卫生和各项社会保障制度改革将得到全面改善。

四 "十三五"辽宁现代农业发展的对策建议

（一）完善财政支农政策体系，健全财政投入增长稳定机制

完善的财政支农政策体系，是一个国家或地区实行农业现代化的基础。因此，"十三五"时期辽宁实现农业现代化大发展，必须进一步完善财政支农的政策体系，整合现代农业的资金投入。第一，要继续加大财政补贴范围和补贴力度，健全财政支农增长稳定机制。要在现有补贴的基础之上，加大对种粮农户的粮食直补，提高补贴标准，适时推出对糖类、油料、玉米等农产品的差价补贴政策。继续执行水稻、小麦、玉米等基本农作物的最低收购价政策。进一步加大对专业大户、家庭农场等新型农业经营主体的农机具购置、农业用油补贴力度。此外，还要增加对农业科技、水利、环保、信息等农业社会化服务领域的补贴。第二，优化财政支农结构，提高财政支农资金使用效益。主要是加大农业基本建设支出，逐步将基建支出占农业财政支农支出的比重提高到40%以上，尤其是加大辽宁农村中小型水利工程项目支出，改善辽宁农业的基本条件，还要加大农业科技支出，建立完善农业科研及农技推广体系，提高农业科技投入对农业增长的贡献率。另外，加大农村教育培训支持力度，特别是农村职业教育的培育，不断提高新型农民的管理能力和素质水平，以符合现代农业发展的需要。第三，积极搭建投融资平台，创新农业金融服务，多元化筹集三农资金。积极发挥政府财政支农资金的引领作用、农村金融的主力军作用，引导各类社会资本投入现代农业工程建设，建立有利于引导资金投向"三农"的多元化投入激励机制。

（二）深化农村土地制度改革，发展农业适度规模经营

"十三五"辽宁继续推进农村土地制度改革，落实2014年中央1号文件精神，实现农村集体土地所有权、承包权、经营权"三权分置"，即落实农村集体土地所有权、稳定农户承包权、放活土地经营权。落实集体土地所有权，即坚持农村土地归集体所有；稳定农户承包权，即"十三五"辽宁完成全省土地确权登记颁证任务，稳定农户土地出租预期，激励农民积极进行土地流转；放活土地经营权，即有序推动土地经营权流转，鼓励农村土地经营权在公开市场上向专业大户、家庭农场、农民合作社、农业企业等新型农业经营主体流转，发展农业适度规模经营。"十三五"辽宁要着力加强农村土地流转建设，进一步完善土地流转立法的程序和机制建设，推进辽宁县（市、区）、乡（镇）建立土地流转市场，发展土地流转中介服务组织、土地流转咨询服务中心，健全三级服务平台，引导土地规范、有序流转。此外，要大力推广土地互换、土地信托、土地代耕、农地股份制等规模经营的经验，鼓励发展多种形式的农业适度规模经营。

（三）提升现代农业基础设施和物资的装备水平

"十三五"要从三方面着手提升辽宁现代农业基础设施和物资装备水平。一是，加强以治水改土为中心的农田基本建设。集中连片进行农村土地整理，大规模改造辽宁中低产田、加强高标准农田建设，加大水利基础设施建设力度，扩大农田灌溉面积，同时推进大中型灌区田间工程和小型灌区节水改造，推广高效节水灌溉技术等。同时，要建立有利于现代农业发展的自然生态环境保护机制，推广以节水、节地、节肥、节能等为重点的节约型农业技术。二是，加快提高辽宁农业机械化水平。首先，辽宁决策层要有大农机意识，将农业机械化实施进程列入农业长远规划。按照大农业、大农机的思路，推进辽宁大田作物生产、收割全程机械化。加快科技含量高、节能、环保、高效的农机设备研发及其推广，提升农机设备的智能化、数据化水平，实现农作物品种、栽培技术等农机设备的集成配。其次，还要健全农机社会化服务网络，创新农机服务模式，促进农机服务产业化大发展。三是，要强化农业新技术的推广与应用，帮助农业新型规模经营主体解决农业技术难题，提高土地经营效益。一方面，要大力推进农业科技体制改革，加大公共财政对农业科技投入，多渠道筹集资金，重点抓好农业优良品种、农作物核心技术等科学技术研究，同时要强化农业知识产权的保护。另一方面，要开展多层次的技术培训，培养农业科技研发人员、农业技术推广人员、新型职业农民、农村产业领军人等科技人才，切实提高农业科技在农村的消化、吸收和推广能力。

（四）推进农业产业化经营，加强农村社会化服务体系建设

一是，要发展多种形式的农业产业化经营，拉长农业产业化链条，培育区域主导产业，打造现代农业产业化集群。优化农业产业区域布局和分工，重点加强辽宁8个国家级现代农业示范区建设和6个国家农业科技园区建设，突出抓好10个省级现代农业示范区建设，重点抓好100万亩玉米、100万亩水稻、50万亩设施蔬菜、50万亩优质水果、50万亩花生和15万亩特色产业核心示范区建设；还要加快发展农产品加工业，引导和支持各类资本投资农业产业化经营，落实农产品初加工所得税等优惠政策，加大对农产品加工龙头企业信贷支持力度，扩大农产品产地初加工惠民工程补助项目规模和范围。推动农产品加工业向精深加工发展，提高重点产品附加值和加工转化率。还要大力发展"一村一品"，夯实农业经营体系的载体，提升农业产业的产业链条价值，最终实现农业经营主体增收，提升农村经济整体实力。

二是，加强农村社会化服务体系建设，大力发展主体多元、形式

多样、竞争充分的社会化服务,推行合作式、订单式、托管式等服务模式,扩大农业生产全程社会化服务试点范围。通过政府购买服务等方式,支持具有资质的经营性服务组织从事农业公益性服务。将农村气象灾害防御工作纳入政府公共服务体系,开展面向新型农业经营主体的直通式气象服务。进一步健全供销合作社基层组织体系,拓展经营服务领域,努力提升农村社区服务中心综合服务功能。加快邮政系统服务"三农"综合服务平台建设。加快构建新型基层农技推广服务体系,进一步提高基层农技推广服务效能。拓展新型产学研农科教合作平台。积极开展"农技特岗计划"试点和科技特派行动,改善农业技术推广队伍结构,增强推广服务能力。

(五)用工业的理念发展现代农业,统筹城乡发展一体化

"十三五"时期要全面落实党的十八大报告和十八届三中全会关于"以工哺农、以城带乡"的战略要求,加强农业反哺农业的能力,围绕"农"字做足、做好工业文章,着力提升辽宁农产品加工能力,大力发展涉农工业,推进用现代农业物资装备现代化,走好工业、农业相互协调、互相促进发展的路子,充分发挥辽宁新型城镇化对农业现代化的引领作用,最终实现新型城镇化、新型工业化和农业现代化、信息化"四化"同步发展。

健全城乡一体化的基本公共服务制度,统筹推进辽宁城乡发展一体化。增强公共财政普惠新农村建设的长效机制,增强公共财政对城乡基本公共服务均等化的财力支撑,确保城乡居民在教育、医疗、卫生、居住、社会保障、就业保障等方面享受同等待遇,构建城乡平等的基本公共服务体系,形成辽宁城乡社会事业一体化发展的新格局。

B.11
2015年辽宁服务业发展
回顾及2016年展望

于 彬*

摘 要： 对于辽宁老工业基地来说，服务业是工业转型升级的重要支撑，是优化产业结构的战略重点。2015年，在经济呈现下行态势的背景下，辽宁服务业发展表现出了积极增长的势头，总体运行稳定、重点领域发展亮点频出。但仍存在部分指标下滑、业态层次低、企业实力弱以及政策落实不到位等问题。2016年，我们应采取不断加强服务业基础设施建设、生产服务业与生活服务业两手抓、推进服务业集约发展、培育服务业龙头企业以及扩大服务业开放等措施，推进辽宁服务业发展再上一个新台阶。

关键词： 服务业 结构调整 电子商务 集聚发展

发展服务业是辽宁老工业基地结构调整、转型升级的必然选择，是提升产业层次的重要途径，是转变发展方式的当务之急，是稳定经济增长的持久动力，是保障和改善民生的重要举措。2015年，辽宁服务业表现出积极增长势头，为经济社会健康发展奠定了基础，为稳增长、促改革、调结构、惠民生、防风险做出了贡献。但仍存在一些

---

* 于彬，辽宁社会科学院农村发展研究所助理研究员，研究方向为产业经济、辽宁省情。

亟待解决的问题，2016 年，辽宁将采取积极措施，推进服务业发展再上新台阶。

一 辽宁服务业发展总体情况与取得的成绩

（一）服务业总体运行情况

服务业总体运行情况稳定。2015 年 1~6 月，辽宁服务业增加值同比增长 7.1%，达到 6077.5 亿元，增速高于 GDP 增速 4.5 个百分点，高于第二产业增速 8.2 个百分点；占地区生产总值的比重为 46.7%，比上年同期提高 3.1 个百分点。1~8 月，全省社会消费品零售总额实现 8238.4 亿元，同比增长 7.8%，增速比上半年加快 0.3 个百分点。信息服务、电子商务、现代物流、金融等行业都保持较快增长，服务业内部结构呈现积极变化。

服务业集聚区发展思路进一步明晰。2015 年，辽宁召开全省服务业集聚区建设工作现场会，进一步部署推进服务业集聚区提质增效工作。6 月，出台了进一步推进服务业集聚区建设指导意见，该意见明确了全省服务业集聚区要实现创新发展、转型发展、配套发展以及融合发展的基本原则，提出全省服务业集聚区的发展目标，明晰了全省服务业集聚区实现三大区域差异互动发展的区域布局，并确定了全省服务业集聚区建设的六条推进措施。1~8 月，全省重点服务业集聚区实现主营业务收入 7200 亿元，同比增长 10.2%，增速比上半年加快 1.1 个百分点。

（二）服务业重点领域发展情况

1. 电子商务实现跨越发展

2015 年，电子商务成为推动服务业结构调整的重要抓手。目前全省规划建设了 26 个电子商务集聚区（产业园），其中有 20 个已经正式投入运营，入驻电商企业达到 942 家；规划建设了大宗商品现货电子商务平台 39 个，其中的 12 个已经正式上线运营；规划建设的"O2O"模式网上商城 37 个，其中 17 个已经上线运营。电子商务示范工作扎实推进，2015 年，包括辽宁（本溪）生物医药产业园区在内的 3 个园区被确定为第二批国家电子商务示范基地，这是继沈阳浑南电子商务产业园成为示范基地之后，电子商务示范工作取得的又一重要成绩；一批企业，包括沈阳东软熙康、大连瀚文咨询有限公司等被确认为国家电子商务示范企业；绥中县等 8 个县（市）也相继被国家确定为电子商务进农村综合示范县试点。此外，辽宁全力为企业搭建与知名电商合作的平台，包括举办"京东商城电商资源辽宁对接大会"，京东、苏宁以及阿里巴巴等大型电商的仓储及物流基地等也已经或即将入驻沈阳浑南。引进了淘宝大学等专业培训机构，中国国际电子商务中心培训学院盘锦分院已正式落户。力推企业上网工程、"O2O"网上商城普及工程、电商服务企业壮大工程及大宗商品现货交易平台拓展工程等电子商务四大工程。前三季度，全省限额以上批发零售企业通过网络实现的商品零售额同比增长 48.4%，高出上半年增速 7.9 个百分点。

2. 传统商贸服务业转型步伐加快，餐饮住宿消费回暖

商贸服务业发展方面，2015 年引进开发了一批项目，包括义乌小商品城、海宁皮革城等；佟二堡市场海宁皮革城三期城市生活馆、研发创业园和电子商务大厦全部完工；投资 110 亿元的义乌西柳中国小商品城开工；网络平台"五爱购"自 2014 年正式上线运营开始，五爱市场周边商圈交易额已近千亿元。引导传统商业企业通过"线上线下"融合发展实现转型升级。大商、兴隆、中兴等大型零售企业以及五爱、西柳、佟二堡等专业批发市场逐步完善网上商城（市场）的建设体系，包括中兴云购、网上兴隆等在内的 17 个"OTO"

模式网上商城正式上线运营。在重点交易市场的带动下，1～8月，全省120家重点商品市场实现交易额2325.3亿元，同比增长8.5%，增速比上半年加快1.4个百分点。

餐饮住宿服务业方面，2015年以来，全省餐饮住宿市场总体呈现稳中有升、回暖转旺的运行态势，大众餐饮市场持续升温，中高端餐饮住宿市场逐步走出低谷，夜间消费和节假日消费已经成为扩大餐饮服务消费的主战场，餐饮住宿也加快"触网"步伐，线上线下相结合的消费模式应用范围不断扩大。1～6月，全省餐饮、住宿业营业额达849.4亿元，同比增长13.4%，超过社会消费品零售总额增幅5.9个百分点。其中餐饮业营业额同比增长14.5%，住宿业营业额同比增长6.7%，餐饮住宿两大行业零售额对社会消费品零售总额增长贡献率达23.9%。

3. 旅游经济稳步增长

2015年上半年，在辽宁经济下行压力增大的情况下，旅游业却表现出良好的发展态势，虽然增速较上年同期有所回落，但仍保持两位数的高速增长，在增消费、促投资等方面发挥了积极作用。截至2015年6月底，全省接待入境过夜游客132万人次，同比增长1.8%；实现旅游外汇收入7.9亿美元，同比增长2.1%；接待国内游客2.5亿人次，同比增长11.5%；国内旅游收入2899亿元，同比增长12%；完成旅游总收入2947亿元，同比增长11.8%。7月，本溪水洞被评为国家5A级旅游景区。红色旅游、节庆活动以及跨境旅游成为旅游发展新亮点。

4. 现代物流业发展势头良好

2015年前三季度，全省完成货运量17亿吨，同比增长4.3%，增速比上半年加快0.1个百分点。沈阳国际物流港、沈北新区电子商务及现代物流产业园、海城市西柳物流园区、大连冷链物流及食品加工园区被中国物流与采购联合会评为2015年度优秀物流园区。《辽宁省农产品现代流通体系建设方案》开始实施，在已初步形成的遍布城乡的农产品流通网络的基础上，为实现全省范围内农民的"菜园子"和市民的"菜篮子"无缝对接、减少农产品流通环节、扭转农产品生产和经营存在的"小、散、乱"情况，实现"舌尖上"的安全，提供了保障。

5. 金融服务业、会展业向好

截至9月末，全省金融机构本外币各项存款余额47004.1亿元，比年初增加4057.5亿元；贷款余额35466.2亿元，比年初增加3014.4亿元。沈阳市新型金融机构发展迅速，辽阳市机构建设取得进展，引进了广发、盛京、营口3家银行以及安化农业保险和农银人寿保险公司。

2015年以来，辽宁积极办好各类展会，发挥对经济的带动作用。国家级展会不断扩大规模，专业展会主题突出，房交会热度不减，节庆活动丰富多彩。1～9月，全省共举办各类会展活动699项，展览面积达492.9万平方米，比上年同期增长9.5%，实现会展交易额3700.9亿元，比上年同期增长5.3%。

二　服务业发展存在的问题

（一）部分服务业指标有所下滑

2015年1～7月，全省服务业完成投资7284.2亿元，比上年同期下降14.5%，降幅较上半年扩大1.4个百分点，影响了服务业发展后劲。第三产业用电量增速略有所回落，全省第三产业用电量153.1亿千瓦时，比上年同期增长6.1%，增速较上半年回落0.4个百分点。全省房地产开发企业实现商品房销售面积2234.7万平方米，降幅虽较上半年收窄5.2个百分点，但仍比上年同期下降32.1%，使得营业税收入普遍走低。消费市场仍旧疲软，1～8月，全省社会

消费品零售总额增速虽比前 7 个月有所加快，但与上年同期相比，仍回落 4.6 个百分点，消费品市场企稳回升的基础尚不牢固，商品销售下行压力依然较大。

（二）业态层次低，转型升级任务艰巨

辽宁服务业仍然以传统产业为主，交通运输、批发零售、住宿餐饮三大传统服务业占服务业增加值比重接近 40%，现代服务业发展相对缓慢、滞后，低于全国平均水平。地区发展不平衡，信息技术、计算机服务和软件、金融业、房地产业、租赁及技术服务等现代服务业基本集中在沈阳和大连。阜新、铁岭等城市的现代服务业发展则相对落后。多数服务行业品种单调、手段落后，信息技术等在服务业领域的应用仍然较少、服务水平较低，服务业尚未形成对产业结构优化升级的有力支撑，生产性服务业和新兴业态尚需加快发展。

（三）服务业企业规模小，领军企业不多

根据最新发布的中国服务业企业 500 强数据，辽宁榜上有名企业 14 家，占比仅为 2.8%；营业收入超过 100 亿元的企业，全国 236 家，辽宁仅有 6 家，占比仅为 2.5%。现代服务企业科研能力弱，缺乏发展后劲，创新型、领军型大企业大集团也寥寥无几。

（四）改革开放力度不够，在落实扶持政策上仍有差距

服务业领域各类行政审批多、准入门槛多、资格认证多，营商环境亟待改善。特别是金融、文化、教育等行业市场准入门槛较高，社会资本进入通道不畅。有些地方由于服务业认识不高、重视不够，发展服务业专项资金安排不足；支持服务业发展的用地、融资、项目建设政策有的尚未完全落实到位。

三 辽宁服务业发展面临的挑战与机遇

（一）面临的挑战

从国际国内环境上看，当前，世界经济仍处于国际金融危机后的深度调整期。2015 年世界经济增速可能略有回升，但总体复苏疲软态势难有明显改观。我国经济发展正处于经济增速换挡期、结构调整阵痛期和前期刺激政策消化期"三期叠加"阶段，经济发展整体放缓，呈现阶段性低迷态势，市场竞争异常激烈，进入重构产业体系的调整期，经济下行压力较大。

从省内经济形势看，辽宁和全国一样，同处于"三期叠加"的困难时期，进入了速度变化、结构优化、动力转化的经济发展新常态。我们正面临着传统产业投资相对饱和、劳动力成本快速攀升、环境承载力已经接近上限等诸多发展压力，大规模投资动力不足，这些都成为制约服务业发展的重要因素。

（二）发展机遇

但是，我们还应该看到，当前辽宁加快服务业发展，也具有诸多优势和有利条件。首先，辽宁作为工业化程度较高的老工业基地，必须走新型工业化道路，这就为辽宁生产服务业的发展提供了巨大的市场需求，创造了生产服务业大发展必要的基础条件；其次，辽宁城镇人口规模较大，推进以人为本的新型城镇化为生活服务业的发展提供了巨大的潜力和支撑，也为服务业创新发展提供了较为广阔的空间；再次，推进新一轮老工业基地振兴是国家"十三五"期间区域政策的重要内容，近期出台的《国务院关于近期支持东北振兴若干重大政策举措的意见》《促进东北老工业基地创新创业发展打造竞争新优

势的实施意见》等政策文件，已经成为新一轮东北老工业基地振兴的重要支撑，在生产性服务业、旅游产业、文化产业、电子商务产业等方面给予政策支持，也将为辽宁服务业的发展带来新的增长点；最后，"一带一路""京津冀协同发展""长江经济带"等重大发展战略的实施将为辽宁服务业加快发展带来重大历史机遇。特别是近期出台的《辽宁省服务业四年行动计划》《辽宁省农产品现代流通体系建设方案》《辽宁省"互联网＋流通"行动计划》《现代服务业发展实施意见》等文件，将有助于形成区域特色鲜明、服务业功能完善、产业结构合理、优势突出的辽宁服务业发展新格局。

四 进一步提升服务业发展水平的思路和建议

（一）不断加强服务业基础设施建设

通过不断完善设施、提升功能，创造服务业发展的新空间。要强化辽宁省的物流枢纽功能。辽宁地处东北亚核心地带，交通区位优势明显，在国家实施"一带一路"、京津冀协同发展战略的机遇期，辽宁应加快对外互联互通物流大通道建设，重点推动"辽满欧""辽蒙欧""辽海欧"三条物流大通道建设，积极构建铁路、公路、港口、机场等互联互通的综合交通运输体系，辐射连接海内外、面向东北亚的跨境物流网络。加强批发仓储和冷链物流基础设施建设，在未来的几年，根据各城市已形成的产业优势，在沈阳重点培育物流园区，在大连重点培育冷链物流及食品加工园区。加快城市配送中心建设，建设"物流园区—城乡配送中心—末端配送网点"三级节点网络，在城市周边加快发展现代化共同配送，完善配送网络。加大旅游交通设施、通信设施、水电气设施、排污设施、客服中心、公共厕所等的建设力度。

（二）大力推进生产性服务业加快发展

目前，辽宁生产性服务业还处于发展的起步阶段，当前最重要的任务是扩大规模、提档升级。以服务业集聚区、公共服务平台、现代物流、电子商务为抓手，推动辽宁生产性服务业发展。要积极促进科技研发、工业设计等科技服务业发展，促进辽宁产业逐步由生产制造型向生产服务型转变；加快推进信息技术服务业发展，围绕重大项目，制订"互联网＋"行动计划，推动移动互联网、云计算、大数据、物联网等与现代制造业结合，推动制造业服务化；支持沈阳铁西区服务业模式创新，推进生产性服务业引领区建设，并将铁西模式向全省推广，加快全省生产性服务业发展；积极推进金融保险服务业发展，加快金融服务业体系建设，鼓励开展金融产品和工具创新，扩大金融服务范围，提高金融服务产业发展的能力。

（三）不断推动生活性服务业创新发展

面向不同层次的消费者，创新发展丰富多彩的各类生活性服务业。促进传统商贸服务业转型升级，采取品牌化、标准化、连锁化、网络化发展模式，扩大传统服务业发展规模、提升发展质量和档次，抓好西柳市场与义乌的模式对接、业态引进工作，抓好佟二堡市场项目落地工作，实现业态多元化，促使传统服务业向商城化、商城集群化、产品品牌化、营销展贸化方向发展，抓好"五爱购"电子商务平台建设，推动市场向综合服务体转型；大力发展电子商务产业，促进零售业线上线下融合发展，继续深入开展及推进企业上网、大宗商品现货交易平台拓展、"O2O"网上商城普及、电商服务企业壮大、跨境电商培育等电子商务"五大工程"建设；加快农产品现代流通体系建设，加快形成覆盖城

市居民社区和农村自然村屯的农贸市场、社区菜市场、社区菜店、生鲜超市、便利店等农产品连锁零售网络体系；顺应辽宁老龄化快速发展的趋势，加快发展健康、养老、家政服务业，统筹规划发展城市养老服务设施，在养老服务中充分融入健康理念，形成规模适宜、功能互补、安全便捷的健康养老服务网络，满足社会需要；大力发展文化和旅游产业，依托重点文化产业园区、旅游观光景区，培育文化龙头企业和骨干企业，把滨海旅游、生态旅游、红色旅游和文化旅游全面发展起来以延长产业链，努力建设文化产业大省和旅游产业强省。

（四）使服务业集聚区发挥更大作用

辽宁通过投入大量资金，已经形成了相当一批现代服务业集聚区，但是仍有一部分服务行业企业、项目分布不集中，难以发挥集聚效应，难以实现规模经济和范围经济。为此，首先应制定更为详细的服务业集聚区发展规划，并严格按照规划落实集聚区各项建设工作，坚持实事求是，量力而行，强调投入产出效益。其次，不断总结发现制约服务业集聚区发展的各项体制机制障碍，以区域发展为着眼点，提出有针对性的改革体制机制的新方法，扫清阻碍现代服务业集聚区发展的障碍。再次，提高现代服务业集聚区的建设标准，辽宁各个服务业集聚区的建设应以服务老工业基地振兴为目标，依托产业链、创新链以及各地优势产业技术基础，实现服务业与当地支柱产业互动发展。最后，不断优化、丰富全省服务业集聚区业态结构。依托沈阳、大连等大城市，从现实基础和发展要求出发，将集聚区量的扩张和质的提高有机地结合起来，集中力量发展一批辐射区域广、带动能力强的现代服务业集聚区，努力形成区域特色鲜明、服务功能完善、产业结构合理、比较优势突出的服务业集聚区发展新格局。

（五）加快培育本地服务业知名品牌和龙头企业

加快培育一批本地的区域品牌、产业品牌、企业品牌和服务品牌。鼓励品牌企业跨地区、跨行业发展，以服务品牌为媒介，输出服务，扩大市场空间，放大品牌效应。促进服务业的集团化、网络化、品牌化发展，形成一批具有著名品牌、多元投资主体的大型服务业企业，带动提升辽宁服务业的服务能力和水平。培育一批规模化、专业化、特色化、国际化的大型物流企业。大力发展第三方物流，全面提升信息化水平。推进物流企业应用现代信息技术，整合基础物流资源，为客户提供一体化综合物流服务。加大电商企业培育力度，引进培育一大批仓储物流、软件开发、广告设计、人才培训、商务摄影等服务电子商务的企业，完善电子商务服务产业链条。着力引进、培育、壮大一批竞争力强的会展骨干企业，配置名牌展会、精品展会，推动辽宁会展业向专业化、品牌化、市场化方向发展。

（六）扩大开放，增强服务业的国际竞争力

辽宁服务业利用外资水平还比较低，一方面，要积极主动承接国际服务业转移，抓好服务业招商引资和招财引智。积极引导服务业企业参与"一带一路"和京津冀协同发展战略，抓住中韩自贸协定正式签署的契机，鼓励服务企业走出去，到境外投资，扩大境外市场，提高服务出口能力。大力发展代理出口，代理出口不仅是外贸出口的一个重要形式，还是生产性服务业的主要业态，目前，全世界进出口有近一半的贸易额是通过代理完成的。大力发展跨境电子商务，继续支持"出口时代网"和"葫芦岛泳装网"等电商平台的业务拓展，鼓励省内出口企业依托电商平台扩大出口。积极发展跨境旅游，沈阳、大连等大都市应该抓住跨境旅游大发展的良好机遇，努力开拓国

际旅游市场，丹东可以利用邻近朝鲜半岛的优势，把跨境旅游发展好。另一方面，在部分优先重点发展的服务业行业可以率先试点外资企业的准入前国民待遇，然后再逐步向其他行业推广。简化对外商投资的审批程序，缩小审批范围，在保证能有效监管资本流动的前提下，不断提高管理效率和投资便利化程度，进一步改善投资软环境。

（七）加大对服务业发展支持力度

加快服务业发展，必须要有强有力的政策扶持和引导。近年来，国家及辽宁省内都相继出台了一系列支持服务业快速发展的政策，如扩大"营改增"试点范围，对服务业用水、用气、用电执行与工业同价政策，对实行主辅分离的企业和新设立的服务业企业给予优惠政策等。

B.12
辽宁省新兴生活服务业发展
状况分析与对策建议*

王 焯**

摘 要： 在政府的有效引导和大力支持下，2015 年辽宁省新兴
服务行业总体发展平稳，尤其是与民生相关的生活服
务类新兴产业发展态势良好。其中"夜经济"繁荣兴
旺、家政服务体系加速推进、以"文化惠民"为主旨
的现代公共文化服务体系日趋完善。今后，辽宁省应
大力提高发展新兴生活服务业意识，积极运用"互联
网＋"模式，努力实施服务人才创新战略，使新兴服
务行业成为助推辽宁省总体经济发展的强劲动力。

关键词： 新兴生活服务业 辽宁省

新兴服务业是"利用现代理念、网络技术、新型营销方式，以
及服务创新发展起来的服务业"。具体可分为三大类："一是为新的
市场需求服务的服务业，即新的服务行业。例如，节能服务业、海洋
服务业、邮轮旅游业、信息通信服务业、文化创意业、家政服务业
等。二是在传统服务业基础上由于运用新资源、新技术或新方法发展

---

* 本文数据来源于辽宁省统计局。
** 王焯，辽宁社会科学院社会学研究所副所长，副研究员，主要研究领域为文化人类学。

起来的新兴服务业。例如，电子银行业、电子认证、卫星科技服务等。三是由新的服务模式所形成的产业。例如，远程教育、地理服务信息、远程医疗、网络购物、连锁经营、折扣店等。"2015年11月，国家出台了《国务院办公厅关于加快发展生活性服务业促进消费结构升级的指导意见》（国办发〔2015〕85号），提出生活服务业包括：居民和家庭服务、健康服务、养老服务、旅游服务、体育服务、文化服务、法律服务、批发零售服务、住宿餐饮服务和教育培训服务。可见新兴生活服务业是利用现代理念、网络技术、新型营销方式，以及服务创新发展起来的以增进人民福祉、满足人民群众日益增长的需求的生活性服务产业，是扩大消费需求、拉动经济增长、促进社会和谐的有力支撑和持续动力。

2015年，在辽宁省经济下行、整体公共财政预算支出下降的情况下，服务业发展速度却相对较快，比重进一步提高，域内人民生活也保持着继续改善的态势。据统计，前三季度，全省第三产业增加值比上年同期增长7.2%，增速快于全省地区生产总值增速4.5个百分点，快于第二产业增速7.9个百分点。第三产业增加值所占比重为46.2%，比上年同期提高3.7个百分点。全年与居民生活相关的各项服务业支出保持增长，服务业发展速度较快。前三季度，全省社会保障和就业支出比上年同期增长14.2%，节能环保支出增长59.9%。全省信息传输、软件和信息技术服务业投资比上年同期增长13.6%，科学研究和技术服务业投资增长10.3%，公共管理、社会保障和社会组织投资增长0.9%。服务业成为对外开放的重要载体、全省财政增收的主力军和吸纳新增就业的主渠道。据统计，辽宁省的社会消费力度逆向上扬，2015年1月至7月，全省社会消费品零售总额实现7146.6亿元，比上年同期增长7.7%，增速较上半年提高0.2个百分点。其中，限额以上社会消费品零售额2764.3亿元，增速与上年同期持平。前三季度，全省居民消费价格比上年同期上涨1.3%，涨幅比上半年提高 0.2 个百分点。可见，发展第三产业尤其是发展新兴服务业是保内需、促增长的重要途径。全省上下需要提高认识、大力振兴新兴服务业。

2014 年 12 月 5 日，习近平总书记在中央经济工作会议上明确提出"逐步增强战略性新兴产业和服务业的支撑作用"。实践证明，计算机服务业、软件服务业、租赁业、商务服务业、科技交流业、推广服务业、居民服务业、社会福利业、体育业、娱乐业、仓储业、装卸搬运和其他运输服务业等新兴服务业对民生改善的作用不容小觑，今后辽宁省应当继续从新兴服务业入手，综合施策、精准调控，确保全省民生状况得以持续改善，省域经济得以健康发展。

一 辽宁新兴生活服务业发展现状分析

（一）综合发展较为平稳，行业态势良好

据统计，2015 年 1 月至 7 月，规模以上服务业①企业收入稳步增长。其中，交通运输、仓储和邮政业营业收入增长 5.9%，文化、体育和娱乐业营业收入增长 15.8%，卫生和社会工作营业收入增长 6.4%。1~7 月，全省完成快递业务 12847 万件，增长 48.7%。截至 9 月，全省快递行业实现业务收入 28.1 亿元，比上年同期增长 33.2%；完成快递业务量 17006 万件，增长 47.2%。

据统计，2015 年 1 月至 4 月，交通运输、仓储和邮政业，卫生

---

① 规模以上服务业是指交通运输、仓储和邮政业，信息传输、软件和信息技术服务业，租赁和商务服务业，科学研究和技术服务，水利、环境和公共设施管理业，居民服务、修理和其他服务业，教育，卫生和社会工作，文化、体育和娱乐业 9 个行业门类和物业管理、房地产中介服务 2 个行业中类中年营业收入在 1000 万元及以上或期末从业人员在 50 人及以上的法人单位。

和社会工作业，文化、体育和娱乐业 3 个行业门类增长较快，分别实现营业收入 449.7 亿元、33.2 亿元、13.3 亿元（见图 1），增速高于全省平均水平 3 个、2.8 个、26.5 个百分点；占比较大的信息传输、软件和信息技术服务业，租赁和商务服务业，科学研究和技术服务业分别增长 0.6%、1.1%、0.9%；营业收入下降的行业有两个，其中，水利、环境和公共设施管理业同比下降 4.3%，为降幅最大的行业。

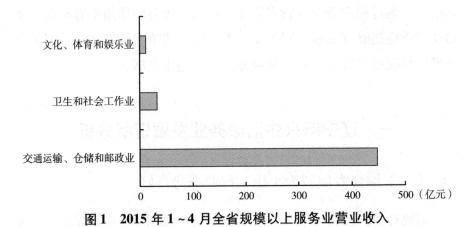

图 1　2015 年 1~4 月全省规模以上服务业营业收入

资料来源：辽宁省统计局。

　　分地区看，大连、鞍山等五市规模以上服务业营业收入增速高于全省平均水平，其中，大连 364.6 亿元，同比增长 12%；鞍山 64.7 亿元，同比增长 9.8%；丹东 25.9 亿元，同比增长 7.5%；营口 101.0 亿元，同比增长 20.3%；朝阳 11.1 亿元，同比增长 5.8%（见图 2）。

　　此外，辽宁省还大力推进了服务业集聚区项目建设。据统计，2014 年全年全省共举行了 32 次集聚区主题概念招商活动，省服务业委员会负责指导推进的 22 个重点集聚区开工项目 29 个，计划总投资 527 亿元。新评审认定了 16 个省级示范服务业集聚区。全省重点服

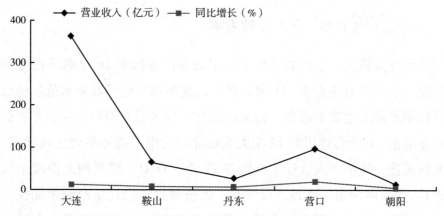

图2　2015年1～4月全省部分城市规模以上服务业营业收入和增速

务业集聚区2014年全年实现营业收入9700亿元，同比增长15%。36个集聚区营业收入过百亿元，较上年增加6个。[①]

（二）"夜经济"新模式效应显著，带动传统餐饮市场繁荣兴旺

"夜经济"是辽宁省在传统服务业基础上运用新资源、新方法发展起来的新兴服务模式。2014年全省共组织开展"扩消费稳增长惠民生"餐饮服务主题活动86项。兴顺夜市、星吧街、"营口之夜"等成为"夜经济"特色名片。据统计，2014年全省商业企业夜晚销售收入同比增长14.2%，占全天销售收入比重在30%以上；夜晚餐饮消费已占到总营业额的60%以上。[②] 此外，各类美食节、啤酒节、美食周、美食广场、名优风味食品展评及家庭服务技能竞赛等活动，形式多样，此起彼伏。沈阳酒吧文化节、本溪明山美食节、丹东东南亚美食节、阜新"雪花之夜"啤酒广场、辽阳台湾名品美食展、朝阳文化美食广场等活动盛况空前，繁荣了市场，深受广大企业和消费者欢迎。

---

① 数据来源于辽宁省服务业委员会。
② 数据来源于辽宁省服务业委员会。

（三）电子商务业态快速发展

大连高新区、葫芦岛兴城市电子商务产业园等16个电子商务园区投入运营，引进企业711家。其中，沈阳浑南电子商务示范基地已经初步形成了电商平台型、物流配送型、技术服务型和公共服务型的产业链条。6个市建设的12个大宗商品现货电子商务平台上线运营。大商天狗、沈阳中兴、辽宁兴隆等17个"OTO"模式网上商城上线运营。"一网两馆"建设进展顺利。推进阿里巴巴辽宁产业带加快布局，沈阳、鞍山、营口、盘锦、葫芦岛等市的产业带项目已上线运行。全年全省电子商务交易额突破4150亿元，同比增长30.5%。据统计，2015年天猫"双11"购物节当天交易额超719亿元（截至17时28分），超过2014年全国社会消费品单日零售额。辽宁网民交易额为18.2亿元（截至14时），交易额排名全国第14，快递累计收件1016.4万件（截至16时20分）。

（四）全面实施提速计划，家政服务体系建设加快推进

自从辽宁实施《全省家庭服务业发展提速计划》以来，各项任务目标得到加快推进。2014年，辽宁省家政服务网络中心、行业标准化、行业龙头企业以及行业组织体系建设整体走在了全国前列。一是加大家庭服务业品牌建设力度，全省支持50个大型家庭服务业龙头企业做大做强，行业品牌化、连锁化、现代化水平进一步提升。沈阳管婆儿、百强、金牌、华夏中青、娘子军、大连好阿姨、好月嫂、爱恩、鞍山华夏巾帼、抚顺光明、亿婴、天悦、向前、本溪家兴、新大陆等一批家庭服务龙头企业的发展规模进一步扩大，实力进一步增强。二是推进全省15个家政服务网络中心提档升级，服务功能和服务范围进一步拓展，全省新整合各类服务企业1万家，目前全省家政服务平台共整合各类社会服务企业近10

万家，全方位、全天候、便捷化的家政服务网络体系初步形成。三是在抓好省家庭服务业协会建设的同时，大力指导促进各市协会组织的建设。目前全省各市已全部成立了市级家庭服务业协会组织，行业服务功能明显增强，服务企业、行业自律、规范市场、促进发展等作用正逐步显现。

（五）现代公共文化服务体系日趋完善

2015年1月，中共中央办公厅、国务院办公厅印发了《关于加快构建现代公共文化服务体系的意见》和《国家基本公共文化服务指导标准（2015～2020年）》，对加快构建现代公共文化服务体系，推进基本公共文化服务标准化均等化，保障人民群众基本文化权益做了全面部署。辽宁省积极贯彻落实有关文件精神，积极完善了公共文化服务体系，全面推进了公共文化服务体系示范区（项目）建设，继续开展了公共文化流动服务和文化志愿服务工作，加快实施了文化惠民工程，组织开展了丰富多彩的群众文化活动。不仅在硬件配套设施上具有了许多新的突破，在各项公共文化产品的创作和宣传上也实现了质的飞跃。2015年5月16日，辽宁省博物馆新馆、辽宁省科技馆开馆。8月，辽宁省图书馆新馆开放，该馆是目前国内单体面积最大的省级公共图书馆。此外，辽宁省还在全省范围全面推进流动文化服务，解决公共文化服务"最后一公里"的问题，助推公共文化服务标准化、均等化建设。2015年3月，辽宁省下发了《辽宁省文化厅关于全面推进流动文化服务的通知》，并开展了省级示范活动，这些活动包括：省图书馆组织的"百万图书万里行"活动、省群众艺术馆组织开展的"百官千站"基层文化素质提升工程和"群众文化万村培训工程"、省非物质文化遗产保护中心开展的非遗"进社区、进校园"系列宣传展示活动、省文化资源建设服务中心开展的

"辽宁地方特色文化"惠基层活动、全省各级文艺院团及部分民间艺术团队开展的文艺演出进"乡村、校园、厂矿、军营、社区"活动等。

（六）培育树立行业品牌，为新兴生活服务行业整体发展奠定基础

深入实施品牌战略，提高行业服务水平，扩大行业影响力，增强行业竞争力。一是在商务部认定的34家"中华老字号"和省服务业委员会认定的38家"辽宁老字号"的基础上，多方引导支持辽宁省老字号企业向规模化、品牌化发展。适应老字号事业发展需要，筹备成立了"辽宁省老字号协会"，为辽宁省老字号发展与振兴搭建交流合作的平台。二是在洗染、人像摄影两个行业共评定推出四星、五星级店122家，其中洗染业55家，人像摄影业67家。2015年，家庭服务业等级评定工作在全省各地业已全面展开，影响广泛，效果良好。以等级评定为重点的行业标准化建设，为全国同行业首创，壮大了辽宁省行业品牌和骨干企业队伍，提高了行业整体素质和竞争力，激发了行业士气，重塑了辽宁餐饮服务行业形象。三是加强对美发美容业等级评定工作的跟踪管理与指导，支持和发挥行业协会作用，以全省68家四星、五星级美发美容企业为重点，组织开展"美丽辽宁行""银发工程""爱心捐助"等公益性和优质服务活动，扩大了美发美容行业和品牌企业的社会影响力，赢得了行业企业和广大消费者的积极参与和普遍赞誉。四是指导支持相关协会广泛开展各类行业技术交流和培训活动，提高行业队伍素质。其中全国奢侈品皮具护理技术交流大会、"与大师同行"影楼经营服务管理业务培训班、全省饭店行业"创新助转型转型谋发展"研讨会等活动，层次高、规模大、交流广泛，合作共赢气氛浓郁，深受业界欢迎。

二 辽宁省新兴生活服务业发展中存在的突出问题

（一）政府统筹管理和扶持力度趋弱

一方面，在辽宁省经济整体下行的严峻形势下，服务业投资额持续下降。据统计，2015 年 1 月至 7 月，全省服务业完成投资7284.2 亿元，比上年同期下降 14.5%，降幅较上半年扩大 1.4 个百分点。服务业投资降幅持续下降势必会影响服务业整体投资环境的改善和配套设施的兴建。另一方面，由于新兴服务业涉及行业众多，统筹管理无法实现，缺少合理的长远的发展规划。比如家政、养老、教育、文体分属于不同的政府部门，数据统计和分析难度大，统筹管理和规划困难，服务信息不对称和道德风险更为严重。新兴服务业发展更加依赖知识、创新、人力资源等要素，需要更加有效的要素配置方式和制度安排，更加需要制度创新和健全的市场机制。

（二）市场管理有待规范，服务标准亟待提高，发展动力有待加强

保险、教育、医疗、保健、通信、旅游等新兴服务行业准入门槛低，生产效率低，城乡地区差别大，从业人员素质参差不齐，管理和营销体制不健全，缺少较为完善的政策法规和行业服务标准，行业自律性不高，竞争不充分，无序竞争问题普遍存在，严重影响了服务业的健康快速发展。比如各式温泉度假村、宾馆、饭店、会所等通过国家旅游饭店星级划分与评定标准的数量较少。究其原因一是参评国家旅游饭店标准动辄需要上百万元资金；二是很多企业认为自身管理标准参照星级设定即可，不需要认定；三是部分企业

认为国家旅游饭店的星级标准并不完全适用于温泉旅游目的地。但无论是国家旅游饭店星级评比、ISO9001质量体系认证、ISO4001环境管理体系认证，还是旅游景区质量等级标准都在建筑、附属设施、服务项目和运行管理方面对安全、消防、卫生、环境制定了相应的标准，是政府监督企业的标尺，是社会认可企业的依据，是促使企业保证品牌形象和质量的有力保障。尤其是对于外国游客来说，星级标准已经是很多人出游选择的既定标准。因此，进入相应的行业标准认定程序不仅是对辽宁温泉企业的要求，也应该是辽宁省发展温泉旅游产业的必经之路。

（三）服务业发展软环境和硬环境配套不完善

硬环境主要指道路、交通、物流、设备设施等，软环境主要指服务、人才、管理和群众基础等。品牌是产业成熟的标志之一，产业链条配套完善程度直接决定着品牌发展的速度和持续性。辽宁省在这方面存在着许多薄弱环节，如一流资源、二流开发、三流服务和产品。比如相关政府部门对新兴服务行业品牌建设没有设立专项研究或配备专职部门负责，对品牌的挖掘、塑造和开发尚处于零散发展状态，缺乏统筹规划。许多乡镇服务行业一线服务人员多为当地百姓，教育程度偏低，没有接受过正规的服务行业学习与训练。品牌建设的专业人才和管理团队的缺失也是辽宁省面临的一个主要问题。新兴服务业对中、高层管理和专业人才的要求更高，人才的缺乏可能会成为制约行业健康发展的重要瓶颈。而且，现在对高级服务人才的要求不断提高，需求量也不断增大，但许多行业服务人员综合素质不高，人性化和专业化服务能力较为欠缺。同时培训机构、高校等有关新兴服务行业专业人才的培养力度也有限，难以适应辽宁省服务业市场快速发展的需求。

三　发展新兴服务业的对策建议

（一）大力提高发展新兴服务业意识，使其成为助推辽宁省总体经济发展的强劲动力

首先，政府有关部门应该加强对服务业的综合指导协调，可以统筹制定长期发展规划，分行业、分门类、分区域实施推进，责任到位，贯彻落实，有理有据，有的放矢。其次，实现新兴服务企业品牌化、规范化和标准化。提升新兴服务行业整体品质。我们应该充分了解并洞悉行业动态，加大对相关行业龙头企业的招商力度。要体现辽宁省新兴服务行业发展的决心和优势。还需多借鉴国内外经验。进入相应的行业标准认定程序不仅是对辽宁服务行业的要求，也应该是辽宁省发展新兴服务行业的必经之路。最后，政府应引导新兴服务行业合理布局和细化，从而带动扶持服务基础配套设施建设。包括鼓励第三产业中的大企业大商家进驻；对参与交通、货运、洗衣、餐饮等行业建设的企业或个人给予减少税收、财政补贴等政策倾斜。

（二）积极运用"互联网＋"模式大力提高新兴服务行业市场份额

在全球化背景下，新的信息技术不断创造着新的产业形式，从而催生和引领新兴服务业的发展。发达国家高度重视服务业领域信息技术的研究与开发，在美国，IT设备的投资占现代服务行业设备总投资的75％以上，信息技术已成为服务型经济快速发展的重要支撑与先导力量。李克强总理在2015年政府工作报告中提出"制定'互联网＋'行动计划，推动移动互联网、云计算、大数

据、物联网等与现代制造业结合，促进电子商务、工业互联网和互联网金融健康发展，引导互联网企业拓展国际市场"。中国的互联网文化产业市场价值已占到文化产业总市场价值的 70%，而传统媒体市场价值大概占文化产业市场总价值的 10%。在"互联网＋"的时代大背景下，文化产业作为创业创新型经济，不仅需要通过互联网创新文化产品，而且需要通过互联网创新文化产品服务的供给传播方式。据统计，2014 年，全国网上零售额 27898 亿元，增长49.7%，增速比社会消费品零售总额高 37.7 个百分点，占社会消费品零售总额的 10.6%。2014 年，辽宁省全年限额以上批发和零售业通过互联网实现零售额 66.9 亿元，比上年增长 90.1%。可见，电子商务是文化品牌推广和销售的重要渠道，实践证明，"互联网＋"对文化产业的影响是日益明显的。辽宁省各主流媒体已经充分认识到互联网的平台效应和集聚力，2015 年已经搭建了许多移动网络服务平台，据悉，《辽沈晚报》终端 APP 下载用户已逾15 万。许多文化企业看到了这种移动销售的优势，都跃跃欲试。预计 2016 年，辽宁省的文化企业将迅速融入"互联网＋"模式，尤其是小微文化企业，将充分发挥"短小精悍"的灵活优势，利用互联网平台，利用信息通信技术，在新的领域创造一种新的"生态"，并逐步在域内形成"互联网＋XX 传统文化产业＝互联网XX 文化产业"的新型模式。此外，相关互联网专业人才的需求也将迅速增加。

（三）重点实施人才服务创新战略

首先，在高职院校增设新兴服务行业方向专业或课程，扶持民营培训机构开办市场营销、服务技能培训辅导班等。其次，促使相关企业增加科研投入。比如珠海御温泉编撰了中国首套温泉旅游高等教材。此外，珠海御温泉还为员工提供了图书馆、阅览室和电脑房，不仅提高了本企业员工的素质、业务技能和管理能力，而且通过其他温泉企业来珠海御温泉的观摩等实现了人才输出，促进了整个行业的发展。再次，接受品牌输出。接受品牌输出能在短时间内获得品牌输出方的先进经营理念和品牌授权，行业品牌知名度能得以迅速提高，也有利于管理人才的培养和服务质量的提高。最后，据悉在日本，协会、学会、研究所和大学等承担了服务行业研究和知识普及的任务，辽宁应鼓励科研机构、企业、专业调查或咨询机构及时开展关于新兴服务资源的研发创新、问卷调查、统计分析、营销策划和市场预估等。

（四）创造条件鼓励民间资本和社会组织积极投入新兴服务行业建设中

首先，鼓励整合现有社会各界力量成立同行、同地区的保护或研究协会等社会组织，积极举办主题活动、展览展销会等，通过开展行内外交流为新兴服务行业品牌的建设搭建桥梁和纽带。其次，在财政收入增速放缓的大背景下，中央财政不断调整优化支出结构，进一步加大对公共文化建设的资金投入力度，共安排209.8亿元加快构建现代公共文化服务体系，比2014年增加1.73亿元。据悉，209.8亿元资金中，安排51.57亿元用于深入推进全国博物馆、纪念馆、爱国主义教育示范基地、美术馆、公共图书馆、文化馆（站）等公益性文化设施向社会免费开放，提供基本公共文化服务；安排130.06亿元用于重点支持地方公共文化体育设施维修与设备购置、广播电视覆盖、公共数字文化建设、国家公共文化服务体系示范区（项目）以及农村文化建设等。辽宁省相关文化服务产业可以审时度势积极争取资金支持。再次，针对融资难的问题，目前已有多家银行开始推出针对新兴服务行业的减息、无息产品，有关部门可以加以引导，相关企业尤其是小微企业可以进行尝试。最后，应该加强外引内育，筑巢引凤工作。制订有一定特色和吸引力的扶持政策，对已有一定基础的企

业给予积极帮扶，同时放宽市场准入，优化投融资环境，积极争取民间资本。现在越来越多的投资主体看上了新兴服务业这块"蛋糕"。酒店管理、旅游服务、房地产开发、会展、物业管理、仓储物流和管理咨询等新兴服务业，也已经成了外商在辽拓展投资的新亮点。早在2011年，国务院批准的《外商投资产业指导目录（2011年修订）》中便增加了多项服务业鼓励类条目，包括机动车充电站、创业投资企业、知识产权服务、海上石油污染清理技术服务、职业技能培训等。同时，将外商投资医疗机构、金融租赁公司等从限制类调整为允许类。

参考文献

夏杰长：《中国新兴服务业发展的动因与政策建议》，《学习与探索》2012年第5期。

魏作磊：《中国服务业发展战略研究》，经济科学出版社，2009。

夏杰长、姚战琪、李勇坚：《中国服务业发展报告（2014）》，社会科学文献出版社，2014。

韩俊编：《中国民生指数研究报告（2014）》，中国发展出版社，2015。

欧阳友权：《文化品牌蓝皮书：中国文化品牌发展报告（2015）》，社会科学文献出版社，2015。

张晓明、王家新、章建刚：《文化蓝皮书：中国文化产业发展报告（2014）》，社会科学文献出版社，2014。

夏杰长：《我国新兴服务业的四大发展战略》，《中共中央党校学报》2012年第2期。

邓于君：《国外新兴服务业发展政策及其借鉴》，《科技管理研究》2008年第6期。

王凌：《浙江新兴服务业发展的瓶颈及对策》，《中国国情国力》2015年第7期。

B.13
改善金融服务辽宁实体经济问题研究

谭 静 王伟强 左广成*

摘 要： 2015 年前三季度，辽宁省金融运行平稳，各项存款持续增长，各项贷款平稳投放，为辽宁实体经济发展提供了充足的资本积累。金融服务实体经济的能力和水平不断增强，金融服务体系日趋完善，金融服务实体经济渠道不断拓展，金融服务激励政策不断增加，金融创新促进产融结合工作稳步推进。但是金融服务依然存在诸多问题，金融政策支撑体系不完善，金融资源配置矛盾突出，金融生态环境落后，金融风险教育缺失等。应完善金融服务机制，优先发展产业金融机构，加强金融生态环境建设，进一步发挥政策性金融的引导作用，大力发展小银行、发展地方法人金融机构、发展农村金融 P2P 网络贷款，推动大型银行和股份制银行完善针对小企业的金融服务，高度关注微型金融发展。

关键词： 金融服务 实体经济 微型金融

* 谭静，辽宁社会科学院财政金融研究所研究员，主要研究领域为银行管理、现代金融理论等。王伟强，辽宁（营口）沿海产业基地管委会公用事业局局长，经济师，主要研究领域为产业金融等。左广成，辽宁职业学院副院长，教授，主要研究领域为产业金融。

在整体经济下行的大背景下，2015年上半年辽宁的GDP增速为2.6%，远低于全国GDP7%的增速，诸多经济指标皆表明，受周期性和结构性因素的影响，辽宁经济增速回落，部分行业和企业生产经营困难，面对严峻复杂的经济形势和持续加大的经济下行压力，辽宁省金融服务业健康平稳发展，增速高于GDP和服务业的增加值增速，金融服务辽宁实体经济发展的作用逐步增强。融资总量不断扩大，税收贡献增长明显，资本市场稳步发展，辽宁股权交易中心挂牌展示企业923家，实现企业综合融资19.2亿元，金融集聚区建设初步成形。

一 金融服务辽宁实体经济的总体情况及特点

1. 金融服务辽宁实体经济的能力不断增强

金融作用于实体经济是通过促进储蓄，进而形成资本积累，从而推动经济增长。截至2015年9月末，辽宁省金融机构本外币各项存款余额47004亿元，同比增长10.4%。其中，人民币各项存款余额46034亿元，同比增长10.6%。人民币住户存款余额23382亿元，同比增长7.3%；人民币非金融企业存款余额11614亿元，同比增长9.8%；人民币非银行业金融机构存款余额3676亿元，外币存款余额153亿美元。截至9月末，辽宁省金融机构本外币各项贷款余额36053亿元，同比增长11.4%。其中，人民币各项贷款余额34322亿元，同比增长12.5%。人民币住户贷款余额7232亿元，同比增长8.1%；外币贷款余额272亿美元，同比下降9%。各项存款和贷款增加，提高了储蓄水平和资本积累能力，增加了投融资机会，为辽宁实体经济发展提供了资金保障。

2. 金融服务体系日趋完善

截至2015年9月末，辽宁省已经形成了包括银行、证券和保险等传统金融机构和产业投资基金、融资租赁、小额贷款公司等新型金融服务机构在内的金融业态体系，集企业境内外上市、新三板、区域股权交易市场、产权交易市场、债券发行、创业引导基金为一体的多层次资本市场体系已经初步建立。2014 年 12 月 29 日，盛京银行在香港成功挂牌上市，资产规模突破 5000 亿元，纳税近 20 亿元。截至2014 年底，沈阳市金融机构和金融服务机构总量达到 726 家，居东北地区首位。银行金融机构存款和贷款余额快速增长，银行不良贷款率逐年下降，信用环境得到明显改善。

3. 金融服务实体经济渠道不断拓展

金融机构大力推进金融产品创新和金融服务创新，高度重视服务中小型企业，为其量身定做金融产品和服务项目，不断满足中小企业对金融产品和服务的需求，助推中小企业的快速发展。营口银行继续以服务中小企业为市场定位，深入研究中小企业的特点，推出以"伙伴赢"为代表的小微企业服务新产品，通过发挥决策灵活、服务便捷、贴近客户等优势，全力为中小型企业服务。中信银行凭借"中信小企业成长伙伴"特色小企业金融服务品牌，根据中小企业各个成长阶段的特点，为中小企业提供量身定制的金融服务解决方案。大连银行推出"中小企业联保卡""仓单质押融资"等产品服务中小企业。中国人民银行朝阳市中心支行指导建平县支行积极协调推动建平县政府与建平县邮储银行合作开办"助保贷"业务，有效搭建由政府承担风险的银企互利双赢平台，开展各种创新型金融服务业务，加强对中小微企业的扶持，解决中小微企业资金短缺问题。

4. 金融服务激励政策不断增加

对辽宁省人民政府以上单位批准设立的金融类资产交易场所，给予最高 500 万元的开办费补助，对在境内主板、中小企业板、创业板上市的上市公司总部，将工商和税务迁入沈阳市的，给予 300

万元的奖励。对在"新三板"挂牌的企业，挂牌成功后给予每户最高补助150万元，在辽宁股权交易中心挂牌的股份制企业，挂牌成功后给予每户最高补助50万元。对在沈阳市设立并备案的创业投资、股权投资等机构，募集规模在2亿元（含2亿元）以上的，补助100万元；募集规模每增加1亿元，补助金额增加100万元。对由沈阳市创业引导基金参股设立的创业投资企业，投资于沈阳市创新型企业的资金比例超过创业投资企业募集资本60%的，奖励资金100万元。

5. 金融创新促进产融结合稳步推进

辽宁忠旺和本钢两家财务公司的筹建已经获得银监会批准，忠旺财务公司已于2014年底开业。启动盛京银行、锦州银行、营口银行等与装备制造业企业合作发起设立金融租赁公司的前期准备工作。重点培育并优先推动大连福佳、锦州博泽、大连港等集团设立综合金融公司。继续推进科技金融服务体系建设，首批五个试点园区取得积极成效，已形成部分可复制、可推广的经验模式，第二批试点园区工作准备已经就绪。

二　2015年辽宁金融服务实体经济过程中存在的问题

辽宁金融业总规模与发达省份相比差距仍然较大，金融服务业结构相对单一，金融产品和服务的差异化和专业性亟待强化，金融政策支撑体系不完善，金融资源配置矛盾突出，金融生态环境落后，金融风险教育缺失。

1. 金融政策支撑体系不完善

有效贷款抵押的落实还存在困难。由于农村土地、农民房产和林区使用权等受到诸多政策法规的约束，无法作为抵押物进入融资环节，严重影响了农户的融资能力，进而影响农业发展。再者，信用担保体系建设不完善，能够作为有效担保的抵押物不足，使得担保机构贷款的难度增加了。另外，复杂的申请贷款程序，漫长的申请时间，申请到的贷款额度又有限，对担保机构又缺少政策性扶持等均制约了担保资金对企业发展的支持。

2. 金融资源配置矛盾突出

贷款需求旺盛与信贷政策的产业导向制约反差较大。国有商业银行信贷审批权上收，贷款投向主要集中在大型企业和大项目上。装备制造、交通运输、基础设施、商贸流通和加工制造业等行业领域的企业和项目最易获得贷款青睐，而像生物产业、新能源产业、文化产业和新一代信息技术产业等战略性新兴产业要获得资金，则更多地依赖专项资金资助，而专项资金的额度有限，且其落实又有许多方面的问题，与信贷支持不配套。

3. 金融生态环境相对落后

辽宁的金融生态环境相对较弱，大型国企和农场较多且资金缺口大，金融信誉环境建设较为落后，保险制度很不完善，金融保险发展缓慢，不良贷款问题始终困扰着银行发展，对借贷行为的法律监管时有缺失，常常引发各种矛盾，信用环境始终没有得到有效改善。辽宁省的金融机构缺少竞争意识，没有形成健全的竞争体系，服务意识不强。

4. 金融风险教育缺失

网络技术的发展使互联网金融投资理财产品丰富且便捷，但是金融风险也随之而来，信息泄露、投资资金遭受损失等均是由互联网金融风险带来的直接后果，投资者是风险的最终承担者。互联网金融理论中有许多专业词汇，由于互联网金融知识普及不到位，非专业投资者很难理解，另外更多的投资者只看重金融投资的高收益，不重视其中的风险，在操作时缺乏风险防范意识，这些更多地源于金融风险教育不到位。

三 2016年辽宁金融服务发展分析预测

1. 货币政策传导渠道逐步趋于畅通

为使新一轮东北振兴计划顺利实施，辽宁省政府将更加重视为地方金融作用的发挥创造良好的金融环境，诸如为金融机构介绍区域发展规划、告知财政扶持对象、披露企业破产兼并转制信息、调控资金并且帮助金融机构消化不良资产等。政府目标与地方金融的利益目标将有机地结合起来，政府帮助企业逃废银行债务的行为会逐渐消失，对地方金融行政干预的现象会逐渐淡化。地方金融机构将越来越按照市场和金融运行规律开展各项业务，向优质项目靠拢，培育新的利润增长点。政府将对有市场、有效益、有信誉的企业进行规模扩张给予大胆支持，支持有效益、不亏损、还款有保证、信誉好的企业，为没有不良信用记录的债务人及时提供信息和相应的金融服务。

2. 产业金融发展创新意识不断增强

积极支持沈阳机床等优势企业或沈阳新松机器人等产业联盟发起设立财务公司等企业金融机构，组建沈阳产业投资银行、信托等金融机构，创新产业发展的金融综合解决方案。支持科技企业上市、再融资和并购重组、发行企业债券。推动高新技术企业股权质押贷款，知识产权质押贷款等工作。加快金融业国际化发展步伐，积极融入国家"一带一路"建设，扩大人民币跨境贸易结算规模，加快发展离岸金融，建设区域性跨境人民币金融服务中心。

3. 多元化金融机构体系日益完善

多样化、专业化、综合性的产业金融服务体系日益完善，产业金融机构体系建设将得到逐步推进，重点引进和设立银行、证券、保险、信托、基金、担保等金融机构总部及东北区域总部，积极发展综合金融公司、金融（融资）租赁公司、企业财务公司、大型融资担保机构、再担保机构、创（风）投基金、天使基金、并购基金以及船舶、装备等专业化产业投资基金。大力发展法人金融机构，打造沈阳综合性金融控股集团。鼓励设立民营金融机构、融资性担保机构与保险和再保险机构健康发展。完善农村金融体系，扶持农村金融组织创新。

4. 区域金融中心建设日臻完善

沈阳、大连两个区域金融中心建设日臻完善，辐射能力逐步增强。沈阳市重点推进产业金融发展，金融机构总部和区域总部日益增多。金融商贸开发区金融中心核心功能区建设越来越完善，金融市场、金融机构、金融产品、金融监管等方面的金融生态改革试验将进一步深化，金融市场体系、金融组织体系和金融服务体系将越来越完善，为沈阳建设国家级中心城市提供强有力的金融支撑。大连市在航运金融、科技金融、绿色金融等方面创新发展，有力地促进产融结合。融资租赁、资产管理等各类机构逐步增多，区域性金融中心促进条例的出台指日可待。

5. 互联网金融发展强劲

辽宁金融业发展对 GDP 的贡献度不及广东省的 1/3，而在全国"互联网＋"竞争力排名中，列全国第八，因此，大力引进北、上、广、深的新兴金融机构和民间资本，创新发展互联网金融，拓展中小微企业和广大农民的融资渠道，将为辽宁经济发展做好金融服务工作。支持互联网企业依法发起设立各类金融机构，大力发展第三方支付机构、网络信贷、金融电商、商业保理、移动支付、众筹融资、互联网金融门户等互联网金融业态。金融机构与互联网企业的多元化合作将逐步加强。

6. 农村金融服务将得到逐步深化

在贯彻落实"强农、惠农、富农"和"推动城乡发展一体化"的过程中，为将惠民政策传导给农民、为百姓提供便利，农村金融服务将不断得到深化，推广手机支付业务的力度将不断加大，并逐步推

动依托助农取款服务点建立金融服务站、扩大村镇银行针对农民工开办的特色服务的范围，农村支付服务环境建设将逐步得到深化，农业保险范围会更加具体，农民贷款抵押物的品种将逐渐增多，服务农村经济建设的金融服务会更加细致入微。

7. 互联网金融风险防范意识逐步增强

作为金融与网络技术相结合的产物，互联网金融最近几年发展特别迅速，已经融入广大人民群众生活的各个方面。互联网金融影响并改变着我们的生活方式，但是同时也带来了各种风险。互联网技术的应用使网络金融风险更多地集中在信用风险和流动性风险方面，而且与传统金融风险相比，互联网金融风险具有更大的隐蔽性并且更易扩大。例如，2015年4月被引入中国的3M金融互助项目，月收益达30%，一年有23倍的收益，这种高收益的引诱会使更多人不断重复投资，但试想这种没有创造价值的投资如何换来这么高的回报，与网络传销又有何区别，你去存钱，别人去取钱，持续不断的投资会带来持续不断的高回报，但总有一天会崩盘，将来某一天人们就会取不到钱，类似的这种网络金融风险防范意识未来将会逐步加强。

四 促进辽宁金融服务实体经济发展的政策建议

以金融的深化改革和创新为重点，完善金融服务机制，优先发展产业金融机构，加强金融生态环境建设，进一步发挥政策性金融的引导作用，大力发展小银行，发展地方法人金融机构，发展农村金融P2P网络贷款，推动大型银行和股份制银行改进小企业金融服务，高度关注微型金融发展。

1. 完善金融服务机制，优先发展产业金融机构

积极建设经营方针和业务形态突出，体现产业金融特征的金融机构。支持具备条件的重点装备企业创建私募股权基金、并购基金等，

拓展相关领域业务，设立各类私募股权基金及管理机构。积极推动大连福佳、大连港、锦州博泽等企业设立综合金融公司。推进盛京银行、锦州银行、营口银行、翰华金控设立金融租赁公司，推进设立外资和内资试点融资租赁公司。

2. 加强金融生态环境建设

商业银行不肯给小企业放贷，既有主观原因，也有客观原因。要促使其改进小企业金融服务，仅靠行政命令是不行的。需要政府加强基础设施建设，为商业银行提供更好的经营环境。进一步完善信用担保体系，目前辽宁融资性信用担保机构尽管发展较快，但无论从数量上看还是从质量上看，都还不能满足银行和企业贷款的要求。要完善现有征信体系，特别是小微企业的信用信息系统，为商业银行的风险管控提供便利。建立小微企业信贷统计系统，明确统计指标。

3. 进一步发挥政策性金融的引导作用

作为市场经济的补充和政府调控经济的工具，政策性金融机构在相当长时期内应发挥其重要作用。首先，继续发挥国开行在支持中小企业融资方面的作用，建立国开行与中小型银行的"批发—零售"机制，将部分资金"批发"给中小银行和小额贷款公司，使后者在一定程度上成为专业贷款"零售商"，充分发挥其熟悉当地情况、经营机制灵活的优势，提高资金的使用效率。其次，设立专为中小企业服务的政策性金融机构。整合现有多项政策，发展专门的政策性金融。可以设立中小企业银行和担保机构。前者可以作为"批发机构"提高现有中小金融机构的服务能力，同时致力于开发针对中小企业的信贷产品。后者则主要为商业银行的中小企业贷款提供担保，降低中小企业的融资难度和成本。最后，发展对外信用保险。信用保险是促进外贸和对外投资活动的有效手段，但目前出口信用保险公司规模太小，注册资本只有 44 亿元，不足以支撑不断扩大的对外交易规模，可以通过财政或其他金融机构增资等手段给予支持。

4. 大力发展小银行

放宽村镇银行设立条件，如修改对控股机构的规定、允许资产管理公司等非银行金融机构作为发起人设立村镇银行；同时要关注村镇银行扩张可能带来的风险隐患，强化对发起行特别是城市商业银行和农村金融机构（这两类机构是发起设立村镇银行的主体）的风险管控。按照区别对待、循序渐进的原则，将部分治理体系完善、内控机制健全、经营状况良好的小额贷款公司改制为社区银行。促使其充分发挥熟悉当地情况、经营机制灵活的特点，为当地中小企业和居民提供个性化金融服务。推动民间金融的合法经营，对民间借贷行为进行规范。规范民间借贷行为，推动全方位、多层次和差异化的中小企业融资服务体系的建立。

5. 大力发展地方法人金融机构

分层次推进城市商业银行拓展业务领域。积极推动盛京银行发起设立金融租赁、消费金融公司和私募股权基金等金融机构。积极推动锦州银行、大连银行、营口银行等其他优质城商行实现综合经营。积极推动经营状态良好、适合独立经营发展的城市商业银行逐步扩大规模。积极推动农信社加大对"三农"的信贷投入，在发展中逐步消化"历史包袱"。引导村镇银行充分发挥法人银行优势，开展与城商行、农信社的差别化经营，加快推进民营银行——振兴银行的创立工作。

6. 大力发展农村金融 P2P 网络贷款

辽宁农村传统金融机构网点少，尽管贷款利息低，但是审批时间长，授信额度少，难以满足农民的融资需求。而且，农村融资具有频率快、需求分散等特点，农民自身抵押担保条件不充分，难以满足银行的信贷要求。而且，近年来金融机构信贷管理权限上收，并实行严格的责任追究制度，降低了基层银行信贷发放的积极性，基层银行对农村经济发展的支持力度明显不足，金融有效供给严重不足制约了辽宁农村的发展速度。在农村金融领域，P2P 网络贷款已经成为农村金融不可或缺的力量，大大提高了经济运行的效率，有力推动了农村经济的转型升级。

7. 推动大型银行和股份制银行改进小企业金融服务

国内实践表明，商业银行建立独立核算的小企业金融服务专营机构，效果要好于非独立核算的经营机构。因此要继续鼓励和支持大中型全国性商业银行建立该类机构，并进一步改进和完善相关信贷评审、风险管控制度，提高监管机构对小企业贷款不良资产比率的容忍度。与此同时，要用法律法规的形式，明确提出大型商业银行为小微企业提供金融服务的社会责任要求，规定每年应有一定比例的信贷资金，用于支持小微企业生产经营活动，并将为小微企业提供金融服务的情况，纳入商业银行考核体系，与增设机构、获得再贷款、核销呆坏账等政策挂钩。

8. 高度关注微型金融发展

目前辽宁省挂牌营业小额贷款公司 674 家，融资担保机构 408 家，为缓解"三农"和小微企业融资问题发挥了重要作用。应加大创新力度，增强服务功能，引导商业银行向下延伸服务网点，积极发展"立足地方、服务中小"的中小银行、社区支行和小微支行，稳健发展小额信贷机构。搭建小微企业综合信息共享平台，健全为小微企业服务的融资担保体系，强化对小微企业的增信服务和信息服务。坚持实施差异化经营等方式，增强小额贷款行业为实体经济服务的能力，通过拓宽融资渠道，加强行业监管评级和分类管理等手段，完善小额贷款监管政策，助推行业健康发展。

参考文献

中国人民银行沈阳分行网，2015 年 9 月，金融数据，http：//shengyang. pbc. gov. cn/。

B.14
2015年辽宁地方财政运行
形势分析及展望*

郭　矜**

摘　要：　2015年是辽宁省地方财政发展较为困难的一年，财政
收入仍然下滑，收支结构矛盾凸显，对地方债的操作
尚不成熟。因此，本文意在提出如何更好地完善辽宁
地方财政运行体系，从而推动辽宁经济社会的健康持
续发展。

关键词：　财政收入　财政支出　地方债　预算管理

2015年1~8月，辽宁省财政收入下滑趋势尚未扭转，但总体降
幅趋缓；财政收入结构相对有所改善；民生等重点支出得到有效保
障；第一批PPP融资项目推出，但是仍可以看到辽宁省财政收支矛
盾仍然十分尖锐；财政支出结构不尽合理；对地方债的操作尚不成熟
等问题。本文从盘活财政存量资金，加强财税收入管理；优化财税收
入结构，提高财税收入质量；优化财政支出结构，提高财政支出效
益；加强政府债务管理，积极化解债务风险等四方面提出了完善辽宁
地方财政运行体系，助推辽宁经济持续发展的政策建议。

　＊　本文是2015年辽宁省社会科学基金项目（课题编号：L15BJY027）阶段性研究成果。
　＊＊　郭矜，辽宁社会科学院财政与金融研究所助理研究员，研究方向为财政理论与实务。

一 2015年辽宁地方财政发展现状

（一）辽宁财政收入下滑趋势尚未扭转，总体降幅趋缓

2015年1月，全省财政收入延续了上年的负增长态势，并在接下来的两个月中降幅持续扩大，截至第一季度，全省公共预算收入同比下降30.4%，降幅比1~2月扩大了12.5个百分点，比1月扩大了17个百分点，全省14个市财政收入全部呈两位数以上的负增长。自4月开始，全省财政收入降幅趋缓，收入累计降幅总体收窄，但收入下降趋势仍然没有得到扭转，1~7月，全省公共预算收入同比下降21.7%，降幅比上半年收窄1个百分点，比第一季度收窄8.7个百分点，除去本溪、朝阳、锦州、辽阳和鞍山五市降幅继续扩大外，其余9市降幅均较上半年有所回落，1~8月财政收入再次下滑，全省公共预算收入同比减少529.3亿元，下降22.9%，但降幅扩大程度较小，仅比1~7月和上半年分别扩大了1.2个和0.2个百分点（见图1）。

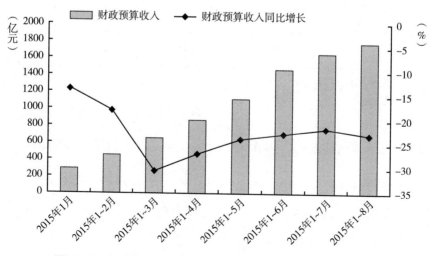

图1 辽宁地方财政预算收入执行情况及同比增长情况

如表 1 所示，2015 年 1 ~ 8 月，辽宁省公共预算收入绝对值为 1777.1 亿元，位居全国第 10 位，与过去十年相比，绝对数额排名下滑两位。从增速排名来看，辽宁省公共预算收入同比下降 22.9%，全国排名垫底，与第一名的上海增速相差 43.2 个百分点，即使与全国平均水平相比，也依然相差 31.8 个百分点。

表1　2015 年 1 ~ 8 月辽宁省公共预算收入与全国及部分省份的比较

单位：亿元，%

地区	公共预算收入绝对值	位次	公共预算收入同比增长	位次
全国	55835.2		8.9	
辽宁省	1777.1	10	-22.9	31
吉林省	826.6	24	1.3	27
北京市	3399.2	6	19.3	2
上海市	4180.5	3	20.3	1
山东省	3801.2	4	9.6	14
江苏省	5311.5	2	10.3	12
安徽省	1739.4	13	11	10
湖北省	1903.9	9	14.4	6
重庆市	1410.7	17	10.9	11
广东省	6151.8	1	16.4	3

资料来源：国家统计局统计数据库。

（二）税收收入结构相对改善，非税收入比重显著提高

2015 年 1 ~ 8 月，辽宁省总体财政收入结构得益于税收收入结构的改善而改善。但非税收入占比波动较为明显，尤其是 6 月出现了非税收入比重的较大幅度上升。

从税收收入结构来看，首先，涉土税收增长幅度以及涉土税收占

全部税收收入比重均连续 8 个月同比回落，根据辽宁省财政厅网站公布的数据来看，1～8 月，全省涉土税收同比下降 51.3%，涉土税收占全部税收收入比重同比下降 12.8 个百分点，涉土税收合计减收额占税收总减收额的七成以上，涉土税收的持续大幅下降，也成为全省财政收入尤其是税收收入持续下滑的主要原因。其次，五大共享税降幅逐渐收窄，1～8 月全省五大共享税降幅比上半年收窄了 3.3 个百分点，共享税占税收收入比重同比提高 12.2 个百分点，甚至在 2015 年 5 月当月实现了国内增值税、企业所得税、个人所得税和房产税的增长。

从非税收入占比来看，2015 年 1～5 月全省财政部门组织的非税收入占比同期降幅逐渐收窄（不考虑 2015 年新纳入公共预算收入的九项基金），至 2015 年上半年，全省财政部门组织的非税收入占比比上年同期提高 4 个百分点，7 月非税收入增幅略有下降，但与上年同期相比，非税收入占比仍提高 2.1 个百分点。

（三）统筹调度资金，有效保障民生等重点支出

受财政减收影响，2015 年 1～8 月辽宁省公共预算支出完成 2973.7 亿元，同比减少 131.6 亿元，下降 4.2%。从图 2 可以看出，尽管辽宁省面临财政收入负增长等困难局面，但财政部门通过积极筹措调度资金、加快财政支出进度、提高资金使用效率等方式，自 2 月以来，财政支出降幅逐月收窄，有效保障了民生等重点支出。

2015 年辽宁省各部门严格遵循中央八项规定和国务院"约法三章"的要求，认真贯彻落实《党政机关厉行节约反对浪费条例》，进一步压缩"三公"经费支出，2015 年辽宁省省本级部门使用当年财政拨款安排的"三公"经费预算为 4.81 亿元，较上年减少 0.54 亿元，同比下降 10.1%。同时，全省为进一步保障民生，在涉及群众利益的教育、科学技术、节能环保、社会保障与

就业、医疗卫生、农林水、住房保障等方面加大支出力度，总体上看，2015 年 1~8 月民生支出占总支出的比重同比提高将近 5 个百分点，增幅比全省公共预算支出总增速高出 6.8 个百分点。

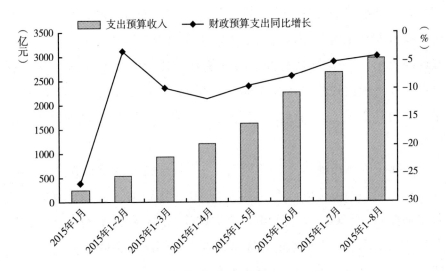

图 2　辽宁省地方财政预算支出执行及同比增长情况

（四）地方债发行，第一批 PPP 融资项目推出

2015 年 6 月 19 日，辽宁省财政厅招标发行了本年度第一批辽宁省政府一般债券，发行总额为 364 亿元，分为 3 年期债券 73 亿元，票面年利率 2.92%；5 年期债券 109 亿元，票面年利率 3.26%；7 年期债券 109 亿元，票面年利率 3.54%；10 年期债券 73 亿元、票面年利率 3.62%。2015 年 8 月 7 日辽宁省财政厅采用定向承销发行置换一般债券和置换专项债券各四期，其中，置换一般债券发行总额为 43.5968 亿元，期限包括 3 年、5 年、7 年和 10 年四种，票面年利率分别为 3.31%、3.67%、3.98% 和 3.99%，发行规模分别为 12.5228 亿元、13.079 亿元、13.079 亿元和 4.916 亿元；置换专项债券发行总额为 17.6871 亿元，期限和票面利率与置换一般债券相同，发行规

模上，3 年期债券为 3.2811 亿元、5 年期债券为 5.673 亿元、7 年期债券为 4.901 亿元、10 年期债券为 3.832 亿元。同时发行的债券还有第一批专项债券两期和第二批一般债券四期，其中，第一批专项债券实际发行 9.5 亿元，包括票面年利率为 5.5% 的 5 年期债券 5.5 亿元和票面年利率为 3.99% 的 10 年期债券 4 亿元；第二批一般债券发行 228.7161 亿元，包括票面年利率为 3.17% 的 3 年期债券 68 亿元、票面年利率为 3.48% 的 5 年期债券 68 亿元、票面年利率为 3.75% 的 7 年期债券 68 亿元以及票面年利率为 3.67% 的 10 年期债券 24.7161 亿元。

为了更好地落实稳增长、促改革、调结构、惠民生、防风险各项工作要求，辽宁省于 2015 年 8 月推出了第一批 399 个政府与社会资本合作（PPP）项目，此次推出的项目投资总额达 3779.3 亿元，其中存量项目 157 个，总投资 1274.3 亿元；新建项目 242 个，总投资 2505 亿元，[①] 投资涉及垃圾污水清理、供水供热供电工程、工业园区建设、安居工程、交通建设、文化体育活动场所建设、生态环境保护、医疗卫生服务、校园建设、城镇化建设等各类准公共产品和服务。

二 2015年辽宁地方财政发展存在的主要问题及原因分析

（一）财政收入负增长，财政收支矛盾尖锐

2015 年 1~8 月，辽宁省财政自给率整体呈下降趋势，如图 3 所示，财政自给率从 2 月开始便下降到 1% 以下，到 8 月底，财政自给

① 《辽宁省第一批 399 个政府和社会资本合作（PPP）项目公告》，辽宁省财政厅，2015 年 8 月 25 日，http://www.fd.ln.gov.cn/zfxxgk/cwgg/gsgg/201508/t20150825_1832032.html。

率仅为0.6%，可见辽宁省财政收支矛盾十分尖锐。

财政收入负增长是财政收支矛盾尖锐的主要原因。首先，2015年经济"新常态"特征更加凸显，经济增速进一步放缓，产业结构转型问题更加紧迫，企业生产经营效益严重下滑。其次，由于投资增速下滑，楼市成交步入"新常态"，相对应的土地相关收入大幅缩水。最后，2015年辽宁省继续延续简政放权、结构性减税和普遍性降费等让利政策，包括普遍减免涉企行政事业性收费、进一步推进营业税转增值税改革，继续全面贯彻落实小微企业各项税收优惠等，使得财政收入不仅增速下降，而且收入绝对值也在下降。按行业来说，许多支柱型行业税收贡献减少，如金融业、装备制造业、钢铁业、批发零售业税收总量分别同比下降3.4%、6.4%、11.4%、14.5%；而房地产业税收比重同比回落2.9个百分点，累计降幅比2014年扩大了12.5个百分点，自2014年2月以来已连续20个月持续负增长；采矿业税收比重同比回落0.9个百分点，累计降幅比2014年扩大了22.9个百分点，自2013年底以来基本为负增长；建筑业税收比重同比回落0.1个百分点，累计降幅比2014年扩大8.5个百分点，自2014年6月以来已连续15个月负增长；住宿餐饮业税收已连续30个月负增长；非金属矿物制品业税收自年初以来持续负增长，目前降幅已比年初扩大了34个百分点。①

此外，在收入负增长的同时辽宁省财政支出却表现出明显刚性，在全面振兴老工业基地过程中，保障民生和经济结构调整作为重中之重，两手都要抓，两手都要硬。从总体上看，辽宁省现阶段财政收入面临着制度性和非制度性双重收缩压力，财政支出则面临着制度性和非制度性双重扩张压力，由此拉大了收支缺口、加剧了收支矛盾。

---

① 《2015年1~8月份全省财政预算执行情况》，辽宁省财政厅，2015年9月6日。

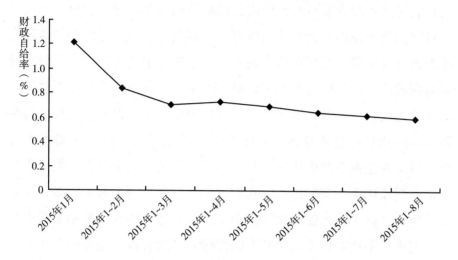

图3 辽宁地方财政自给率

（二）社会需求转变较快，财政支出结构不尽合理

随着市场经济体制的不断完善和政府宏观调控的需要，辽宁省不断优化财政支出结构，规范财政支出管理，然而鉴于人们对政府社会职能的需求以及当前宏观经济形势的变化，人们的基本需求标准逐步提高，企业的发展需求也逐步扩大，且两者转变的速度均快于政府职能的转变速度，因而辽宁省财政在支出方面仍然存在着"越位"与"缺位"现象，财政支出结构的不合理既表现为物力与人力资源配置的内部结构不合理，同时也表现为城乡间、地区间的多维外部结构不合理。

在经济建设支出方面，仍然存在着财政资金挤占本该由市场去操作的领域的问题，财政资金尚未全部从自我发展的竞争性和经营性领域退出；支农支出对农田水利建设支出多，直接给予农民的补助少；科技支出条块分割、资源配置碎片化问题突出。在教育支出方面，辽宁省财政对高等教育投入的比重过大，对基础教育资金投入不足，尤其是农村义务教育实行乡财政或县财政负担体制，导致农村义务教育经费普遍低于城市；另外普通教育、职业教育、成人教育和特殊教育等方面也存在资金分配比例失调问题。在医疗卫生支出方面，财政对效益回收快的医院体系投入多，对卫生防疫这种难以看到显著效果的事业投入较少。辽西北地区教育、医疗卫生和公共设施财政投入与沈阳经济区和沿海经济带地区相比都存在明显差异。社会保障支出方面，城镇养老保险和医疗保险基本实现了制度上的全覆盖，但离实现人员全覆盖还有一定的距离。在农村，社会保障制度起步较晚，基础较为薄弱，除了养老保险和医疗保险外，其他保险项目基本上都没有建立起来，不论是城乡居民基本医疗保险补助标准，还是城乡居民基础养老金标准以及企业退休人员基本养老金标准均处于较低水平。可见，财政支出结构尚未满足社会快速扩大的需求，影响了财政支出效果。

（三）地方债中标利率上浮明显，部分债券发行出现流标

2015 年辽宁省地方债发行进程已经过半，而在 2015 年 8 月 7 日公开招标发行的四种债券中，均出现了各期限债券利率较区间下限明显上浮情况，其中 10 年期专项债券发行还出现流标。

具体到债券利率方面，中标利率全线高于投标区间下限至少 20 个基点，是 2015 年地方债启动公开发行以来中标利率与下限利差最大的一次[①]，与 2015 年 6 月发行的第一批辽宁省政府一般债券中标利率相比，3 年期债券中标利率高出 25～39 个基点，5 年期债券中标利率高出 41 个基点到 2.24%，7 年期债券中标利率高出 21～44 个基点，10 年期债券中标利率高出 5～37 个基点；具体流标债券方面，辽宁省在招标发行的第一批专项债券中，设置了计划发行规模均为

---

① 《中国地方债发行首现流标辽宁让人大跌眼镜》，《华尔街见闻（上海）》2015 年 8 月 7 日。

5.5亿元的5年期和10年期两期债券，但10年期债券即使在票面年利率达到中标区间上限3.99%的情况下仍然没有招满，最终实际发行面值4亿元，是地方债发行四年来首次出现流标。据辽宁省文件披露，此次流标的专项债券的募集资金主要是用于投向辽宁省三条高速公路BT（建设—移交）项目，未来将以高速公路通行费收入和中央燃油税返还资金来偿还。

本次地方债中标利率明显上浮及部分债券出现流标可能与多种因素相关。首先，辽宁省经济增速与财政收入增速双下行，并且在未来一段较长的时间内没有较大的上升空间，尽管第三方机构对辽宁省政府发行债券的信用评级为AAA，但显然在承销方心中其并没有达到如此高的等级。其次，目前地方债供应充足，导致银行承受能力下降，因而在地方债发行过程中，政府将地方债与财政存款和地方项目挂钩，而辽宁省财政存款相对集中，部分没有分配到财政存款的银行更改了标位，使得本次地方债发行利率上浮和部分债券出现流标。此外，本次辽宁省地方债中标利率的上浮和流标还可能与当地政府与银行沟通不畅、发债技术操作存在瑕疵有关。[1]虽然本次发债利率走高并出现部分流标预计不会成为近期地方债发行的新趋势，但也反映了辽宁省财政对地方债操作尚不成熟。

三 加快完善辽宁地方财政体系

（一）盘活财政存量资金，加强财税收入管理

盘活财政存量资金，加强财税收入管理是当前宏观经济形势下我国加强财政建设的重要举措，各级财税部门都应当按照国家和财政部的要

---

[1] 《市场不买账辽宁地方债部分流标》，《第一财经日报》2015年8月10日。

求认真完成，并以此作为契机，建立规范财政资金管理的长效机制。

首先，进一步推进全面盘活存量资金工作，在全面摸清各地区、各部门的存量资金情况的基础上，进一步加大对财政结转结余资金和国库占压资金的清理力度，区分各类预算结转结余资金，将不同类别的结余资金按照不同的方式纳入统筹管理，同时加强对财政专户的规范管理，全面清理存量财政专户。盘活的存量资金应当按照规定统筹落实在本省稳增长、惠民生的关键领域，以切实提高资金使用效率，充分释放积极财政政策的有效作用。

其次，在确保"不收过头税、不寅吃卯粮"的基础上，切实提高财税收入征管能力，强化财税征管责任，及时查补财税征管漏洞，在积极营建良好纳税氛围的同时加强对偷漏税等行为的惩治。另外，各级财税部门还应当加强本部门之间及本部门与工商、银行等其他部门之间的信息共享及协同合作，在实事求是的原则上，保证依法征收、应收尽收。

（二）优化财税收入结构，提高财税收入质量

随着经济"新常态"的深入发展，只有优化财税收入结构、提高财税收入质量，才能从根本上有效保障财税收入的稳定增长。

第一，进一步优化税制结构，完善地方税体系。一方面，辽宁省应当根据自身区域特点及国际经验尽快确立地方主体税种，目前可供考虑的主体税种主要有资源税和房产税。资源税部分税目实行从价计征加之辽宁省内资源丰富，所以有希望成为辽宁省的主体税种；而房产税的地域性特征及其具备的不可流动性使其也有条件成为辽宁省的主体税种，相关部门应为房地产税的征收创造条件，例如建立健全不动产登记制度以及房地产价值评估机制等。另一方面，辽宁省应当依据经济社会发展水平，及时对资源税、车船税、契税等地方税种进行调节，从而促进经济发展。

第二，进一步加强税源培植，优先扶持税源可持续增长产业。辽宁省应当努力挖掘第二产业潜力、培植第三产业财源，大力扶持新兴产业、高新技术产业、服务业等税源增长潜力大的产业。从辽宁的实际情况出发，以传统产业拉动新兴产业，如通过传统装备制造业发展带动相关上下游企业快速发展。重点引进能够优化全省经济结构以及税收贡献率大的企业，积极引导民间投资和个人创业，培养总部经济，通过有效带动辽宁省经济发展，形成新的税收增长点。

第三，进一步规范非税收入，全面提升政府理财水平。当前，应加快推进非税收入立法工作，辽宁省政府应结合自身情况颁布地方法规，实现非税收入有法可依，各级财政部门要加强对非税收入的统一管理，明确审批权限，严格审批管理，加强审批监督，清理现有项目，将非税收入控制在合理的范围内。

（三）优化财政支出结构，提高财政支出效益

当前我国经济社会发展向成熟中国特色社会主义市场阶段过渡的进程，决定了现阶段及未来一定时期内，辽宁省需要着重优化财政支出结构，提高财政支出效益。

第一，压缩行政管理支出，从严控制行政性消费，在强化"三公"经费、行政经费等一般性支出预算约束的同时转变政府职能，深化机构改革，减少职责同构现象，控制公务员编制，切实提高行政管理支出效率。

第二，创新资金分配方式，优化经济建设支出，增大经济建设支出中的基础设施和关乎国计民生的公益性支出的投资比重，严格控制公共资本向一般竞争性领域流动。通过财政补助、财政贴息、股权投资等多种资金分配方式的配合和创新使用，加大对新能源、新材料、高端装备制造业、生产性服务业等行业的扶持力度；加快设立辽宁省现代服务业发展引导资金，配合专项资金，重点扶持服务业集聚区和

公共服务平台建设，推动服务业快速发展。

第三，保障民生支出，健全民生项目科学决策机制，将民众的需求和偏好作为财政支出的基本导向，通过建立能够充分反映民意的民生项目听证制度，开展民生支出绩效评价，提高民生支出效率，防止出现无效民生支出。在民生支出中要坚持按照"保基本、补短板、兜底线"的原则，优化科教文卫、社保、环境等各方面的民生支出结构，确保民生需求，促进民生改善。

（四）加强政府债务管理，积极化解债务风险

面对目前大规模的地方债务，辽宁省必须加强政府债务管理，积极化解债务风险。

首先，逐步分类化解地方存量债务，对具有一定收益的债务，可以通过 PPP、项目收益债、资产证券化等方式将其转化为普通企业债；将公益性平台举借的政府负有偿还责任的债务，置换为地方债券，并在日后安排一般预算资金或地方国有资产收益或其他产权收益进行偿还，此外，还可以通过债务重组、核减债务等过渡性方式来化解存量债务。[①]

其次，辽宁省在自发自还地方债券时，一定要严格遵守发债原则，明确地方政府发行债券的权限，合理设置并严格控制新增债务规模，切实规范融资、使用、偿还的全过程管理，突出强调"谁举债谁负责"，地方债由地方政府自己发行、自己偿还。无收益的公益性项目资金用一般债券融资、预算收入偿还；有一定收益的公益性项目资金用专项债券融资、政府性基金或专项收入偿还；不得为非公益性项目融资，地方融资平台不得再为政府融资。

[①] 《财政部如何化解地方债危机》，光明网—经济频道，2015 年 3 月 12 日，http：//economy. gmw. cn/newspaper/2015－03/12/content_ 105093662. htm

最后，建立健全风险监控机制，尤其要加强辽宁省地方人大的审查监管作用，对于需要发债的重大建设项目，地方财政要在预算中列入还本付息科目，并将预算及项目建设的必要性和可行性报同级人大审批。

四 2016年辽宁地方财政发展形势展望

（一）从财政收入角度来看，2016年辽宁地方财政收入有望企稳向好

从财政收入角度来看，2016年，受经济向好发展形势带动，辽宁省财政收入有望企稳向好。

经过2015年前三个季度的发展，全省经济在提质增效中呈现向好发展趋势，在新一轮的全面振兴辽宁老工业基地改革中，随着营商环境的不断改善，市场将迸发出新的活力。2015年上半年全省规模以上工业增加值、固定资产投资等指标就已经开始出现回升或降幅收窄态势，中储粮东北综合基地项目、万达广场、罕王微电子、中德装备园产业基地、英特尔大连工厂转产等众多项目纷纷落户辽宁，截至2015年8月末，仅沪企在辽宁签约合作的重大项目就累计完成投资736亿元。与过去不同，2015年辽宁省政府在引进与建设项目时更加注重项目是否对辽宁省经济长远发展和结构转型调整具有拉动力，从而为辽宁未来经济又好又快发展打下良好基础。根据《辽宁省新型城镇化规划（2015~2020年）》布局，2016年辽宁省新型城镇化发展进程将进一步加快，国内市场潜力进一步释放，消费升级，服务业加快发展、逆势而上，辽宁省将涌现更多的小型电商企业及网店、"互联网+"等新业态发展模式，个人创业也将迎来黄金时代。此外，随着"一带一路"开放机遇的深入发展，辽宁省加快了走出去

的步伐，通过依托三条海陆大通道及 9 个海外园区建设，有效推进全省国际产能和装备制造业合作的海外拓展进程。经济向好发展必然推动财政收入水涨船高，从 2015 年 1～8 月的财政收入走势来看，2015年下半年辽宁省财政收入降幅将继续收窄，预计到 2016 年上半年，有望企稳回升。

（二）从财政支出角度来看，2016年辽宁地方财政支出融入新方式但支出压力可能仍然较大

随着 PPP 模式的大力推广，辽宁省地方财政投资性支出融入了新的方式。PPP 模式致力于政府和社会共同投资参与准公共物品的建设，相比传统的 BOT、BT、BOO 等方式，PPP 模式更能够变"政府主导"为"政府引导"、变"行政性分配"为"市场化运作"、变"直接补贴"为"股权投资"，更加有效地增强地方政府的投资能力，降低其建设成本和财政风险，充分发挥财政资金的引导和放大效应，提高资金的使用效益。截至 2015 年 10 月，辽宁省共推介 399 项政府与社会资本合作（PPP）项目，可以看出，辽宁省有望在 2016 年逐步落实并推介更多合适的 PPP 项目。

虽然 PPP 项目能够有效缓解政府财政压力，但 PPP 仅适用于准营利性项目、非营利性的纯公共物品以及难以被市场看好的收益小、投资回收周期长的公共物品依然要靠政府来提供。此外，还有民生支出，预计到 2016 年，工资、基本养老金补助、社会救济支出、公共卫生支出、教育支出等公共福利支出还需政府的大力投入。对辽宁省来说，还要确保经济结构调整支出，包括扶持企业科技创新驱动支出、促进装备制造业转型升级支出、农田水利设施建设支出等，如果这些支出不足将使得辽宁省很难走出"仅仅依靠投资而非依靠良好产业结构来促进经济增长"的困境。从而我们预计，未来一年辽宁省财政支出压力仍然很大。

（三）从财政管理角度来看，2016年预算体制改革进一步深化，财政透明度建设有望进一步提升

受全省当前错综复杂的经济社会发展环境影响，财政可持续发展面临诸多挑战，2016年辽宁省将继续深化预算管理体制改革，不断完善本省预算管理体制，统筹预算安排。未来辽宁省将进一步加强全口径预算编制管理，加大四本预算统筹管理力度，并进一步细化预算编制，健全预算支出标准体系，增强预算编制的完整性、科学性和有效性。2016年作为第一轮三年滚动中期财政规划（2016~2018）的第一年，各部门将依据当前从紧的财政状况，按照零基预算和有保有压原则，科学合理地编制2016年部门预算和中期财政规划。此外，2016年辽宁省还将全面提升省本级预算绩效管理水平，从编制2016年预算开始，预算绩效将按照预算项目特点实行差别化管理，同时进一步细化量化预算绩效目标编制，做实重点支出绩效评价，严格审核绩效目标，如果审核不通过不予纳入预算编审流程，改进聘用第三方机构参与绩效评价方法，进一步强化对预算绩效的监管。众所周知，财政透明度是提高效率、保障财政公平的重要前提。随着预算改革的进一步完善，不仅预算编制会更加细致，预算编制、执行和决算等整个财政运行过程也将进一步公开，更多的财政资金使用部门将参与到预算公开中来，公开的内容及数据也将更加翔实和完整，特别是预算绩效管理水平提升后的信息公开，将大大增加财政透明度，随着地方债务的甄别和公开以及地方债务逐步被纳入全口径预算管理工作的推进，2016年辽宁省财政透明度有望实现较大幅度的提升。

参考文献

辽宁省财政厅：《辽宁省第一批399个政府和社会资本合作（PPP）项

目公告》，2015 年 8 月 25 日，http：//www. fd. ln. gov. cn/zfxxgk/cwgg/gsgg/201508/t20150825_ 1832032. html。

辽宁省财政厅：《2015 年 1～8 月份全省财政预算执行情况》，2015 年 9 月 6 日。

《中国地方债发行首现流标辽宁让人大跌眼镜》，《华尔街见闻》2015 年 8 月 7 日。

《市场不买账辽宁地方债部分流标》，《第一财经日报》2015 年 8 月 10 日。

《财政部如何化解地方债危机》，光明网—经济频道，2015 年 3 月 12 日，http：//economy. gmw. cn/newspaper/2015－03/12/content_ 105093662. htm。

B.15
"一带一路"战略下打造辽宁省
对外开放新格局

陈 岩*

摘　要： 辽宁省作为中蒙俄经济走廊的重要载体和东北亚区域合作
的重要平台，拥有符合"一带一路"战略发展的区位地理
优势、沿海港口优势、通道建设优势、产业对接优势和发
展空间优势等。但同时辽宁省融入"一带一路"战略也面
临着俄罗斯的远东开发前景问题、俄蒙基础设施建设严重
滞后、周边国家国内的民族主义问题等挑战。辽宁省打造
对外开放新格局的举措是建设自由贸易区、拓展对外贸易
合作范围、创新产业合作方式、建设境外工业园区等。

关键词： "一带一路"　对外开放　辽宁

2013年9月和10月，习近平主席在出访中亚和东南亚时提出了
"一带一路"发展战略。辽宁省作为中国东北地区沿海沿边省份，地
处东北亚中心地带，无论是从区域自身条件分析还是从地理位置分
析，都有诸多优势参与"一带一路"发展战略。充分发挥自身优势，
积极融入国家"一带一路"战略，是辽宁省实施外向牵动战略的必
然要求，更是打造连接东欧、西亚和东南亚互联互通的交通路线，促

---

* 陈岩，辽宁社会科学院产业经济研究所助理研究员，主要研究领域为比较经济、国际问题。

进中国与周边国家合作，开展经贸往来，打造辽宁省对外开放新格局
的需要。

一 辽宁省融入"一带一路"战略的发展环境

（一）国际环境变化

一是政治安全领域。2009 年美国提出亚太再平衡战略，随着中
东军事转移，乌克兰危机、欧洲叙利亚难民危机的加重，美国不断强
化美日军事同盟，将战略重点放在亚洲秩序的重构和调整上。二是世
界经济领域。国际经济金融秩序面临结构性重组。2015 年，国际能
源市场价格、国际货币汇率变化明显。国际市场油价暴跌，由 100 美
元/桶下降至 50 美元/桶；受乌克兰危机和西方制裁影响，俄罗斯卢
布大幅度贬值。截至 2015 年 11 月 5 日，1 美元可以兑换 62 卢布。三
是跨太平洋伙伴关系协定（以下简称 TPP)[①] 所带来的挑战。2015 年
10 月 5 日，包括美国、日本共计 12 个参与国结束 TPP 谈判，达成
TPP 贸易协定。12 个参与国经济总量加起来约占世界经济的 40%。
TPP 涵盖了关税、投资、知识产权、食品安全、竞争政策、政府采购
等多个领域，并且在政府采购、知识产权、环境保护、劳工权益等方
面设置了高标准要求。

（二）国内环境变化

一是调整经济结构，鼓励优势产能输出。受全球经济疲弱增长影

---

① 跨太平洋伙伴关系协定（Trans‐Pacific Partnership Agreement），也被称作"经济北约"，是
目前重要的国际多边经济谈判组织。由亚太经济合作会议成员国中的新西兰、新加坡、智
利和文莱四国发起，从 2002 年开始酝酿的一组多边关系的自由贸易协定，原名亚太自由
贸易区，旨在促进亚太地区的贸易自由化。

响，2015 年中国经济增速放缓，下行压力较大，消费、投资和净出口增速均有不同程度的下降。2014 年，中国外贸形势疲软，增速放缓。进出口总值约 4.3 万亿美元，其中，出口 2.3 万亿美元，进口 1.96 万亿美元。相比 2013 年，进出口总值、出口和进口增速分别下降 4.15 个、1.72 个和 6.84 个百分点。① 同时，对外直接投资保持稳定增长，2014 年新增对外直接投资 1029 亿美元，同比增长 14.1%。在"一带一路"战略的推动下，鼓励我国优势富余产能输出，支持企业"走出去"，培育企业参与国际竞争的优势，有利于调整我国经济结构，拓展企业发展空间，促进经济健康稳定增长。

二是协同优化区域经济环境。近年来，随着我国经济的快速发展，国内区域经济发展不平衡，东西部差距较大，产业结构雷同，协同发展机制不健全。"一带一路"战略将进一步优化我国的区域经济发展格局，推动东西部协同发展。在进一步推动东部地区深化发展的基础上，提升西部地区内陆开放水平，加快西部地区开发开放步伐，进而构建良好的区域经济发展环境。

二　辽宁省融入"一带一路"战略的优势

（一）区位地理优势

作为东北地区沿海沿江沿边省份，辽宁省地处东北亚中心地带，位于通向东北亚地区进出海口的交通枢纽位置，是连接欧亚大陆桥的重要出海口和中蒙俄经济走廊的重要载体，为东北地区融入"一带一路"战略发展提供了交通支持。丹东作为国家设立的重点开发开放试验区，中朝合作的主要通道，是国家构建全方位开放新格局

---

① 徐洪才：《中国 2015：经济形势分析、展望与建议》，《光明日报》2015 年 3 月 11 日。

"一带一路"战略的重要组成部分之一。在紧邻丹东的黄金坪和威化岛，中国已经与朝鲜建立了合作区，这是辽宁省所独有的区位优势。营口作为"一带一路"的交会点，已开通了营口—满洲里—莫斯科的直达班列和营口—仁川航线。通过海铁联运，向北打通了欧亚大陆桥运输通道，到达俄罗斯和欧洲地区；向东、向南对接了"海上丝绸之路"，可以辐射日本、韩国、东南亚等，区位优势十分明显。2015年上半年，营口港经满洲里出境的国际集装箱量占东北各港的93%、占满洲里口岸整体出境量的47%，居全国沿海港口首位。① 大连凭借邻近日韩和国家"一带一路"战略东端的桥头堡优势，加上区域内完善的交通基础设施，成为我国面向东北亚区域开放合作的制高地。

（二）沿海港口优势

辽宁省拥有独特的港口资源，拥有宜港岸线1000多公里，优良商港38个，大小港湾40余个。辽宁省沿海港口群拥有100多条国际国内航线，覆盖全球300多个港口和地区，承担着东北地区98%的外贸货物进出口，具备推动东北地区开发开放与国家"一带一路"战略建设深度融合的口岸优势。目前，辽宁省已形成以大连、营口为主要港口，丹东、锦州为地区性重要港口，盘锦、葫芦岛等为一般补充港口的格局。② 其中，大连港作为东北地区最重要的综合性外贸口岸，是我国仅次于上海、秦皇岛的第三大海港。作为我国南北水陆交通运输枢纽和重要国际贸易港口之一，大连港现有港内铁路专用线150余公里，现代化专业泊位80来个，其中万吨级以上泊位40多个。大连港是转运远东、南亚、北美、欧洲货物最便捷的港口，东北三省

---

① 张继驰：《营口港新使命亚欧大陆桥新桥头堡》，《辽宁日报》2014年8月19日。
② 韩永刚：《辽宁港口成为沿海经济带的重要支撑》，《辽宁日报》2012年4月23日。

90%以上的外贸集装箱均在大连港转运。营口港作为东北及内蒙古东部地区的重要出海口，是国内铁路距离满洲里运距最短的大型港口，符合成为"一带一路"战略支点的条件。营口港航运业务已经涵盖全球50多个国家和地区的140多个港口。营口港现已开通十多条国际集装箱班轮航线通往韩国、日本和东南亚等国家和地区，开通多条内支线中转世界各港口。锦州港作为中国渤海西北部400多公里海岸线上的唯一全面对外开放的国际商港，是距离中国东北地区中西部、内蒙古东部、蒙古和俄罗斯西伯利亚及远东地区最近的进出海口。

（三）通道建设优势

目前，辽宁省积极进行三大通道建设，即以大连港为海上起点，过南海经印度尼西亚、辐射南太平洋区域和经白令海峡到欧洲的北极东北航道的海上通道重要支点（辽海欧）建设；以大连、营口港为起点，以辽鲁陆海甩挂运输大通道为主要干线，整合两个港口功能，实现货物相互转运的大连、营口—满洲里—俄罗斯—欧洲的（辽满欧）物流大通道建设；以锦州港、丹东港为起点，至蒙古国乔巴山的铁路出海通道，并到达欧洲的（辽蒙欧）蒙古出海大通道建设。[1]辽宁省通过"三大通道"促进跨境物流发展，进而带动贸易和投资发展。将东北地区的机电产品、华南华东地区的轻工业产品、日韩地区的电子产品，转运到俄罗斯和欧洲地区。在密切与东北亚国家经贸合作的同时，开展与"一带一路"战略沿线国家的经贸往来。

（四）产业对接优势

作为工业大省，辽宁省拥有比较完整的产业体系，形成了比较完备的技术门类和现代化工业体系。辽宁具有优势的行业有装备制

---

① 《"一带一路"战略统领辽宁省新开放》，《国际商报》2015年3月23日。

造、建材、电力、化工、冶金和农产品加工等。这些行业基础设施比较完备，科技实力强，人力资源丰富，具备优势产能转移的基础。"一带一路"沿线国家自然资源丰富，辽宁可利用自身产业优势重点参与能源和矿产资源开采开发、交通运输等领域的工作。比如，大连重工起重集团利用自身优势积极开发俄罗斯、蒙古以及中亚、东欧等"一带一路"沿线国家市场，重点推广港口、矿山的运输、起重机械等成套项目。沈阳机车公司和大连机车公司作为世界最大的轨道交通装备制造商——中国中车旗下的骨干企业，积极参与"一带一路"互联互通基础设施建设，将中国高铁技术更好地推广到海外。沈阳远大集团与中铁九局联手在哈萨克斯坦成立了联合工作站，共同参与当地的铁路、房建等工程建设。积极鼓励辽宁企业走出去，发挥产业对接优势。通过技术、设备、产能的输出，在世界范围内进行资源和价值链的整合，有利于促进辽宁省水泥、钢铁等原材料及商品输出，进一步化解辽宁省产能过剩问题，优化产业结构，促进产业结构转型升级。通过实施"走出去"发展战略，积极参与国际竞争，扩大辽宁省企业在国际市场上的占有率和影响力，开发产业发展空间。

（五）发展空间优势

辽宁省毗邻京津冀地区，产业互补优势明显，与京津冀协同发展的空间极大。一是可以将辽西地区打造成承接京津冀地区产业转移、富余劳动力转移输出及能源、优质农副产品供应基地。二是可以积极参与中关村国家自主创新试点，依托创新驱动战略，大力发展与辽宁省资源优势相吻合，技术含量高、附加值高的战略性新兴产业。大力培育辽宁省新的经济增长点，推动东北老工业基地的全面振兴。三是在能源、交通、公共服务和环境治理等方面与环渤海地区开展合作，推进辽宁省西部与蒙东区域一体化发展。

三 辽宁省融入"一带一路"战略面临的挑战

（一）俄罗斯远东开发战略的前景问题

受乌克兰危机影响，俄罗斯的发展重心逐步由欧洲转向亚洲。由于历史、自然条件等原因，俄远东地区基础设施落后，经济实力和发展速度远远落后于西部发达地区，经济发展相对滞后，人力资源匮乏。未来俄罗斯对远东地区开发开放的扶持力度，将在很大程度上影响中蒙俄合作的发展方向及"一带一路"战略的顺利实施。

（二）俄蒙基础设施建设严重滞后问题

由于历史、自然条件等原因，俄罗斯远东地区和蒙古基础设施建设陈旧落后。目前，俄罗斯远东地区仅有两条铁路交通线路——西伯利亚大铁路和贝阿干线。2013 年远东地区铁路运营总长度为 8475 公里，运送货物 5.97 千万吨，运送乘客 1398.4 人次。硬质公路总长度为 54302 公里，货运量为 1.54 亿吨，客运量为 4.75 亿人。① 蒙古国仅靠乌兰巴托铁路开展对外运输。落后的基础设施增加了矿产品、能源等的生产成本，阻碍产品出口，影响产品的国际竞争力，进而严重制约了中蒙俄之间贸易活动的开展。

（三）周边国家国内的民族主义问题

随着中国经济实力的不断增长，国家综合国力的增强，中国"威胁论"的声音不绝于耳，周边国家担心中国的日益强大将威胁自身的安全。

---

① 邹秀婷：《俄罗斯远东联邦区经济和社会发展研究》，《2015 "一带一路"与"欧亚经济联盟"对接暨第二届中俄经济合作高层智库研讨会论文集》，哈尔滨，2015 年 10 月，第 161 页。

因此经常对中国的平等、共赢倡议持有怀疑态度。与此同时，部分中国企业在国外投资建厂过程中，由于自身资质不足，缺乏对当地环境的保护意识、缺乏对当地民风民俗的了解和尊重意识等，部分国家的民众存在反华民族主义情绪。这种民族主义思绪将严重阻碍"一带一路"战略的有效推进和辽宁企业参与"一带一路"建设的主动性和积极性。

（四）基础设施建设资金缺口大问题

根据世界经济论坛的评估，"一带一路"沿线有竞争力数据的54个国家中，仅有四个国家（新加坡、阿联酋、克罗地亚、斯洛文尼亚）基础设施竞争力指数高于综合基础竞争力指数。基础设施建设的资金缺口较大。据亚洲开发银行估计，2010～2020年，亚洲基础设施投资需求为8000亿美元，而亚洲开发银行能提供的贷款仅为200多亿美元。

（五）各国规划协调对接困难问题

由于"一带一路"沿线国家正处于政治社会转型时期，宗教、文化、社会矛盾交织，政治风险大，大国间博弈更加剧了地区局势的复杂性。此外，沿线国家经济发展水平、人口环境存在差异，社会发展重点不同，"一带一路"战略的发展涉及不同国家之间的政策对接、制度协调和利益博弈。

四 辽宁省打造对外开放新格局的对策建议

（一）积极建设自由贸易区

自由贸易区通过提供优于世贸组织最惠国待遇的贸易和投资待遇，帮助自贸区成员减少贸易成本，促进市场竞争。融入参与"一带一路"战略，辽宁省需要进一步扩大对外开放水平。沈阳作为副省级城市、辽宁经济发展的龙头、东北地区技术水平的制高地，在东北振兴中起着重要的作用。大连作为东北地区最大的外贸口岸和物流平台，承担着大量的海运和集装箱运输任务。积极整合沈阳、大连的资源，共同申报沈阳和大连自贸区，可以进一步扩大辽宁省对外开放水平，拉动东北地区经济发展。此外，营口港也在积极筹划加入中韩自由贸易区，丹东大力建设国家重点开发开放试验区，积极打造东北亚战略新高地。自由贸易区的建设，有利于辽宁省实行更加灵活的自由贸易政策，扩大与周边国家的经贸往来，进而带动辽宁省与"一带一路"沿线国家开展国际贸易。

（二）拓展对外贸易合作范围

2015年，在"一带一路"战略的推动下，辽宁省积极与沿线国家拓展进出口贸易。在深化中韩日俄蒙固有贸易的基础上，巩固东盟市场，开拓俄罗斯市场，大力开辟东欧市场。一是优化辽宁省与东盟之间的贸易结构，积极培育新的贸易增长点。在重点发展鞍钢、本钢、五矿中板、中粮麦芽和营口千祥等企业的基础上，进一步扩大钢板、铝材、服装、轮胎等产品的出口，同时加大橡胶、水果、化工等产品的进口力度。[①] 二是大力推动辽宁省与俄罗斯贸易的全面开展。利用地缘优势，加大对俄罗斯远东及西伯利亚地区的投资力度，以投资带动贸易的发展。通过在远东地区中心城市开设公司、建立生产基地、搭建跨境电子商务平台等形式，在远东地区销售服装、鞋帽、电子设备、汽车及零部件、食品等商品，在此基础上逐步开发其他州区的市场，推动对俄贸易的全面展开。三是，借助政府间友好省州的关系，积极开发利用中东欧市场丰富的自然资源和人力资源。逐步扩大辽宁省对

---

① 《"一带一路"战略统领辽宁省新开放》，《国际商报》2015年3月23日。

中东欧市场的出口，比如陶瓷、纺织品、工具和玩具等；同时加大对中东欧产品的进口，比如化工产品、有色金属、机械和医药品等。

（三）创新产业合作方式

《国务院关于近期支持东北振兴若干重大政策举措的意见》中提出，扶持东北地区轨道交通、高档机床等优势装备走出去。2015年，俄蒙和中东欧市场被确定为辽宁省"走出去"工作的重点开拓区域。辽宁省通过大力建设境外工业园区，引导企业创新走出去方式。首先，创新能源合作方式。利用俄罗斯、蒙古等国丰富的资源优势，因地制宜，与当地企业联合开发石油、天然气、煤炭、铁矿、有色金属等资源。在境外加工区初步完成产品的采掘、提炼等初加工工作，以减少运输过程中增加的生产成本，在境内加工区完成产品的深加工和能源转化工作，以逐步完善产业链的发展和延伸。其次，以资本输出带动产能输出的方式融入"一带一路"战略。依托境外资源，在境外投资建厂，带动辽宁省相关产品出口，进而打造面向国际市场的产业加工基地。将辽宁产品、技术标准以及管理模式同时对外输出，将辽宁省装备制造业等产业优势与沿线国家的资源优势进行优化组合，使企业在享受成本和产业优势的同时，享受政策"红利"。

（四）建设九大园区，带动优势产业发展

在"一带一路"沿线国家中，辽宁省的企业将主要开拓俄罗斯远东地区和蒙古以及欧美、日韩高端市场等几大区域。依据自身在技术、产业等方面的优势，在"一带一路"沿线重点建设9大工业园区，其中沿"一带"方向重点推进俄罗斯巴什科尔托斯坦石化工业园、中俄尼古拉商贸物流保税园区、哈萨克斯坦远大建材产业园、蒙古霍特工业园、塞尔维亚汽车产业园、辽宁省罗马尼亚麦道工业园等6个境外工业园区建设；沿"一路"方向重点推进印尼辽宁省镍铁工

业园、印度特变电综合产业园、纳米比亚黄海汽车组装物流园 3 个境外工业园区建设。[①] 通过境外工业园区的建设，积极参与俄蒙和中东欧地区的开发建设，努力承揽沿线国家公路、港口、机场等基础设施开发项目，大力开展资源类投资合作项目。

（五）打造东北亚国际物流枢纽区

首先，依托中蒙俄经济走廊，辽宁省加快推进三大通道建设。建设贯穿南北、连接亚欧大陆，贯通中蒙俄经济走廊的东北亚综合国际物流枢纽区。其次，整合大连港与省内其他沿海港口群资源。合理规划各港口之间的分工，加强功能型港口基础设施建设，协同发展，共同建设面向东北亚的国际进出海通道。再次，组建区域性物流联盟。加强海陆综合交通枢纽建设，扩大东北地区海铁、海路联运能力，形成具有较强集聚辐射能力的物流产业集群，积极建设连接南北，面向蒙俄、东北亚的现代物流基地。最后，大力提升物流服务功能。积极推进国际物流中心的软硬件建设，增强港口服务功能，提供便捷服务，一站式通关，努力打造东北亚物流服务的综合枢纽。

参考文献

《辽宁省人民政府办公厅关于贯彻落实"一带一路"战略推动企业"走出去"的指导意见》，辽宁省省政府网站，2015 年 2 月 16 日。

《辽宁省制定参与国家"一带一路"建设方案》，人民网，2015 年 1 月。

《辽宁省：向"一带一路"沿线五大区域要市场》，《辽宁日报》2015 年 6 月 22 日。

---

① 刘朝霞：《辽宁"一带一路"布局进入实质阶段》，中国商务新闻网，2015 年 3 月 25 日。

B.16
辽宁参与信息"丝绸之路"建设研究[*]

谢 鹏[**]

摘　要：　"一带一路"是中国新时期对外开放新战略。辽宁凭借自身在信息领域的技术和人才优势，建设以透彻的感知、自由的互联、深入的智能、可信的安全为内涵的信息"丝绸之路"，有利于辽宁老工业基地振兴发展，符合中央对辽宁在新时期提出的使命任务的总体要求。辽宁建设信息"丝绸之路"既有沿线国家提升信息化水平需求迫切、稳定资金支持、历史渊源和人文基础深厚、顺应国家信息化与工业化融合战略、助力中蒙俄经济走廊建设以及技术和人才优势明显等有利条件，也有地区局势不够稳定、面临安全审查、地方财政资金紧张等不利因素。因此，辽宁应全面、客观地衡量各方面因素，从制定总体建设规划、设立专项扶持基金、推动建立中—东北亚信息走廊基地和"丝路信息化指数"数据库等方面入手，建设覆盖"一带一路"全域的信息"丝绸之路"。

关键词：　信息"丝绸之路"　网络信息国度　中蒙俄经济走廊　丝路信息化指数

---

[*] 本文为天津市哲学社会科学研究规划项目"中国传统政治思想资源与推进国家治理现代化的关系研究"（TJJZ15-010）的阶段性研究成果。
[**] 谢鹏，中国电子科学研究院管理研究中心，法学博士。

2013 年 9 月和 10 月，习近平主席在出访中亚和东南亚国家期间，先后提出了共建"丝绸之路经济带"和"21 世纪海上丝绸之路"（以下简称"一带一路"）的倡议，该倡议是中国主动应对全球形势深刻变化、统筹国际国内两个大局做出的新时期对外开放新战略，是为实现中国经济社会整体协调发展而做出的战略部署，使昔日的古丝绸之路焕发了新的生机活力。"一带一路"战略秉持共商、共建、共享原则，实施起来将是一项长期的、复杂的系统工程。规划启动初期应将建设以"信息直通"为目标的信息"丝绸之路"作为优先发展方向，通过提升"一带一路"沿线国家的信息化水平，来为实现政策沟通、设施联通、贸易畅通、资金融通、民心相通（以下简称"五通"）奠定基础并提供技术支撑。

一 信息"丝绸之路"建设的内涵与战略意义

"20 世纪 80 年代，以计算机技术、通信技术为代表的现代信息技术已取得突破性进展，信息技术和信息产业已成为经济增长的主导，成为世界经济和社会发展的重要推动力量。"[1] 当前，以移动互联网、物联网、云计算、大数据等为代表的新一代信息技术席卷全球，"人类社会正在走向全新的信息经济时代。而信息能力也已成为衡量国家综合国力和国际竞争力的重要标志，提高信息化水平是国家谋求发展的必经之路"，[2] 也是提升国家间经贸合作与人文交流水平的重要前提条件。

---

[1] 李德仁、龚健雅、邵振峰：《从数字地球到智慧地球》，《武汉大学学报》（信息科学版）2010 年第 2 期，第 129 页。

[2] 李德仁、龚健雅、邵振峰：《从数字地球到智慧地球》，《武汉大学学报》（信息科学版）2010 年第 2 期，第 129 页。

（一）信息"丝绸之路"建设的内涵

当前，"一带一路"倡议已上升为国家战略，与京津冀协同发展、长江经济带战略共同构成新时期中国的"三大支撑带"战略。"一带一路"建设的关键在于互联互通。纵观历史，古代中国与周边国家互联互通越是频繁的时代，越是丝绸之路经济繁荣之时。人类社会进入信息时代以来，互联互通有了全新的含义，其必备要素之一就是网络相连、信息相通。2015年开年以来，国际金融危机的深层次影响继续显现，全球经济增长乏力。在此背景下，中国作为"一带一路"战略的提出国，在拟定国家顶层发展战略规划时，应以打造信息"丝绸之路"进而实现"信息直通"作为"一带一路"战略实施初期的优先发展方向。

2015年3月，国家发改委、外交部、商务部联合发布了《推动共建丝绸之路经济带和21世纪海上丝绸之路的愿景与行动》（以下简称《愿景与行动》），明确提出"共同推进跨境光缆等通信干线网络建设，提高国际通信互联互通水平，畅通信息'丝绸之路'"，① 将信息"丝绸之路"建设正式纳入国家战略的顶层规划中。具体来说，信息"丝绸之路"建设的内涵主要包括四个方面。

第一，透彻的感知。立体感知网络是信息"丝绸之路"建设的重要基础，通过分布于陆、海、空、天、水下的观察、探测、成像、监视等各类传感器、各类基站及组网技术，获取区域数据和信息，实现全区域、全天候的态势感知、目标跟踪、综合识别、气象探测、环境监测等，为沿线国家政府进行管控调度、指挥决策、反恐维稳等提供及时、准确的信息情报支撑。

---

① 国家发改委、外交部、商务部：《推动共建丝绸之路经济带和21世纪海上丝绸之路的愿景与行动》，人民网，2015年3月29日，http://sc.people.com.cn/n/2015/0329/c345167-24312466.html。

第二，自由的互联。栅格化通信网络是信息"丝绸之路"互联互通的核心，通过铺设陆、海骨干有线通信网，建设多种手段的无线通信网，构建天地一体化网络，实现信息无缝传输，满足信息资源实时、有效的传递和使用，为民生、经贸、金融、交通、反恐等提供高效、便捷的信息通道。

第三，深入的智能。一体化服务支撑系统是信息"丝绸之路"信息化应用的根本保障，通过构建各类基础信息库、搭建并集成各类信息处理、服务、管理平台，形成大数据分析、自主辅助决策、网络资源管控等能力，实现信息资源面向用户的按需交换、共享和使用，发挥群体智能。

第四，可信的安全。信息安全是信息"丝绸之路"建设过程中信息化在沿线国家实现及时、便捷、有效、可靠运行的根本保障，通过在感知层、网络层、服务层、应用层建设全方位信息管控设施，构建安全、通畅的信息网络通道体系。

（二）信息"丝绸之路"建设的战略意义

2014 年 2 月，习总书记在中央网络安全和信息化领导小组第一次会议上指出，"网络信息是跨国界流动的，信息流引领技术流、资金流、人才流，信息资源日益成为重要生产要素和社会财富，信息掌握的多寡成为国家软实力和竞争力高低的重要标志"。① 信息"丝绸之路"建设的目标是通过使"一带一路"沿线国家联合起来，实现信息的互联互通先于实体领域的互联互通，并以信息流推动人才流、资金流、技术流和物流等的优化配置和整合，为沿线国家间经贸往来、产业对接、能源合作等做好支撑服务，进而推动区域内各国经济

---

① 《习近平：把我国从网络大国建设成为网络强国》，新华网，2014 年 2 月 27 日，http：// news. xinhuanet. com/2014 - 02/27/c_ 119538788. htm。

的协调发展、优势互补，最终构建利益共同体和命运共同体。顺应时代潮流，抓住历史机遇，建设信息"丝绸之路"，既有助于使所谓的"塌陷地区"重新融入世界经济的主流，逐步消除贫困和落后，又有助于中国中西部地区的经济腾飞，甚至可能在东边活跃的亚太经济圈与西边发达的欧洲经济圈之间形成全球经济新的增长区域。

二　辽宁建设信息"丝绸之路"的有利条件

当前，信息基础设施已成为"一带一路"沿线国家产业转型升级的关键要素，信息技术也成为各国经济发展实现"弯道超车"的重要驱动力。信息"丝绸之路"建设的重要内容是推动沿线国家升级改造落后的通信、互联网等信息基础设施，提高信息化水平，并在此基础上，建设面向商贸、金融、能源、交通、物流、安全等领域的信息化服务体系。概括来说，辽宁建设信息"丝绸之路"的有利条件主要包括六个方面。

第一，加快"一带一路"沿线国家信息基础设施建设符合各国对提升本国信息服务水平的迫切需求。当前，人类社会已进入全球化和信息化的时代，包括物联网、云计算、大数据等在内的信息技术迅猛发展，不仅极大地加速了区域一体化进程，而且促进了世界各国生产力和生活方式的深刻变革。然而，与此不相匹配的是，作为拥有近30亿总人口，市场规模和发展潜力独一无二的"一带一路"沿线国家信息基础设施较为陈旧，整体信息化发展状况与欧美发达国家相比较为落后，沿线各国人民对于提升信息化服务水平的愿望十分迫切。因此，在新的历史时期，构建符合全球发展潮流的"一带一路"，必须以加快沿线国家信息基础设施建设为抓手，实现中国与沿线国家各领域的"信息直通"，进而为"一带一路"整个区域内经济社会的协调发展提供技术支撑。

　　第二，加强与"一带一路"沿线国家在信息领域的合作时机成熟，并有稳定的资金支持。在 2014 年 11 月召开的中央财经领导小组第八次会议上，习总书记指出，"推进'一带一路'建设，要抓住关键的标志性工程，力争尽早开花结果。要帮助有关沿线国家开展本国和区域间交通、电力、通信等基础设施规划，共同推进前期预研，提出一批能够照顾双边、多边利益的项目清单。要高度重视和建设一批有利于沿线国家民生改善的项目"。[①] 目前，中国为推动"一带一路"战略的实施，发起并同一些国家共同筹建亚洲基础设施投资银行，并设立了 500 亿美元的丝路基金。这些举措将为"一带一路"沿线国家加快信息基础设施建设和信息产业转型升级，以及在沿线国家建成纵横交错的"信息高速公路"网提供坚实的资金保障。信息"丝绸之路"建成后将为中国在新时期打造陆海统筹、东西互济的全方位对外开放新格局提供有力的技术支撑，并促进"一带一路"沿线国家在更大范围、更宽领域、更深层次进行区域经济合作，实现共同发展。

　　第三，辽宁自古以来就是丝绸之路的重要参与者，建设信息"丝绸之路"具有深厚的历史渊源和人文基础。"辽宁曾是古丝绸之路的重要节点。据考证，中国境内曾有沙漠丝绸之路、草原丝绸之路、西南丝绸之路和海上丝绸之路四条丝绸之路。中国北方的草原丝绸之路是从新疆的伊犁、吉尔萨尔、哈密，经额济纳（内蒙古）、呼和浩特、大同、张北（河北）、赤城（河北）、宁城（内蒙古）、朝阳、义县、辽阳，经朝鲜而至日本。"[②] 因此，辽宁可以通过与彼此间经贸往来和人文交流频繁且信息产业发达的日本、韩国等开展信息领域技术交流与项目合作，共同推进信息"丝绸之路"建设。

---

① 《习近平主持召开中央财经领导小组第八次会议》，人民网，2014 年 11 月 6 日，http：//politics. people. com. cn/n/2014/1106/c70731 - 25989646. html。

② 《"一带一路"战略统领辽宁新开放》，《国际商报》第 8205 期 A7 版。

第四，辽宁是国家新一轮振兴东北老工业基地战略重点扶持的省份，建设信息"丝绸之路"顺应国家提出的推动信息化与工业化深度融合的决策部署。2011年4月，工业和信息化部、科学技术部、财政部、商务部、国有资产监督管理委员会联合印发了《关于加快推进信息化与工业化深度融合的若干意见》，[①] 对推进信息化与工业化深度融合工作做出了部署。2015年开年以来，作为东北老工业基地重点省份的辽宁经济下行压力持续加大。在国家深化对外开放的今天，如何能够找到一个推动经济快速增长的发展路径成为当前辽宁重点思考的问题。在2014年9月召开的辽宁省第十二届人民代表大会常务委员会第十二次会议上，时任辽宁省代省长李希指出，"辽宁的结构调整和转型升级，必须立足于几十年、上百年形成的工业基础，充分发挥产业优势，坚持工业化、信息化'两化'融合，用信息技术提升、改造传统优势产业"。[②] 辽宁凭借自身在信息产业技术和人才方面的优势，建设信息"丝绸之路"，将有助于本省信息化与工业化融合发展，进而助力新一轮东北老工业基地振兴发展。

第五，辽宁是国家向北开放的重要窗口，打造信息"丝绸之路"将对"一带一路"战略框架下中蒙俄经济走廊建设产生积极的推动作用，符合中央对辽宁在新时期提出的使命任务的总体要求。《愿景与行动》明确提出，"根据'一带一路'走向，陆上依托国际大通道，以沿线中心城市为支撑，以重点经贸产业园区为合作平台，共同打造新亚欧大陆桥、中蒙俄、中国—中亚—西亚、中国—中南半岛等国际经济合作走廊；海上以重点港口为节点，共同建设通畅

① 《关于加快推进信息化与工业化深度融合的若干意见》，工业和信息化部网站，2011年4月20日，http://www.miit.gov.cn/n11293472/n11293832/n11293907/n11368223/13718738.html。
② 《关于辽宁老工业基地全面振兴发展及抗旱救灾工作情况的报告》，辽宁省人大常委会网站，2015年4月7日，http://www.lnrd.gov.cn/contents/751/12072.html。

安全高效的运输大通道"。[①] 在国家提出的多个与周边国家共建的"经济走廊"计划中，中蒙俄经济走廊是中蒙俄三国对接彼此的国家发展战略的重要载体，该计划一经提出，便得到蒙俄两国积极回应，三国已就对接各自发展战略达成共识。对中国来说，中蒙俄经济走廊建设要想取得成功，关键是要与俄罗斯的"远东地区发展规划"和蒙古国"草原之路"计划做好对接，发掘区域内市场的潜力，积极参与俄罗斯远东地区和蒙古的开发建设。辽宁作为国家向北开放的重要窗口，以打造信息"丝绸之路"作为参与走廊建设的重要切入点，通过建立跨境信息服务平台推动走廊沿线国家各领域的互联互通，将对中蒙俄经济走廊建设产生积极的推动作用。

第六，在国内参与中蒙俄经济走廊建设的重点省区中，辽宁是经济最为发达的省份（见表1），建设信息"丝绸之路"的技术和人才资源优势明显。国家发改委确定的中蒙俄经济走廊重点线路是从大连、沈阳、长春、哈尔滨到满洲里和俄罗斯的赤塔。因此，从地缘角度看，内蒙古与黑龙江、吉林、辽宁三省参与中蒙俄经济走廊建设的区位地理优势明显。为避免出现内部竞争和重复投入问题，四省区应立足各自独特的资源和区位优势，寻求属于自己的合作领域和发展机遇，以"人无我有、人有我优"的产业为切入点参与走廊建设，深入挖掘自身的"错位发展"潜力。据此标准，辽宁作为国内参与中蒙俄经济走廊建设的中坚力量，综合衡量自身区位、产业和资源的相对优势，以打造信息"丝绸之路"作为参与走廊建设的切入点，将使辽宁在四省区中拥有得天独厚的技术和人才资源优势。

---

① 国家发改委、外交部、商务部：《推动共建丝绸之路经济带和 21 世纪海上丝绸之路的愿景与行动》，人民网，2015 年 3 月 29 日，http：//sc. people. com. cn/n/2015/0329/c345167 – 24312466. html。

表1　2013年东北三省国民经济主要指标

指标	合计	辽宁	吉林	黑龙江	辽宁相当于 三省合计(%)
国民经济核算	—				—
地区生产总值(亿元)	54442.1	27077.7	12981.5	14382.9	49.7
第一产业	6305.1	2321.6	1466.7	2516.8	36.8
第二产业	27043.8	14269.5	6856.1	5918.2	52.8
第三产业	21093.1	10486.6	4658.6	5947.9	49.7
人均地区生产总值(元)	146387.0	61686	47192	37509	42.1
财政	—				—
公共财政收入(亿元)	5778.2	3343.8	1157.0	1277.4	57.9
公共财政支出(亿元)	11007.2	4893.0	2744.8	3369.2	44.5
邮电通信业	—				—
邮电业务总量(亿元)	1224.5	579.6	277.2	367.7	47.3
本地固定电话用户数(万户)	2549.2	1222.4	579.0	747.8	48.0
移动电话用户数(万户)	9976.1	4583.6	2372.1	3020.4	45.9
互联网用户数(万户)	1576.2	726.9	379.6	469.7	46.1

　　资料来源:《辽宁统计年鉴（2014）》。

三　辽宁建设信息"丝绸之路"的不利因素

　　"一带一路"贯穿亚欧非大陆,沿线国家众多,中间腹地分布的大多是新兴经济体和发展中国家,情况十分复杂。在各个沿线国家中,"目前表态支持的有50多个,但是无条件支持的并不多。多数国家指望'一带一路'给它们带来收益,但并未准备好投入,一些国家的势力甚至公开恐吓,'支持不足而捣乱有余',可能配合外界干扰'一带一路'建设"。[①] 因此,从实际情况来看,信息"丝绸之

---

　　① 王义桅:《"一带一路"机遇与挑战》,人民出版社,2015,第104页。

路"建设无疑是一项长期的、复杂的系统工程,不可能一蹴而就。总体来说,辽宁建设信息"丝绸之路"的不利因素主要包括三个方面。

第一,辽宁所处的东北亚地区,特别是朝鲜半岛,局势呈现时好时坏、复杂多变的态势,发展环境不够稳定。广义来说,辽宁所处的东北亚地区主要包括中国的东北和华北地区、日本、韩国、朝鲜、俄罗斯远东地区以及蒙古国。这些国家的国情、历史、地理、文化等各不相同,政权形式、宗教信仰也存在差异,给各国间协调彼此利益、对接发展战略等造成一定障碍。此外,受历史遗留问题影响,该地区整体安全形势错综复杂,个别国家、民族之间因爆发冲突而导致地区局势紧张的情况时有发生,给本地区保持稳定带来威胁,也给辽宁建设跨境的信息"丝绸之路"以及在该地区实施推动企业"走出去"战略带来了诸多不确定因素和风险。

第二,对于一个主权国家来说,网络安全和信息化是事关国家安全和国家发展的重要战略问题,是高度敏感的领域,建设信息"丝绸之路"可能面临各国政府严格的管控和审查。信息"丝绸之路"建设方案包括构建互联互通、安全高效的基础设施网络,提供安全可信的信息服务功能,建立电子商务示范区(产业园)、物流信息服务平台、金融信息网络、舆情分析系统、区域数据中心等,让网络信息覆盖"丝绸之路",服务"丝绸之路"。然而,这些规划往往因为关涉国家政治、社会、经济、金融、军事等领域的安全而导致相关信息系统受到所在国的严格管控,同时还可能面临来自西方发达国家在技术、人才、资金等方面的竞争。

第三,辽宁老工业基地振兴面临诸多挑战,经济面临较大下行压力,财政收入萎缩。东北老工业基地曾是新中国工业的摇篮,辽宁为国家的改革开放和现代化建设做出了重大贡献。当前,辽宁所处的内外发展环境都发生了深刻变化,经济发展面临诸多挑战。2015 年上

半年，在全国 31 个省区市中，黑龙江、吉林、辽宁三省 GDP 增速分别约为 6.1%、5.1%、2.6%，[①] 排名均处在各省区市的后五名，其中辽宁更是排在末位。这凸显了当前东北经济总体形势严峻，面临着较大的下行压力。此外，"1～10 月份，辽宁省一般公共预算收入 1869.8 亿元，同比减少 846.8 亿元，下降 31.2%"，[②] 给财政支出带来较大压力。这些也给信息"丝绸之路"建设带来了不利影响。

四 辽宁建设信息"丝绸之路"的政策建议

2000 多年前，古丝绸之路沿线各国的经贸往来与人文交流都是借助骆驼、马车等来实现。人类社会进入工业时代后，在实体空间，公路、铁路、海运和航空业迅猛发展，为古丝绸之路的复兴打下了坚实基础。20 世纪 80 年代以来，全球范围内以计算机技术和信息技术为核心的高新技术群迅猛发展，对全球政治、社会、经济、金融、文化、军事等领域的发展产生了深远影响，人类社会技术形态开始由工业时代向信息时代转变，一个个以跨越传统国家疆界、相互渗透为标志的"网络信息国度"悄然形成。因此，构建新时期"一带一路"需要采用新的手段、新的模式。

信息技术的价值在于其对经济、社会发展产生的巨大的推动作用。在信息高度发达的今天，信息化正潜移默化地改变着人们生产和生活的方式、经济社会运行的模式和国家治理的手段，各国间一切的经贸合作以及教育、旅游、艺术等人文交流都离不开信息的传递与共享。当前，中国已成为信息大国，但还不是信息强国，尤其在信息安全领域面临诸多挑战。从国家战略层面来说，在网络信息无法覆盖的

---

① 资料来源：国家统计局、各省统计局网站。

② 《2015 年 1～10 月份全省财政预算执行情况》，辽宁省财政厅网站，2015 年 11 月 11 日，http：//www.fd.ln.gov.cn/zfxxgk/czysxxgk/ydzxqk/201511/t20151111_1957492.html。

地方，无法维护国家主权。没有信息安全，就没有国家安全，国家核心利益也就无法得到保障。由于信息技术在不断发展、进步，所以信息"丝绸之路"建设是一个不断深化、提升的过程，只有起点没有终点。在推进"一带一路"建设过程中，国内各地区资源禀赋各异，应因地制宜，充分发挥各自的比较优势。辽宁拥有良好的信息化发展环境，建设信息"丝绸之路"应从经济社会和信息产业发展的实际出发，顺势而为，以需求为驱动，而不应以技术为驱动，终极目标是为"一带一路"建设的实际进程服务。

第一，制定信息"丝绸之路"建设总体规划，明确建设路线图、时间表，出台相关配套扶持政策。一方面，辽宁应重点在东北亚地区建立信息"丝绸之路"建设领域高效的国际合作机制，注重发挥多边、双边合作组织的作用，积极引导和努力实现以信息化建设带动其他产业发展，争取走出一条科技含量高、经济效益好、资源消耗低、环境污染少的可持续的信息"丝绸之路"；另一方面，辽宁应统筹协调、科学布局信息"丝绸之路"建设过程中的各项工作，出资并向国家的丝路基金申请共同设立信息"丝绸之路"建设专项基金，对省内企业参与信息"丝绸之路"建设，如对开展电子商务、信息基础设施升级改造及综合电子信息应用平台、卫星服务、数据中心建设等重大工程项目给予资金支持。

第二，积极推动国家在辽宁设立中国—东北亚信息走廊基地。信息技术和产业发展程度决定着信息化发展水平。辽宁可参考中国—东盟信息港（南宁）基地的运行模式，同时借助对东北亚地区各国的独特影响，积极推动国家设立中国—东北亚信息走廊基地。东北亚地区是辽宁新形势下对外开放的重点方向。与国内其他省区相比，辽宁对东北亚地区各国拥有独特的地缘和人文优势，而该地区的日本、韩国的信息产业十分发达，将为中国—东北亚信息走廊基地的建设和未来发展带来无限机遇。因此，中国—东北亚信息走廊基地除面向国内

提供各类信息服务外，还应量身打造面向东北亚地区各国（特别是日本、韩国）的信息服务产品。辽宁应整合自身在信息领域的优势技术资源，加强核心技术自主创新，搭建信息共享和经验交流平台，汇聚中国—东北亚投资、贸易、应急、公共管理等方面的信息，开展商贸服务、应急联动等方面的信息共享与交流合作，出台政策鼓励国际、国内信息领域的知名企业在基地落户，使之成为推动中蒙俄经济走廊建设的又一强劲动力。

第三，建立综合反映"一带一路"沿线国家信息化发展水平和投资环境的"丝路信息化指数"数据库。当前，"一带一路"建设已稳步推进，但国内各界大都热衷于宏观层面的定性研究，决策迫切需要的数据支撑较少。辽宁应凭借自身在信息产业的技术优势，组织开发综合反映"一带一路"沿线国家信息化发展水平和投资建设环境的"丝路信息化指数"数据库，并定期向社会发布评估结果，以期为本省企业参与信息"丝绸之路"建设的投资决策提供依据。"丝路信息化指数"的基础数据应源自联合国相关机构、国际电信联盟、世界银行等多个国际组织和沿线国家政府发布的权威数据，由从中筛选出的若干个核心指标组成。"丝路信息化指数"可包括"信息化水平""经济发展""政治社会""能源资源""交通运输"5个一级指数，分别体现"一带一路"沿线国家信息化发展的总体水平、经济发展环境、政治风险与社会稳定、要素支持能力和物理互联互通能力。① 打造信息"丝绸之路"最终要落脚于信息基础设施和相关系统、应用的开发建设，任何建设主体都必须了解各国的信息化发展水

---

① "经济发展"体现了一国的综合国力，经济发展水平越高，信息化建设的风险和成本就相对越小；"政治社会"体现一国的稳定安康，政治社会越稳定，可能面临的政治风险、社会成本就较低，可供选择的外交策略、合作方式就越多；"能源资源"体现了支撑一国信息化建设的要素能力，反映了一国信息化发展的未来潜力；"交通运输"则是信息化建设的基本保障，实现了物理上的互联互通，将会进一步推进信息领域的互联互通。

平和投资建设环境，这样才能明确信息服务需求，降低投资风险，提高资本的投入产出效益。

五 结语：服务国家战略，助力中蒙俄经济走廊建设

国家提出的"一带一路"战略将对未来世界格局、区域一体化产生广泛而深远的影响，同时给深入推进东北亚区域经济合作创造了契机，也给新一轮东北老工业基地振兴带来了巨大的发展机遇。众所周知，信息化在推动经济社会发展过程中所发挥的作用是巨大的。辽宁凭借自身在信息领域技术、人才方面的优势，在虚拟空间打造信息"丝绸之路"，筑起一张覆盖域内所有国家的"信息高速公路"网，既有利于沿线国家各领域开展深入合作，共同打造区域经济合作的新架构、新模式，也将对中蒙俄经济走廊建设产生积极的推动作用。国之交在于民相亲，民相亲在于心相通。以"信息直通"为目标的信息"丝绸之路"建设是实现"一带一路"沿线国家民心相通的重要基础，同时也为在各国间传播团结互信、平等互利、包容互鉴、合作共赢的"丝路精神"提供技术支撑。

参考文献

《2015 年 1～10 月份全省财政预算执行情况》，辽宁省财政厅网站，2015 年 11 月 11 日，http：//www.fd.ln.gov.cn/zfxxgk/czysxxgk/ydzxqk/201511/t20151111_1957492.html。

《关于加快推进信息化与工业化深度融合的若干意见》，工业和信息化部网站，2011 年 4 月 20 日，http：//www.miit.gov.cn/n11293472/n11293832/n11293907/n11368223/13718738.html。

国家发改委、外交部、商务部：《推动共建丝绸之路经济带和 21 世纪

海上丝绸之路的愿景与行动》，人民网，2015 年 3 月 29 日，http：//
sc. people. com. cn/n/2015/0329/c345167 – 24312466. html。

金立群、林毅夫：《"一带一路"引领中国》，中国文史出版社，2015。

李德仁、龚健雅、邵振峰：《从数字地球到智慧地球》，《武汉大学学报》（信息科学版）2010 年第 2 期。

辽宁省统计局编《辽宁统计年鉴（2014）》，中国统计出版社，2014。

刘迎胜：《丝绸之路》，江苏人民出版社，2014。

王义桅：《"一带一路"机遇与挑战》，人民出版社，2015。

《习近平：把我国从网络大国建设成为网络强国》，新华网，2014 年 2月 27 日，http：//news. xinhuanet. com/2014 – 02/27/c_ 119538788. htm。

《习近平主持召开中央财经领导小组第八次会议》，人民网，2014 年 11 月 6日，http：//politics. people. com. cn/n/2014/1106/c70731 – 25989646. html。

《"一带一路"战略统领辽宁新开放》，《国际商报》第 8205 期 A7 版。

周宏仁主编《中国信息化形势分析与预测（2014）》，社会科学文献出版社，2014。

B.17
辽宁与京津冀产业合作问题研究

李佳薇　王璐宁*

摘　要： 辽宁与京津冀地区的产业互补性较强，且具有明显的合作比较优势，辽宁也具备与京津冀地区开展产业合作的基础条件。深化辽宁与京津冀地区产业合作，需要结合辽宁各区域的产业基础、资源环境特点和主体功能，择其重点进行布局。此外，在环渤海地区合作发展框架下审视辽宁与京津冀地区产业合作机制运行的主要障碍，从健全区域管理机构及组织体系、推动区域政策法制化进程等方面更有效地保障产业合作的推进实施。

关键词： 京津冀　产业合作　产业互补性　合作方向　合作机制

一　辽宁与京津冀地区开展产业合作的基础条件分析

从区域产业合作的机理分析，区域产业合作的基础主要依托产业互补性及比较优势。

---

* 李佳薇，辽宁社会科学院产业经济研究所副研究员，主要研究方向：产业经济与产业政策；王璐宁，辽宁社会科学院产业经济研究所助理研究员，主要研究方向：产业经济与产业政策。

（一）辽宁与京津冀地区的产业互补性较强

产业互补性是区域产业合作的核心要件，辽宁与京津冀在产业发展阶段、产业结构上的差异，决定了辽宁与京津冀之间具有一定的产业互补性，存在开展区域产业合作的可行性。

1. 产业发展阶段不同

表1 经济发展阶段判断标准

判断指标	判断标准			
	工业化初期	工业化中期	工业化后期	后工业化阶段
人均GDP（美元）	3000及以下	3000~8000	8000~15000	15000及以上
工业增加值占GDP比重（%）	20~40	40~70	下降	下降
第三产业增加值占GDP比重（%）	10~30	30~60	上升	上升

根据经济发展阶段标准（见表1）[1] 和京津冀辽相对应的判断指标（见表2）[2]，可以看出：北京2014年三次产业结构为0.7:21.4:77.9，已经进入以服务型经济为主的后工业化阶段；天津2014年人均GDP虽超过北京，达到17133美元，但三次产业结构为1.3:49.4:49.3，第三产业增加值比重仍不足50%，且低于第二产业比重，综合判断其经济发展仍处于工业化后期阶段；河北仍然以第一和第二产业为主，三次产业结构为11.7:51.1:37.2，经济发展尚处于工业化中期阶段；辽宁2014年三次

---

① 资料来源：见王德利《首都经济圈发展战略研究》，中国经济出版社，2013。

② 本报告所列数据根据国家统计局及各地区统计信息网站、高技术产业统计年鉴资料整理而成。

产业结构为 8.0∶50.2∶41.8，经济发展也处于工业化后期阶段，工业化进程较天津相对滞后。

表 2　京津冀辽经济发展主要指标比较

判断指标	北京		天津		河北	辽宁	
	2014 年	2013 年	2014 年	2013 年	2014 年	2014 年	2013 年
人均 GDP（美元）	16278	15052	17133	16165	6512	10614	10011
工业增加值占GDP 比重(%)	17.6	18.0	45.1	46.3	45.3	44.2	45.2
第三产业增加值 GDP 比重（%）	77.9	77.5	49.6	48.3	37.2	41.8	40.5

总体而言，辽宁与京津冀发展阶段不同，产业梯度特征明显，互补性较强，具备开展产业合作的前提条件。

2. 工业结构各具特色

通过计算京津冀辽四地的产业同构系数①发现，四个地区的工业内部结构（详见表3）有所差别，存在互补性，有利于辽宁与京津冀间的产业分工协作。计算结果显示，2013 年辽宁与河北的工业内部结构同构系数最高，达到 0.78；辽宁与天津的同构系数也较高，达到 0.76；而辽宁与北京的同构系数最低，为 0.49。因此，辽宁与北京的工业产业结构具有较强的互补性，而与天津、河北的工业产业结构存在一定的趋同现象。

———————

① 产业同构系数计算使用联合国工业发展组织国际工业研究中心 1979 年提出的同构系数指标。

表3　2013年京津冀辽主要行业工业总产值占比情况*

单位：%

主要行业	北京	天津	河北	辽宁
煤炭开采和洗选业	4.1	5.6	2.9	0.8
石油和天然气开采业	0.0	4.9	0.6	0.7
黑色金属矿采选业	1.0	0.4	5.9	3.5
农副食品加工业	2.2	3.1	4.5	9.0
食品制造业	1.5	4.3	1.8	1.4
石油加工、炼焦和核燃料加工业	4.4	5.2	4.7	8.2
化学原料和化学制品制造业	2.0	4.9	5.0	6.3
医药制造业	3.4	1.8	1.5	1.4
非金属矿物制品业	2.8	1.2	4.1	7.1
黑色金属冶炼和压延加工业	0.9	15.4	26.3	10.2
金属制品业	1.7	4.4	5.2	3.8
通用设备制造业	3.0	3.7	2.7	8.6
专用设备制造业	3.5	4.5	2.7	4.6
汽车制造业	18.8	7.0	3.9	5.4
电气机械和器材制造业	4.1	3.8	3.7	4.4
计算机、通信和其他电子设备制造业	12.8	11.5	0.8	1.8
电力、热力生产和供应业	21.5	2.9	6.2	3.1

*由于河北数据采集问题，仅选择工业门类中17个行业的2013年数据作为代表进行四地工业结构比较，并用以计算辽宁与京、津、冀的产业同构系数。

具体而言，京津冀辽四地工业结构各具特色。辽宁工业以装备制造业和原材料工业为主，兼顾农产品加工业。黑色金属冶炼和压延加工业、农副食品加工业、通用设备制造业及石油加工、炼焦和核燃料加工业四个行业占辽宁规模以上工业比重为36%。2013年辽宁金属切削机床产量占全国的14.4%，居全国第三位①；生铁、粗钢和钢材

———————

① 山东第一，占19.9%；浙江第二，占17.6%。

产量分别占全国的 8%、7.3% 和 6.3%，均居全国第四位；啤酒产量占全国的 5.4%，居全国第五位。

北京工业高端化特征明显，电力、热力生产和供应业，汽车制造业，计算机、通信和其他电子设备制造业三个行业的工业总产值之和占北京规模以上工业总产值的 53.1%。2013 年北京高技术制造业主营业务收入占规模以上工业比重为 20.5%，较天津、河北和辽宁分别高出 4.8 个、17.5 个和 16 个百分点。

天津工业以基础原料深加工和现代制造业为主，黑色金属冶炼和压延加工业，计算机、通信和其他电子设备制造业，汽车制造业，煤炭开采和洗选业，石油加工、炼焦和核燃料加工业五个行业工业总产值之和占天津规模以上工业总产值的 44.7%。2013 年天津原油产量占全国的 14.5%，居全国第三位；乙烯产量占全国的 8.2%，居全国第五位。

河北工业具有明显的产业链上游化和初级产品痕迹，以资源型和基础型工业为主。黑色金属冶炼和压延加工业与黑色金属矿采选业这两个行业工业总产值之和占河北规模以上工业总产值的比重接近 1/3。2013 年河北生铁、粗钢、钢材、平板玻璃产量分别占全国的 23.9%、23.2%、21.1% 和 14.9%，均居全国第一位；焦炭产量占全国的 13.3%，居全国第二位；纯碱产量占全国的 10.6%，居全国第四位；水泥产量占全国的 5.3%，居全国第六位。

3. 服务业发展差异显著

辽宁 2004 年第三产业比重曾达到 42.1%，之后持续下降（2009 年略有提升）。自 2012 年起回升迹象初显，2014 年达到 41.8%，2015 年前三季度比重为 46.2%。辽宁服务业以商贸流通业为主，2014 年批发和零售业，交通运输、仓储和邮政业这两个行业增加值占辽宁经济比重分别为 9% 和 5.2%，较上年同期均增加 0.1 个百分点。

2014 年北京第三产业增加值比重为 77.9%，2015 年前三季度更达到 80.7%。其中，金融业，信息传输、软件和信息技术服务业，科学研究和技术服务业发展较快，2015 年前三季度占北京 GDP 比重分别为 18%、10.1% 和 9.1%，较上年同期分别增加 2.6 个、0.8 个和 0.9 个百分点。

天津产业结构向服务型结构转变的轨迹清晰，自 2005 年起第三产业比重持续上升，2014 年达到 49.6%，2015 年前三季度为 51.8%。其中，批发和零售业，金融业是天津服务业主导行业，2015 年前三季度占天津 GDP 比重分别为 12.4% 和 9.3%。

河北第三产业比重一直较低，基本徘徊在 35%，自 2012 年起连续三年上升，2014 年达到 37.2%，2015 年前三季度比重为 39.8%。河北服务业结构与辽宁相似，也以商贸流通业为主，但两个主导行业比重大小与辽宁正好相反。2014 年交通运输、仓储和邮政业，批发和零售业这两个行业增加值占河北 GDP 比重分别为 8.5% 和 7.8%，较上年同期分别增加 0.3 个和 0.2 个百分点。

由此可见，辽宁与京津冀服务业发展差异明显，错位发展的空间较大。北京信息、科研等高端生产性服务业优势明显，可为辽宁高端制造业发展提供丰富的科技资源；辽宁与天津、河北主导服务行业虽有交叉，但各具特点。京津冀辽四地的产业梯度辨识性较强，为辽宁与京津冀在产业链条衔接、优势产业互补方面创造了较大合作空间。

（二）辽宁与京津冀开展产业合作的比较优势明显

基于区位、交通、资源等优势，辽宁与京津冀地区已经有一定程度的产业合作基础；未来，作为同属环渤海地区的核心区域更有协同发展的必要。

1. 区位条件优越

辽宁位于我国东北地区南部，南临黄海、渤海，东与朝鲜仅一江之隔，与日本、韩国隔海相望，是东北地区唯一既沿海又沿边的省份。辽宁位于京津冀经济圈的东北部，与京津冀同属环渤海地区，是东北板块与京津冀的衔接区，是环渤海经济圈与东北亚经济圈的交会处。辽宁与河北、天津共处渤海湾，港口群密集，在沿海开放大局中地位突出。辽宁省葫芦岛市、朝阳市分别与河北省秦皇岛市、承德市直接接壤。从区位条件看，辽宁具有与京津冀开展产业合作，并融入京津冀协同发展的优势。

2. 交通体系完善

交通运输对于产业上下游产品流通有重要作用，区域交通基础设施的不断完善将更有利于构成产业联系的物质、资金以及信息的流动，从而加强区域产业间的联系强度，产生更大的关联度。连接辽宁与京津冀地区的交通基础设施完备，京哈、长深高速公路贯穿辽宁全境，京哈铁路、京哈高铁，沈阳、大连、鞍山、丹东、锦州、朝阳六个机场，大连、营口、丹东、盘锦、锦州、葫芦岛六大沿海港口，共同构成了内联外通的水陆空立体交通网络。即将开通运行的京沈客专，将使辽宁与京津冀地区的联系更加紧密。

3. 资源要素丰富

与京津冀相比，辽宁资源种类较多，互补性特征明显。土地资源整合利用的潜力较大，特别是与京津冀相近相邻的辽西地区土地资源较为丰富，后备资源相对充足，价格优势明显；优质特色农副产品品种全、标准高、质量好、产量大，全省无公害认证的农产品总数2233个、绿色食品736个，设施农业、畜牧业发展较快；矿产品种齐全，铁、锰、石油、天然气、油页岩、钼、熔剂灰岩、滑石、菱镁、硼、金刚石、玉石已探明储量，均居全国前列；海岛资源丰富，海洋生物、石油天然气、可再生能源等资源蕴藏量丰富，开发潜力大；旅游资源别具特色，山岳、湖泊、海岸、岩洞、泉水、人文等景观多样，九门口长城、沈阳故宫、昭陵、福陵、永陵和五女山城被确

定为世界文化遗产。作为历史悠久的老工业基地，辽宁具有与京津冀地区实现资源优化配置的基础。

4. 关联效应显现

近年来，辽宁与京津冀地区的合作不断加强。目前辽宁供应的生猪量占北京市场的1/3，辽宁已经成为京津冀地区重要的农副产品供给地；沈阳、大连、鞍山、营口与京津冀建设了一批装备制造业、现代服务业等方面的合作项目；以中国药都为依托，本溪积极对接京津知名生物医药科研院所，承接发展了一批生物医药关键技术和项目；依托大湿地、红海滩等特色资源，丹东、盘锦积极打造连接京津冀的陆上精品旅游线路；朝阳吸引京津冀地区企业投资建厂，联合进行矿产资源深加工；围绕"海岸中关村、生态新城区"的目标，葫芦岛绥中与北京中关村积极打造东戴河新区"中关村科技成果产业化基地"。以重大项目为载体，辽宁与京津冀地区的产业关联度提高，具有进一步深化合作的良好基础。

二　辽宁与京津冀地区深化产业合作的方向

根据上述分析结果，结合辽宁各区域的产业基础、资源环境特点和主体功能，通过指引辽宁与京津冀产业合作方向，以期为深化辽宁与京津冀地区的产业合作提供更加合理的统筹方案。

（一）辽宁与京津冀地区农业合作的重点和布局

依托辽宁农业资源和农产品加工优势，结合京津冀农产品消费市场需求，深化农产品加工与流通领域的合作对接，建设服务于京津冀地区重要的农副产品供应基地。依托现代设施农业示范区，加快推进农副产品生产的规模化、标准化、优质化和产业化发展。突出区域优势、产业优势、特色产品优势，加强与京津冀地区的合作，建设一批优势特色农产品原产地供应基地，开发一批特色农产品名优品种，推广一批优势特色农产品生产、加工、贮藏技术，培育一批特色农产品优势产区。

辽西北地区主体功能区以国家级农产品主产区居多，因此辽宁与京津冀地区进行农业合作，应重点发展辽西北地区的特色蔬菜、优质水果、绿色稻米、杂粮、花卉苗木和肉、蛋、奶、水产品等特色优质农副产品，提高京津冀市场占有率，并与京津冀合作建设这些优势农产品的精深加工产业基地。

同时，辽宁应在京津冀建设农畜产品销售和配送平台、农业信息交流平台、产品展示交易区，建设大宗农副产品电子商务和直销网络。与京津冀协同制定农产品质量控制标准，建立区域性农副产品市场准入、检测结果互认和质量追溯制度。

（二）辽宁与京津冀地区工业合作的重点和布局

根据京津冀辽各自的工业结构特征，传统产业领域，以辽宁冶金、石化产业为重点，在产业链前端侧重与河北、天津的基础型和资源型行业进行合作，减少重复建设，发挥各自比较优势，大力开发高端冶金及精细化工产品，提高和优化基础原材料、合成材料等大宗产品的供给能力和供给结构。在将津冀辽的基础型和资源型行业整合成绿色清洁、产品种类丰富且紧密对接中下游行业优势的产业链上游市场的过程中，积聚和提升若干个辽宁占据绝对优势的产品的核心竞争力。以辽宁装备制造业为重点，在产业链中后端侧重与北京、天津的现代制造业合作，瞄准北京、天津产业链中后端的缺位或短位产品，积极推进与中高端汽车及零部件、机器设备零部件、电子设备零部件、冶金装备、矿山工程机械、先进轨道交通、海工装备等行业的对接合作。

新兴产业领域，应充分利用北京、天津的领先优势，积极引进高

端产业和技术，加快发展机器人、高档机床数控系统及功能部件、特高压输变电设备、智能综合采掘设备、集成电路、高端压缩机组等高端装备制造业，积极发展冶金新材料与新型建材、生物医药、高功能化学纤维等新材料产业，大力发展重大疾病治疗药物、高端医疗器械、生物育种等生物产业，积极发展军民两用高技术产业。

根据辽宁三大战略的发展格局、功能定位和产业特点，沈阳经济区以传统优势产业改造升级合作为重点，大力推进装备制造、新材料、精细化工、冶金等领域的深度合作；沿海经济带重点开展海洋装备工程、高附加值船舶等领域的创新合作；辽西北地区在资源环境承载能力限度内，适度承接原材料工业、液压设备、氟化工、换热设备等产业转移。

（三）辽宁与京津冀地区服务业合作的重点和布局

根据京津冀辽各自服务业发展特点，辽宁应侧重与京津在科技、电子信息服务业领域进行合作。结合辽宁重点行业转型升级的技术需求，通过引进人才、异地研发、机构重组、项目共建等多种研发合作方式，积极引进吸收京津重大科技专项与核心技术，协同建设重大创新成果转化应用工程；支持科研院所、高校、企业与京津冀共建研发机构，合作设立重大技术创新平台，采取多种方式联合开展重大科研攻关，鼓励建立产业技术创新联盟。促进辽宁与京津冀科技创新资源开放共享，共同构建科技信息网络和交易网络，打造区域性创新服务平台。与京津冀建立科技人才合作培养模式，推动科技人才资源共享；建立相互开放的人力资源市场，统筹人才评价体系和人力资源开发配置机制，探索建立有利于人才流动的户籍、教育、人事管理和社会保障关系转移接续制度。沈阳经济区以高端装备制造、生物、新材料、新能源汽车的研发服务为重点合作领域；沿海经济带以信息技术服务业为重点合作领域；辽西北地区以新能源、节能环保的研发服务为重点合作领域。

在商贸流通业领域，辽宁应侧重与津冀加强现代物流业合作，积极开展重点产业园区、沿海港口、综合保税区等开放载体与京津冀物流园区全面对接。在与京津冀相近相邻的锦州、葫芦岛、朝阳等交通节点培育一批跨区域物流基地和农畜产品流通市场，共同构建跨京津冀辽的便捷物流网络和综合物流信息平台。积极推进锦州港大宗商品贸易物流园区、绥中港区临港物流园区、兴城大红门物流园区等一批现代物流项目建设，将辽西走廊打造成沟通京津冀与东北地区的重要物流通道。

在旅游业领域，应当整合辽宁旅游资源，加强旅游标准、管理和服务与京津冀对接，鼓励大型旅游企业实现跨省经营、连锁经营和品牌输出。加强与京津冀旅游企业合作创建精品路线和营销网络，共同深度开发旅游品牌。实施"智慧旅游"项目，推广旅游"一卡通"，创建京津冀辽无障碍旅游示范区。积极推进大连邮轮母港建设，与天津港协同开发国际邮轮航线；依托与秦皇岛海滨连为一体的绥中东戴河优质海岸线，联合开发东戴河、九门口等主要景区，协同建设辽冀滨海黄金旅游带；依托辽宁丰富的温泉资源，加强同京津冀旅游企业的投资合作及客源交换，建设环辽东湾冰雪温泉旅游产业带；锦州、朝阳、盘锦、葫芦岛地区可联合开发京津冀生态旅游后花园、农事体验旅游、史前遗迹鉴赏、红色教育旅游等特色旅游项目。

三 辽宁与京津冀地区深化产业合作的问题与建议

企业作为市场主体，其寻求合作是顺应市场变化及自身发展需要，具有自发动力，除具体优惠政策外无须管理部门的过多干预。但是，企业需要管理部门在信息传递、基础设施支撑等方面为其提供更

便利高效的环境。而优化产业合作环境必须有一个组织运作体系，以建立相应的合作机制。

（一）辽宁与京津冀地区深化产业合作的主要障碍

就目前辽宁与京津冀地区产业合作机制运行状况来看，还存在一些阻碍产业合作深化的问题。

1. 区域合作管理机构设置不合理

随着《环渤海地区合作发展纲要》（以下简称《纲要》）的出台，辽宁与京津冀地区的产业合作需要在环渤海地区合作发展框架下有序推进。但《纲要》中涉及区域合作管理机构及相应职能的设置不尽合理，有些表述笼统而模糊，这将会削弱环渤海地区合作发展的基础，也将减缓辽宁与京津冀地区产业合作的进程。例如，《纲要》中称"建立由北京市牵头的环渤海地区合作发展协调机制，协商制定合作发展框架和重大战略，共同解决区域合作中的突出问题"，这意味着环渤海地区合作发展的重大事项是由北京市牵头的七个省（区、市）共同做决策。这种设置沿袭了长三角区域的合作决策模式，由于其仍然是以行政区划为标准，很难对行政壁垒有所突破，一旦问题涉及行政地区的利益，很多工作就无法深入下去。①

2. 区域合作协议制度不规范

在我国经济法立法和实施整体缺位的环境下，地方政府签订和落实合作协议的过程中难免暴露出诸如协议内容空泛、协议签署不规范、落实不到位等问题。对于区域合作协议的性质、效力、内容、缔约主体、签署程序、争端处理等问题如不能得到有效解决，势必会严重阻碍区域合作进程，降低区域合作发展的成效。

---

① 参见刘洋《长三角区域规划破解四大难题》，《国际金融报》2007 年 4 月 2 日。

（二）完善辽宁与京津冀地区产业合作机制的对策建议

针对辽宁与京津冀地区深化产业合作的主要障碍，以保障产业合作成效为主要考量，试提出如下对策建议。

1. 健全区域管理机构及组织体系

区域管理机构及组织体系的建构应借鉴英国"联合的职能部门"模式，从纵向和横向两个方面设立。

纵向方面，可在国务院之下设立国家区域管理委员会，并将其作为区域发展的决策机构，制定区域发展框架和重大战略，解决区域合作中的突出问题，统一管理专门的区域基金等。区域管理委员会根据区域划分下设若干个办公室，如"环渤海地区合作发展办公室"，主要履行制定区域规划、出台区域政策、协调区际关系三大职能。

横向方面，在拟合作的各省（区、市）政府下各设立一个区域发展办公室，如"辽宁省人民政府环渤海地区合作发展办公室"，代表本省（区、市）向国家区域管理委员会提出区域政策建议，并根据区域管理委员会的决策协调国务院各部门根据区域政策在本省（区、市）的具体实施。

2. 推动区域政策法制化进程

为了增强区域政策的权威性和强制性，西方国家普遍通过立法的手段干预经济，规范区域政策运作，并保证调控成果的持续有效。

区域政策法制化，首要问题是建立一个区域发展的立法体系。任何一个部门法律体系都需要一个基本法，区域发展的基本法，可称为"区域发展法"，主要内容应包括明确区域发展机构、确定区域规划制定和实施原则、规划区域分工与产业布局、设定区域发展协调促进机制及保障措施以及区域生态保护等。

在推动区域政策法制化的过程中，必须要从我国的国情出发，以实际情况为依据，从最需要并且条件最成熟的领域入手，例如区域发

展机构管理法，这将对健全区域管理机构及组织体系起到至关重要的作用。再如区域政府间协议，在具体立法中对协议的效力、缔结主体等进行科学严格的限定。从效力上看，区域政府间协议应属于协议各地的法律渊源，是地方政府经济和社会事务管理权的一种让渡，其效力高于地方立法，也因此涉及与之抵触的地方立法的清理问题；从缔约主体看，如果协议内容涉及现行地方性法规或地方政府规章的修改，那么只有具备地方立法权和规章制定权的该级政府才可作为缔约方，且不可逾越中央与地方政府的职权分工界限。

参考文献

马俊炯：《京津冀协同发展产业合作路径研究》，《调研世界》2015 年第 2 期。

殷洁：《区域经济法论纲》，北京大学出版社，2009。

张可云：《区域经济政策》，商务印书馆，2005。

孙浩康：《中国区域政策法制化研究》，华夏出版社，2013。

社 会 篇

Society Reports

B.18

辽宁省人口与经济社会
发展协调状况研究[*]

闫琳琳[**]

摘　要：　人口与经济社会协调发展是区域经济社会优化发展的核心内容。随着近年来辽宁省人口总量冲高回落、自然增长率负向变化、人口老龄化日趋严峻、劳动力结构老化等人口问题展现，辽宁省人口与经济社会协调发展程度略有下降，存在着人口聚集能力减弱、人才结构矛盾、人口红利第一阶段结束、快速人口老龄化与经济社会发展之间不适应的问题，制约了辽宁省人口资源转化为生

---

* 本报告是国家社会科学基金项目"基于收入再分配的养老保险全国统筹实现路径研究"（项目编号:15CRK001）的部分研究成果;省社科联2016年度辽宁经济社会发展立项课题"辽宁科技人才流失影响因素及对策研究"（项目编号2016lslktzdian－27）的部分研究成果。

** 闫琳琳，辽宁社会科学院社会学研究所博士，助理研究员，研究方向为人口与社会保障。

产力的进度和速度，也制约了辽宁省小康社会建设和发展的进程。2016 年作为"十三五"时期的开端之年，辽宁省应着手协调解决人口与经济社会发展之间不协调因素，从协调发展理念、人才优惠政策等角度协调处理好人口与经济社会发展之间的问题，实现经济目标和人口经济社会协调的跨越式发展。

关键词：　人口总量人口年龄结构　人口老龄化　经济社会协调发展

人口是经济社会发展的内在动力，也是经济社会协调发展得以实现的基础条件和最终目的。自改革开放以来，辽宁省全面实行计划生育，辽宁省人口自然增长率从 1978 年的 12.7% 持续稳定地下降到 90 年代的年均 4.3%，进入 2010 年之后人口自然增长率下降到负值，表明辽宁省人口已进入负增长阶段。从人口总量来看，辽宁人口总量从 1978 年的 3394 万人增加到 2009 年的峰值 4255 万人，之后人口总量逐年下降。辽宁省人口状况的变动情况，影响到人口与经济社会协调发展，也关系到人民福祉以及全面建设小康社会的顺利实现。本文从把握辽宁省人口数量、年龄结构、自然变动等人口因素的变化规律和特点出发，全方位、多视角解读辽宁省人口与经济社会协调发展的重要内容。

一　辽宁省人口发展的基本现状分析

1. 人口总量到达峰值后回落，性别比更为均衡

图 1 显示，辽宁人口总量从 1978 年的 3394 万人增加到 2013 年的 4238 万人，年均增长率为 0.7%。辽宁人口总量在 2009 年达到峰值

4256 万人之后，开始平稳下降。另据 2010 年第六次全国人口普查数据，与"五普"相比辽宁省 10 年间总人口共增加 1921911 人，户籍人口共增加 5620354 人。总人口年均增加 19.22 万人，年均增长率为0.45%；户籍人口年均增加 56.2 万人，年均增长率达到了 1.43%。

辽宁省的性别比为 102.56：100。辽宁省男性人口数相对于"五普"时增加了 824362 人，但在总人口中的比例却下降了 0.35 个百分点，占比下降到 50.63%；女性人口数相对于"五普"增加了1097549 人，女性在总人口中的比重提高了 0.35 个百分点，达到49.37%。男女性别比相对于"五普"时，比例更为均衡。

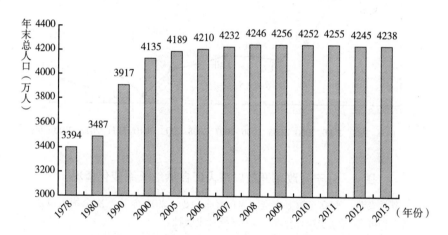

图1 辽宁省改革开放以来人口总量变化情况

资料来源：2000 年第五次全国人口普查数据，2010 年第六次全国人口普查数据。2014 年《辽宁统计年鉴》，中国统计出版社。

2. 人口自然增长率负向变动，人口总量净流入

从人口自然增长情况看，1978 年辽宁省人口自然增长率为12.70‰，之后逐年下降，到 2010 年人口自然增长率首次出现负值－2.1‰。2010 年之后，人口自然增长率逐步维持在－1.3‰到 0.3‰之间。2014 年辽宁省人口自然增长率为－0.5‰，人口出生率 7.6‰，

人口死亡率 8.1‰。从"五普"和"六普"数据比较来看,"五普"时辽宁人口出生率为 8.368‰(死亡率为 5.501‰,人口自然增长率为 2.867‰),到了 2010 年时人口出生率仅为 6.054‰,比"五普"时减少了 2.314 个千分点,而人口自然增长率出现负值 −2.1‰,该值低于辽宁总人口年递增率,说明辽宁省人口总量变化主要受人口净流入的影响。

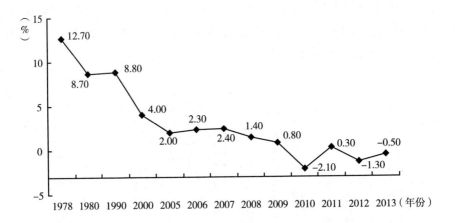

图 2　辽宁省改革开放以来人口自然增长率变化情况

资料来源:2000 年第五次全国人口普查数据,2010 年第六次全国人口普查数据。2014 年《辽宁统计年鉴》,中国统计出版社。

3. 人口净流入数量明显减少,人口聚集力减弱

从东北三省第五次人口普查数据和第六次人口普查数据比较来看,人口从净流入转变为净流出状态。"五普"时人口净流入 36 万人,"六普"时人口净流出 200 万人。从"六普"数据来看,辽宁省仍然是人口净流入省份,大约年净流入 20 万人。如果对比辽宁省"五普"和"六普"数据可以发现,辽宁省人口聚集能力明显减弱。从两次人口普查数据中常住人口和户籍人口比值情况

来看，五普时辽宁省常住人口与户籍人口的比值为 1.13，而六普时辽宁省常住人口与户籍人口的比值为 1.03。这一比值测算在一定程度上反映了辽宁省区域经济对人口的集聚程度，当某一地区的这一比值大于 1.2 时被称作强人口集聚地区，大于 1.1 小于 1.2 时被称作中人口集聚地区，大于 1.0 小于 1.1 时被称作弱人口聚集地区，小于 1.0 时被称作人口净流失地区。从辽宁省人口集聚程度的数据变化情况来看，辽宁省人口集聚程度由中人口集聚地区逐步走向弱人口集聚地区，且呈现出进一步减弱态势。

表1 辽宁省人口聚集程度比较

单位：人

时间	常住人口	户籍人口	人口集聚程度
五普	41824412	36913477	1.13
六普	43746323	42533831	1.03

资料来源：2000 年第五次全国人口普查数据，2010 年第六次全国人口普查数据。

4. 人口老龄化形势严峻，劳动力结构趋向老化

辽宁省人口年龄结构的变动趋势需要从全体人口老龄化与劳动力结构老龄化两个方面进行分析与判断。从辽宁省人口年龄化情况来看，"六普"时 0～14 岁人口数为 4996977 人，相对于"五普"时的 7393035 人，减少了 2396058 人，少年儿童占总人口比重下降到11.42%。15～64 岁人口数为 34239905 人，占总人口的比例也提高了 3.83 个百分点，达到 78.27%，相对于"五普"时的 31134171 人，绝对数增加了 3105734 人。65 岁及以上人口达到 4509441 人，相对于"五普"时的 3297206 人，增加了 1212235 人。辽宁省老年人口比重上升到 10.31%，较"五普"时提高了 2.43 个百分点。从 2013 年辽宁省人口分年龄结构分布情况来看，辽宁省 60 岁以上人口比重达到 19.13%，大连、丹东、锦州等市 60 岁以上人口比重已超过

20%，人口老龄化形势非常严峻。

从辽宁省人口老龄化速度来看，"六普"数据显示沈阳市老年人口系数从 7.88% 上升到 10.31% 只用了 10 年的时间；从全国来看，65 岁及以上老年人口比重从 2000 年的 6.96% 上升到 2010 年的 8.87%，10 年间只上升了 1.91 个百分点，而辽宁省 10 年间却上升了 2.43 个百分点。从国际数据及经验判断来看，老年人口系数提高 2 个百分点通常需要 40~100 年，有的甚至更长。可见，辽宁省人口老龄化的发展速度非常惊人，其发展速度不仅远远高于全国同期水平，也远超世界其他国家经验水平。

从辽宁省劳动力的老化程度及趋势来看，2005 年 18~35 岁劳动适龄人口为 1101.8 万人，占总人口比重为 26.30%；35~60 岁劳动适龄人口为 1778.7 万人，占总人口比重为 42.46%。到 2013 年，18~35 岁劳动适龄人口减少到 988.8 万人，所占比重降低到 23.33%；35~60 岁劳动适龄人口增加到 1866.8 万人，所占比重增加到 44.05%。这说明辽宁省劳动力人口以中壮年为主，且年龄构成逐步趋于老化，且老化趋势明显。这不仅影响到辽宁当前经济的社会活动效益，更直接影响到未来的劳动力供给、就业年龄结构以及未来经济发展的长久可持续能力。

表 2　辽宁省人口分年龄结构分布情况（2013 年）

单位：万人，%

地区	总人口	18 岁以下	18~35 岁	35~60 岁	60 岁以上	18 岁以下所占比重（%）	18~35 岁所占比重（%）	35~60 岁所占比重（%）	60 岁以上所占比重（%）
辽宁省	4238.0	571.5	988.8	1866.8	810.9	13.49	23.33	44.05	19.13
沈阳	727.1	90.8	173.3	320.3	142.7	12.49	23.83	44.05	19.63
大连	591.4	71.5	143.1	254.2	122.6	12.09	24.20	42.98	20.73

地区	总人口	18 岁以下	18 ~ 35 岁	35 ~ 60 岁	60 岁以上	18 岁以下所占比重（%）	18 ~ 35 岁所占比重（%）	35 ~ 60 岁所占比重（%）	60 岁以上所占比重（%）
鞍　山	349.8	48.4	78.7	155.1	67.6	13.84	22.50	44.34	19.33
抚　顺	218.0	24.3	47.8	103.0	42.9	11.15	21.93	47.25	19.68
本　溪	152.3	16.0	35.4	70.9	30.0	10.51	23.24	46.55	19.70
丹　东	239.6	30.2	52.1	108.8	48.5	12.60	21.74	45.41	20.24
锦　州	305.9	40.9	67.1	134.0	63.9	13.37	21.94	43.81	20.89
营　口	232.5	30.9	60.7	99.0	41.9	13.29	26.11	42.58	18.02
阜　新	191.1	26.0	43.9	87.0	34.2	13.61	22.97	45.53	17.90
辽　阳	180.0	24.3	39.1	80.9	35.7	13.50	21.72	44.94	19.83
盘　锦	129.0	18.8	30.4	57.8	22.0	14.57	23.57	44.81	17.05
铁　岭	301.9	42.8	68.6	135.3	55.2	14.18	22.72	44.82	18.28
朝　阳	339.5	56.9	80.5	145.7	56.4	16.76	23.71	42.92	16.61
葫芦岛	279.9	49.7	68.1	114.8	47.3	17.76	24.33	41.01	16.90

资料来源：2000 年第五次全国人口普查数据，2010 年第六次全国人口普查数据。2014 年《辽宁统计年鉴》，中国统计出版社。

5. 人均受教育年限显著增加，劳动力素质提升

1982 ~ 2010 年辽宁从业人员人均受教育年限有明显的提高。从平均受教育年限来看，1982 年人均受教育年限为 7.86 年，到 2010 年达到 9.73 年。在 1982 ~ 2010 年间，初中及大专以上受教育程度从业人员比重呈现较大幅度上升趋势，尤其是大专受教育程度从业人员的增长速度最快，其次为本科受教育程度从业人员。就业人员中未上过学的比例由 1982 年的 7.68% 下降到 2010 年的 0.71%。本科受教育程度的从业人员比重在 2000 年到 2010 年，增幅明显，由 2.18% 增加到 5.48%。这说明 20 世纪 80 年代以来，尤其是近十年从业人员文化程度上升得较快。可以说，人口受教育年限明显体现

了劳动力素质水平，劳动力的素质越高表明内在资本含量就越大，越能促进经济发展。反过来，经济的持续稳定发展可以增强一个国家或地区的经济实力，从而能加大对于教育的投资，提高劳动力素质。

表3　辽宁省就业人员受教育程度（1982～2010年）

单位：%，年

年份	未上过学	小学	初中	高中	大专	大学本科	研究生	平均受教育年（年）
1982	7.68	33.81	41.74	15.26	0.08	1.43	—	7.86
1990	4.34	30.87	45.54	15.61	2.12	1.23	—	8.38
2000	2.33	26.03	48.99	14.51	5.84	2.18	0.12	8.96
2010	0.71	17.50	53.93	14.29	7.62	5.48	0.47	9.73

注：①1982年大专学历从业人员比重为1982年辽宁省人口普查中大学肄业从业人员比重。

②$E = \sum_{i=1}^{7} C_i P_i / \sum P_i$ 式中：E表示平均受教育年限。C_i表示i级别的平均受教育年限。i表示各级别文化程度：$i=1$表示未上过学，受教育年限为0年；$i=2$表示小学，受教育年限为6年；$i=3$表示初中，受教育年限为9年；$i=4$表示高中，受教育年限为12年；$i=5$表示大专，受教育年限为16年；$i=7$表示研究生以上，受教育年限为19年。

资料来源：《中国劳动统计年鉴（2001～2010）》，中国统计出版社；辽宁省第三、四、五、六次人口普查资料。

二　辽宁省人口与经济社会发展协调状况分析

经济社会生产必须立足于一定数量和质量的人口，没有最低限量的人口就不存在经济社会活动的实现。人口通过数量、年龄结构、自然变动、地域分布、质量、素质等因素影响着资源的分配状况、劳动力丰裕程度等进而影响着经济社会系统。

1. 人口总量峰值回落影响人口储备，制约区域经济长期发展

经济效益与人口发展尤其是人口总量的变动直接相关。辽宁人口总量在 2009 年达到峰值 4256 万人之后，从 2010 年起逐步平稳下降。与此同时，辽宁人口自然增长率负向下降、人口老龄化趋势等，意味着辽宁省人口增量的减少，不能维持更替水平的生育率将影响辽宁省人口的长期均衡发展。目前辽宁省人口自然增长率处于负向变动状况，将会导致劳动年龄人口减少问题雪上加霜，也使得辽宁省在经济下行条件下的经济增长形势更为严峻，制约了辽宁省区域经济的发展。从 2005～2014 年 10 年间的数据来看，辽宁省的国内生产总值由 2005 年的 8047.3 亿元增长到 2014 年的 28626.6 亿元，增长了 2.56 倍，平均年增长率为 28.41%。2014 年辽宁省全年地区生产总值 28626.6 亿元，按可比价格计算，比上年增长 5.8%；2015 年第二季度 GDP 增速仅为 2.6%，第三季度增速为 2.7%，远低于全国 GDP7% 的增速。从经济社会的可持续发展来说，足够的人口储备和劳动力数量是一个长期的人口与经济发展问题。人口总量与经济社会发展的互动，一方面存在着人口规模扩大影响经济发展问题，另一方面也存在着人口总量回落劳动力短缺带来的经济发展问题。在辽宁省到达人口总量高峰回落之后，人口老龄化、劳动年龄人口减少等人口问题带来的新一轮人口总量与经济水平之间的不适应问题，将影响经济社会的进一步发展。

2. 人口红利第一阶段结束，进入第二人口红利阶段

人口年龄结构是长期人口自然增长和人口迁移综合变动的结果，不仅关系着未来人口发展速度、规模、类型和趋势，而且对于社会经济发展也将产生重要作用。从辽宁省人口年龄结构变动情况来看，辽宁省从"五普"到"六普"65 岁及以上老年人口比重上升了 2.43 个百分点，对比世界上较早进入老龄化的国家提高 2 个百分点需要40～100 年时间，辽宁省人口老龄化速度惊人。同时对比全国人口老龄化

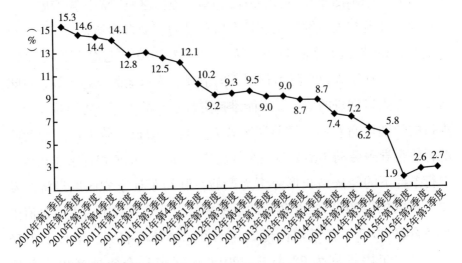

图3　辽宁省地区生产总值变动情况（2010～2014年）

速度10年间上升1.91个百分点，辽宁省人口老龄化速度也远超全国同期平均水平，可以说辽宁省是我国率先进入"未富先老"的省份。与此同时，人口老龄化会加大消费性人口比例，降低生产性劳动力人口的比重，而且目前辽宁省劳动力年龄结构老化也严重影响到经济发展速度和劳动生产率。一般来说伴随着人口老龄化和劳动力年龄结构变化，在经济增长的情况下，劳动年龄人口增量减少会导致劳动力短缺，这意味着劳动力无限供给的"人口红利"时代结束和"刘易斯拐点"的到来，劳动力密集优势必然弱化，产业结构要向资本和技术密集型升级转变。

人口作为经济社会发展的重要要素，"人口红利"时代结束和人口老龄化加速对未来经济增长、资本市场、社会保障基金等都会造成一定影响。与此同时，人口老龄化作为经济社会发展中的客观现象，经济社会发展随人口年龄结构转变进入第二人口红利阶段。根据老龄人口的消费需求、就业能力、纳税能力、投资能力来调整产业结构、拉动消费和市场发展后劲，促进经济与社会和谐发展，构筑社会经济发展的新阶段。

3. 人口因素助推经济社会发展，结构矛盾制约优化发展

人是促进生产力发展的最能动、最积极、活跃的因素，是人口数量和人口质量的统一。人口素质高低将直接作用于社会生产力，是区域经济发展中的重要促进力量。根据著名的科布—道格拉斯（Cobb-Douglas）生产函数对辽宁省人口因素与经济发展之间的关系进行分析，其数学表达式为：$0 < \alpha < 1$，$0 < \beta < 1$，$\alpha + \beta = 1$，将 $\alpha + \beta = 1$ 变形，可以得到 $Y = AK^{\alpha}L^{\beta}H^{\gamma}$，其中 Y 为总产出，A 为技术进步，K 为累计的物质资本，L 为劳动力数量，H 为从业人员的平均受教育年限。根据辽宁省人口投入数量、人均受教育年限、物质资本投入情况、经济发展水平等数据，运用 SPSS17.0 对模型中各项参数进行估计，得到辽宁省生产函数：

$$Y = e^{-27.443}K^{0.394}L^{2.043}H^{7.926} \hspace{3cm} \text{（公式1）}$$

表4　辽宁省生产函数的多元回归模型检验结果

单位：%

	非标准化系数		标准化系数	T 检验	Sig.
	B	Std. Error	Beta		
常数项	−27.443	6.374		−4.306	0.000
Ln 物质资本投入	0.394	0.090	0.462	4.382	0.000
Ln 人口数量	2.043	0.831	0.156	2.458	0.022
Ln 平均受教育年限	7.926	2.034	0.393	3.896	0.001
R = 0.9333，　R Square = 0.987，　Adjusted R Square = 0.985					

从辽宁省生产函数回归模型来看，影响总经济增长的诸要素中，人均受教育年限、人口数量、物质资本投入均对辽宁省经济增长存在正向影响。经过标准化之后，人均受教育年限系数为 0.393，人口数量系数为 0.156，物质资本投入系数为 0.462，即影响系数分别是物

质资本投入＞人口素质投入＞人口数量投入，可见辽宁省经济增长的贡献因素中物质资本投入高于人力资本投入。再从贡献率来看，物质资本投入贡献率为69.06％，人口数贡献率为2.53％，人口素质（平均受教育年限）贡献率仅为3.09％，全要素生产率为25.33％。可见，辽宁省经济增长贡献因素中，投资拉动的影响较大，人口因素中人口数量和人口质量皆对经济增长有推进作用。

再进一步分析人才结构配置情况，可发现辽宁省人才结构存在着传统产业人才多、高新技术人才少，单一型人才多、复合型人才少的特征。同时在技能人才队伍配置中呈现出初级、中级工比重大，高级工比重小，高级技师比重更小的特征。例如在沈阳市的人才结构中，技能人才主要集中在交通运输等传统产业中，现代服务业、高新技术产业等新兴现代产业中，技能人才仍然偏少，在具体工种上新兴职业工种如数控车工、数控洗工的人员比例相对较小。从学历层次上看沈阳市中专和高中文化层次的技能人才占比为86.27％，高层次文化程度职工比例不高，技能人才学历结构不合理。辽宁省人才配置结构存在的结构性矛盾问题影响着人力资源市场与经济增长的均衡关系，人力资源没有得到充分利用，不利于人才资源的良性再生产，更不利于辽宁省经济社会快速健康发展。

4. 人口社会经济协调弹性下降，人民生活水平改善放缓

人口与社会经济协调发展是指趋于人口与社会经济的整体以合理的比例发展，可以用协调度来衡量。根据辽宁省经济递增速度和人口递增速度指标的比值得到的人口社会经济协调弹性系数来判断人口与社会经济协调发展的协调程度。协调程度和协调级别是重要的判断指标，人口社会经济协调弹性系数基础值定义为 M＝1，即人民生活水平保持原有水平；若人口社会经济协调弹性系数 M＜1，表示社会经济发展处于停滞状态；若人口社会经济协调弹性系数 M＞1，则说明

社会经济发展进步状态。进一步地，根据日本、韩国、中国台湾等亚洲国家与地区人口社会经济协调弹性系数历史数据，若弹性系数大于5，则更有利于提高人民生活水平，实现人口与社会经济协调发展的良性循环。因此，人口社会经济协调弹性系数 1 < M < 4.9 为人口社会经济协调缓进级，人民生活有所改善，但改善速度缓慢；人口社会经济协调弹性系数 M≥5 时，为人口社会经济协调发展级。

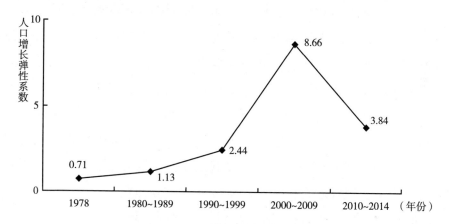

图4　辽宁省改革开放以来人口社会经济协调弹性系数变动情况

资料来源：2000 年第五次全国人口普查数据，2010 年第六次全国人口普查数据。2014 年《辽宁统计年鉴》，中国统计出版社。

1978 年，辽宁省人口社会经济协调弹性系数 0.71，属于人口社会经济协调缓进级；1980～1999 年，人口社会经济协调弹性系数仍处于 0～4.9，仍属于人口社会经济协调缓进级；到 2000～2009 年，人口社会经济协调弹性系数达 8.66，属于人口社会经济协调发展级；进入 2010 年之后，人口社会经济协调弹性系数有所下滑，为 3.84，属于社会经济协调缓进级。

从人口社会经济协调弹性系数分析结果来看，改革开放之后，辽宁省人口社会经济协调程度逐步提升，在 2000～2009 年达到高度协调发展状态，进入 2010 年之后，人口社会经济协调程度开始

下降，处于人口社会经济协调缓进状态，人民生活水平改善步伐放缓。

三 推进区域人口经济社会协调发展，全面提升区域竞争力

从辽宁省人口总量、结构、素质、协调弹性等因素来分析，辽宁省人口与经济社会发展基本协调发展，处于高度协调发展之后的低度调整阶段。区域内的人口与经济发展水平基本适应，但还存在着人口聚集能力减弱、人才结构矛盾、人口红利结束、快速人口老龄化与经济社会发展之间不适应的问题。这些不协调因素制约了辽宁省人口资源转化为生产力的进度和速度，也制约了辽宁省经济社会发展的进程。协调处理好人口与经济社会发展之间的问题，是解决辽宁省经济下行压力下实现经济目标和跨越式发展的重要问题。

1. 树立人口经济社会协调发展理念，创造良好人口环境

在经济社会发展中树立人口与经济社会协调发展的理念。一是适度鼓励普遍性的二胎化，增加未来人口总量。二是促进人口流动区域内集聚。三是大力提高人口素质，开发利用人力资源。四是促进人口经济社会发展与生态环境发展相协调。人口经济社会协调发展的理念是结合人口数量与经济发展的平衡，促进人口素质提高、以结构调整、分布改善，把握人口与经济、社会、资源环境的内在联系，将人口因素与资源环境、经济社会发展放在一个大背景下，实现人口与经济社会发展的有机融合，将人口规模、人口结构、人口素质置于经济社会协调发展的框架下，以创造一个区域协调的良好人口环境。

2. 制定高素质人才的吸引优惠政策，增强人口集聚效应

在目前经济下行以及东北地区人口流失的形势下，辽宁省人才集聚能力出现减弱趋势，为避免高素质人才流失，制定吸引人才优惠政

策，千方百计地吸引人是推动辽宁省人口、资源、环境协调发展的关键路径。目前辽宁正处于全面建设小康社会的决胜时期，也是新一轮老工业基地振兴的重要阶段，高素质人才是振兴老工业基地的第一资源，应积极采取措施广泛吸引各类人才。首先，大力引进各类高素质人才。可以采用在住房、保险、子女入学、配偶安置、亲属随迁、投资创业、干部选拔任用等方面给予政策优惠，吸引辽宁省经济发展建设急需的各类高素质人才来定居、工作或创业。其次，各企业可通过建立健全职工职业生涯规划机制，为员工提供充分的调动或晋升机会，在录用高素质人才时才能使其看到充分的职业发展空间。最后，构建和谐的工作环境。吸引人才除了提供较好的激励优惠条件外，宽松、和谐的工作环境也是吸引人才的重要因素。总之，以高素质人才的吸引激励优惠政策，增加软投入实力，增强辽宁省区域人口集聚效应。

3. 加大区域教育投资技术创新力度，支撑区域经济发展

辽宁省的经济社会发展已由依靠人口红利和物质资本投资拉动推进阶段逐步转向依靠技术创新等软投入推动经济发展阶段。新的经济增长模式的主动力在于整体提升人口素质，加大区域教育投资和技术创新水平。增加辽宁省教育投资，重视人才，提升人力资本水平和科技水平，注重挖掘有特殊技能人才，制定吸引人才的财政支持政策，实施灵活多样的办学形式，使正规教育、业余教育、成人教育、企业培训等人才培养方式共同促进，建立既适合辽宁省省情又符合人才培养和技术创新规律的政策机制，提升辽宁人口素质，为提升辽宁省区域竞争力打造良好的智力支撑体系。

4. 推进区域产业结构优化升级调整，发挥人力资本作用

高质量的劳动力结构必然会为产业结构的调整提供良好的条件，促进产业结构的优化升级。反之，产业结构优化升级也会使各产业中产品的知识含量与技术含量不断提高，产业间呈现出由劳动力密集型

向技术密集型转移的特征，充分发挥人力资本的作用。从辽宁省产业结构调整情况来看，主导产业仍然是劳动密集型产业，产业结构调整进程落后于全国平均水平。因此要积极推进辽宁省产业机构的调整和优化升级，实现产业由劳动密集型向技术密集型转变。技术进步对辽宁省经济发展与就业都具有促进作用。要大力发展技术密集型产业并逐步淘汰替换那些环境污染严重、资源消耗过多的劳动密集型产业。可在电子通信、生物医药、新材料、技术性服务业、知识性服务业等领域积极发展技术密集型产业，逐步实现产业结构的跨越式提升，形成产业发展与就业发展相结合的互动局面。

5. 人口与经济社会环境可持续发展，助推东北振兴战略实施

面对辽宁省更加复杂人口形势，更加突出的人口结构性矛盾，社会发展问题、经济增长问题、环境保护问题更加显著。要建设人口与资源、环境和经济的相互协调的大系统，根据辽宁省主体功能区规划，实现人口与经济社会资源环境可持续发展是提升区域竞争力推进东北振兴的根本保证。首先，中部城市群中以沈阳为核心要采取空间适度扩张和人口聚集并举的城市化战略，走集约化发展道路；对于资源和土地等综合条件较好、发展潜力较大的其他周边城市和中心镇，要通过政策扶持，增强其产业和人口集聚能力。其次，利用辽宁沿海经济带的区位优势，在大连、丹东、锦州、营口、盘锦、葫芦岛六个沿海城市所辖行政区域，加快人口集聚，促进沿海及经济带间的区域优势互补和协调发展。再次，积极引导辽西北地区的人口与经济社会协调发展。辽西北地区受自然条件的限制，经济发展水平较低，产业竞争力不强，人口承载力有限。通过积极的人口政策，放宽户籍条件、增加劳动力转移的就业培训等，从而提高人口素质，实现人口与资源环境的优化配置，以推动地区经济发展与产业结构的升级。最后，辽东地区以生态保护的项目和人口布局统筹考虑，处理好人口、

资源和环境的关系，做好生态保护规划，改善辽东山区的生态环境，促进人口资源环境持续发展。

参考文献

张笑宇：《中国人口经济论》，人民出版社，2007。

王国强：《中国区域人口与发展研究》，长春出版社，2009。

陈家华、张力等：《改革开放与人口发展》，复旦大学出版社，2008。

肖立见、张俊良：《转变时期中国人口与社会经济发展》，西南财经大学出版社，2005。

肖自立、周双超：《中国人口与可持续发展》，中国人口出版社，1998。

杨坚白、胡伟略：《人口经济论》，社会科学文献出版社，2007。

B.19
2015年辽宁省城乡居民
收入分配状况研究

姚明明*

摘　要： "十二五"时期以来，辽宁省委、省政府高度重视城乡居民收入分配制度改革，千方百计拓宽城乡居民增收渠道，优化城乡居民收入分配结构，特别是2015年辽宁省以完善机关事业单位工资制度为重点，进一步深化收入分配制度改革、理顺收入分配关系，城乡居民收入保持了较高增长速度，城乡居民收入来源多元化，城乡居民生活水平得到持续改善。但不断扩大的城乡居民之间、地区及行业之间的收入分配差距及不尽合理的收入分配格局等仍然不容忽视。本文在回顾"十二五"时期特别是2015年辽宁省城乡居民收入分配状况的基础上，利用各种收入分配指标分析城乡居民收入分配概况以及存在的新、旧问题，并在研判2016年辽宁省收入分配发展趋势的前提下，提出进一步改善收入分配格局、规范收入分配秩序和理顺收入分配关系的政策建议。

关键词： 收入分配　收入差距　辽宁

---

* 姚明明，辽宁大学国民经济学博士研究生，主要研究方向：宏观经济管理与城镇化。

辽宁省委、省政府在"十二五"时期不断推进收入分配制度改革，城乡居民收入分配状况得到了显著改善。农村家庭人均纯收入从2011年的8296.5元增加到2014年的11191.5元，增长了34.9%；城镇居民家庭人均可支配收入从20466.8元增加到29081.8元，增长了42.1%。2011～2013年，城镇居民家庭和农村居民家庭恩格尔系数均呈现下降趋势，分别从35.5下降到32.2，以及从39.1下降到32.9。同时，根据《中国统计年鉴（2014）》的数据，从全国及其他省份收入分配状况看，2013年辽宁省农村居民人均纯收入突破1万元，达到10522.7元，仅次于沪、京、浙、津苏等八省市，位居第九位，高于全国平均水平8895.9元。2013年辽宁省城镇居民人均可支配收入为25778.2元，同样位居全国第九位，但略低于全国平均水平26955.1元。虽然辽宁省收入分配状况从全国看表现尚可，但是依然存在着城乡居民收入差距扩大、地区收入不均等、收入分配格局不合理等新、旧问题，亟须进一步深化收入分配制度改革、提高中等收入群体的比重、理顺收入分配关系及合理调整国有企业分配关系等。

一　2015年辽宁省城乡居民收入分配概况

2015年是辽宁省收入分配深化改革的一年。早在2月，辽宁省人力资源和社会保障工作会议就决定，从6月开始正式启动机关事业单位工资改革。本次收入分配改革的目的在于优化事业单位职工的工资结构，适当提高基层公务员工资水平，同时健全国有企业负责人薪酬制度，促进辽宁省收入分配向"橄榄型"格局转变。虽然改革措施实施的效果存在时滞，但是辽宁省以机关事业单位为突破口的收入分配改革，为改善辽宁省收入分配格局、构建和谐辽宁奠定了坚实基础。从2015年第一、第二季度的数据来看，辽宁省GDP在第一季度为5719.1亿元，同比增长0.98%；第二季度为7285.87

亿元,同比增长为负值 - 3.42%。但是,辽宁省居民人均可支配收入同比却表现出较高的增长率。第一季度全省居民人均可支配收入为 6612.28 元,同比增长 8.81%;第二季度全省居民人均可支配收入为 6044.8 元,同比增长 6.59%。具体来看,2015 年第一季度辽宁省城镇居民人均可支配收入为 7938.35 元,同比增长 8.02%;第二季度城镇居民人均可支配收入为 7685.7 元,同比增长 6.64%。农村居民人均可支配收入第一季度为 4105.76 元,第二季度为 3016.95 元,同比分别增长 9.20%、5.95%。因此,虽然辽宁省 GDP 增长速度较低,甚至为负值,全省经济下行压力不断加大,但是城乡居民的收入水平却表现出较高的增长速度,这说明省委、省政府继续深化收入分配改革的红利不断释放,提高最低工资标准和完善社会保障制度的工作卓有成效。

(一)城乡居民人均可支配收入具有季节波动性

从 2013 年第一季度到 2015 年第二季度的人均收入数据看,城镇居民人均可支配收入的季节波动性明显低于农村居民人均纯收入,并且城镇居民人均可支配收入在每年的第二、三季度基本持平,第一季度往往明显高于前一年度任一季度的数值,且具有稳步上升的趋势。图 1 所示,如 2013 年前三季度城镇居民人均可支配收入维持在 6600 元左右,第四季度达到 6805.78 元,到了 2014 年四个季度维持在 7200 元到 7400 元之间。农村居民人均纯收入受季节波动性很大,而且多呈现每年度第一季度人均纯收入最高,随后三个季度呈明显下降趋势。如 2014 年第一季度农村居民人均纯收入为 3759.92 元,其后三个季度依次下降为 2847.48 元、2418.94 元和 2165.15 元。同样,2015 年第一季度为 4105.76 元,第二季度下降为 3016.95 元。

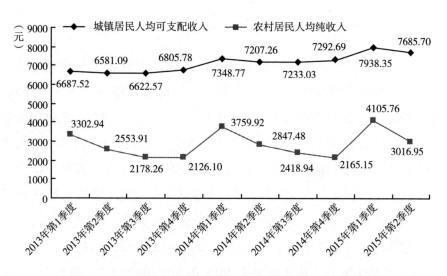

图1 辽宁省城乡居民人均可支配收入季度波动趋势
（2013 年第一季度至 2015 年第二季度）

资料来源：国家统计局官方网站及《辽宁省统计年鉴》。

图2 辽宁省城乡居民家庭人均收入增长趋势（2006～2014 年）

资料来源：各年度《辽宁统计年鉴》，2014 年数据来自辽宁省统计局发布《2014 年辽宁省国民经济和社会发展统计公报》。

（二）城乡居民家庭人均收入呈持续增长态势

从图2可以看出，辽宁省城乡居民家庭人均收入呈现随年度递增的趋势。2006年辽宁省城镇居民家庭人均可支配收入为10369.6元，到了2014年，达到29081.8元，名义增长180.5%。同期，农村居民家庭人均纯收入从4090.4元增加到11191.5元，名义增长173.6%，农村居民家庭人均收入增幅略低于城镇居民家庭人均收入。与同期辽宁省国内生产总值相比，名义GDP增幅为307.7%。这说明城乡居民在国民经济持续增长过程中，分享到了经济发展的成果，家庭人均收入水平随之提高。但也应当看到，城乡居民家庭人均收入的趋势线，已经由2006年相距较近，逐步演变为2014年相距很大的"喇叭口"趋势，表明城乡居民家庭人均收入的绝对数差距存在扩大趋势。

（三）城乡居民收入来源多元化

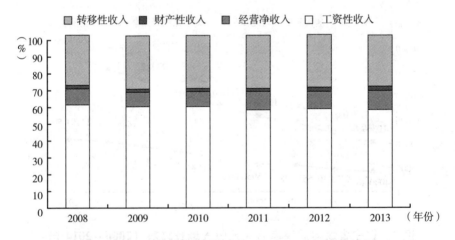

图3　辽宁省城镇居民家庭收入来源（2008～2013年）

资料来源：根据各年度《辽宁统计年鉴》数据计算所得。

城乡居民的收入来源多元化，收入结构不断优化。图3展示了2008～2013年，辽宁省城镇居民家庭人均年收入来源情况。从绝对占比大小角度看，工资性收入占城镇居民家庭人均年度总收入的比重在50%～60%，即家庭人均收入中有一半以上来自工资收入，其次是转移性收入，占比在30%上下，这部分转移性收入多来自城镇社会保障制度提供的资金收入，如养老金或离退休金、社会救济收入、失业保险金、提取的住房公积金等；再次是经营性收入，占家庭人均总收入的10%左右。而财产性收入占比最低，在1.5%～2.5%，主要来自房屋租金收入、其他投资收入、利息、股息与红利收入等。从各项收入来源的变化趋势角度看，城镇家庭人均年度总收入中，工资性收入在总收入中的比重呈下降趋势，已经由2008年的59.95%下降到2013年的56.91%，而经营净收入则呈现上升趋势，由2008年的9.37%提高到2013年的10.79%。这说明城镇居民家庭在拓宽家庭收入渠道上多倾向于自主创业或兼业方式，对活跃辽宁省民营经济，促进"大众创新，万众创业"有引导作用。而在具有再分配属性的转移性收入方面，占辽宁省城镇居民家庭人均年度总收入的比重基本维持在第二位，仅次于工资性收入，说明国民收入再分配在促进城镇居民家庭收入增长方面具有重要作用。总体而言，辽宁省城镇居民家庭收入结构仍旧以工资性收入为主，以转移性收入为辅，经营净收入占比呈增长趋势，整体收入来源呈现多元化且合理化的态势。辽宁省农村居民家庭人均总收入与城镇居民家庭人均总收入表现出很大的不同。图4所示，农村居民家庭人均总收入中占比最高的是家庭经营净收入，基本保持在70%上下，家庭经营净收入成为农村居民家庭收入的最主要来源。这部分收入主要来自第一产业经营收入和批零贸易、餐饮业收入，而农业又是第一产业经营收入的主要来源，其次是牧业。工资性收入是辽宁省农村居民家庭收入的第二大来源，占比约为23%，这部分收入主要来自外

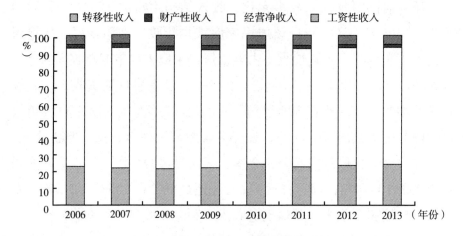

图4　农村居民家庭总收入来源

资料来源：根据2014年《辽宁统计年鉴》数据整理所得。

出务工、在本乡地域从事非农产业等。工资性收入占比呈现上升趋势，由2007年的22.4%提高到2013年的24.36%，提高了1.96个百分点。转移性收入在农村居民家庭收入中占比为第三位，保持在5%~6.5%，并且该比例在2009年达到最大值6.4%，随后下降，到2013年仅为5.29%。而财产性收入在农村居民家庭收入中的占比最低，且呈现逐年降低的趋势，2006年该比例为2.2%，到2012年下降到1.61%，2013年仅回升0.03个百分点，达到1.64%。因此，与城镇居民家庭收入结构相比，转移性收入成为增加农村家庭收入的短板，有必要加大再分配力度，认真落实各项对农补贴政策，增加农民收入。

综上所述，辽宁省城乡居民家庭的收入来源呈现多元化，且各项收入结构有一定的合理性，无论是城镇居民还是农村居民家庭收入占比中，财产性收入的占比均最低，因此，着力提高城乡居民的财产性收入，是增加城乡居民收入最具潜力的有效途径。

（四）城乡居民生活水平持续改善

恩格尔系数作为衡量一国或地区人民生活富裕程度的重要指标，用食物支出占家庭总支出的比例来表示。该比例越大，表明家庭支出中用于饮食支出越大，家庭越贫穷。一般界定恩格尔系数低于30%为最富裕，30%~40%为富裕。表1展示了辽宁省城乡居民家庭恩格尔系数，可以看出，城镇居民家庭从2005年开始率先进入富裕的比例范围，早于农村居民家庭至少两年，农村居民家庭在2009年才彻底进入富裕标准以内。2013年，城乡居民家庭的恩格尔系数分别为32.2%和32.9%，相差仅0.7个百分点，基本持平。这说明辽宁省城乡居民的消费水平在不断提高，已经由生存型消费向更高阶段的享受发展型消费转变。

表1　2004~2013年辽宁省城乡居民家庭恩格尔系数

单位：%

年份	2004	2005	2006	2007	2008	2009	2010	2011	2012	2013
城镇居民	40.4	38.8	38.8	37.8	39	38	35.1	35.5	35	32.2
农村居民	46.4	41.6	41.2	39.6	40.6	36.7	38.2	39.1	38.4	32.9

资料来源：各年度《辽宁统计年鉴》。

（五）机关事业单位职工工资增幅下降

从国有经济单位在岗职工的平均工资数据看，在绝对数值上，无论是国有企业还是机关事业单位的在岗职工，平均工资水平均呈增加趋势。图5所示，如2009年国有企业在职职工的平均工资为30470元，事业单位职工为34004元，机关单位职工为35318元，到了2011年三部门职工平均工资均突破40000元，到了2013年除机关单位职工平均工资为44011元以外，国有企业和事业单位职工平均工资均超过45000元。

但在国有企业、机关事业单位在职职工平均工资增长速度方面，三者既存在相同之处又有不同之处。相同之处在于，自"十二五"时期以来，国有企业、机关单位和事业单位职工的平均工资增幅均呈下降趋势，且同期相比，在职职工平均工资增幅由高到低依次为国有企业、事业单位和机关单位。如 2012 年三者平均工资增幅分别为 9.96%、8.32% 和 5.53%，到了 2013 年分别为 7.82%、6.37% 和 3.31%。不同之处在于，国有企业单位职工平均工资增长率有一个先升后降的倒"U"形走势，并在 2011 年达到最大值 17.11%，随后下降到 2013 年的 7.82%。而事业单位和机关单位职工的平均工资增幅，基本表现为持续下降趋势。

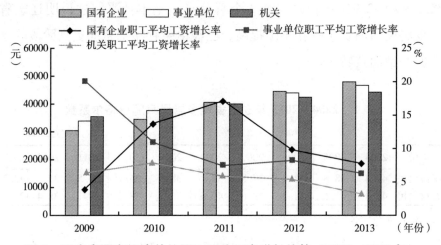

图 5　辽宁省国有经济单位职工平均工资增长趋势（2009～2013 年）

资料来源：根据各年度《辽宁统计年鉴》整理所得。

二　辽宁省城乡居民收入分配问题分析

（一）城乡居民之间收入分配差距重拾扩大趋势

从"十二五"时期以来，辽宁省城乡居民收入分配差距扩大，仍然是收入分配面临的重要难题，并且收入分配差距面临新问题、新情况。首先表现为全省城乡居民之间收入差距重拾扩大趋势。从图6可以看出，辽宁省城乡居民之间的收入差距从绝对数值上看，呈现递增趋势，由2006年的城乡居民收入差6000元左右，到2011年扩大到12000元，增加了近一倍，2014年则达到了18000元，三年间又增加了6000元。从城乡居民收入比的相对值看，城乡居民之间的收入差距具有明显的"N"字形波动特征。2006年城乡居民收入比为2.54左右，然后逐步攀升到2009年最高点2.63左右，随后年份呈下降趋势，到2013年降至谷底2.43左右，而2014年又重拾升势，激增到2.6。

因此，虽然连续多年积极实施促进农民增收，统筹城乡发展，缩小城乡居民收入差距的政策措施，在一定程度上降低了城乡居民收入比，但是2014年再次高企的城乡居民收入比不容忽视，必须在高度重视城乡居民绝对收入差距扩大趋势下，针对城乡居民之间收入差距面临新情况的现实，尽快采取应对政策措施，扭转收入差距扩大的势头。

（二）地区间收入差距进一步扩大

不同地区之间，资源禀赋、地理位置及其他客观因素的影响，造成经济社会发展不平衡，是较为普遍的现象，并由此造成城乡居民在不同地区的收入分配水平存在差异。从某种意义上，合理的收入分配差距可以为经济发展提供一定动力，但是持续扩大的收入分配差距，则会对地区经济社会发展带来消极影响。表2列出了2006～2013年，辽宁省各地区农村居民家庭人均收入的基本情况。从表2可以看出，大连、沈阳、盘锦的农村居民家庭人均收入水平位于各年度前三位，而朝阳、阜新、葫芦岛则位于后三位。最高水平与最低水平的收入差距达到近一倍。即使大连和沈阳相比，农村居民家庭人均收入的差距，也具有逐年扩大的趋势。如2006年大连农村

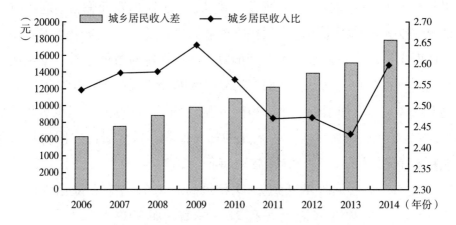

图 6　辽宁省城乡居民收入差与收入比变化趋势（2006～2014 年）

资料来源：根据各年度《辽宁统计年鉴》整理所得。2014 年数据来自辽宁省统计局公布的《二〇一四年辽宁省国民经济和社会发展统计公报》。

居民家庭人均收入比沈阳高 1272 元，到 2011 年这一差距达到 2638元，2013 年达到 3250 元。其他地区之间的农村居民家庭收入差距也具有类似趋势。

表 2　辽宁省各地区农村居民家庭人均收入（2006～2013 年）

年　份	2006	2008	2009	2010	2011	2012	2013
大　连	6984	9818	10725	12317	14214	15990	17717
沈　阳	5712	8029	8753	10022	11576	13045	14467
盘　锦	5711	7701	8479	9750	11437	12935	14462
鞍　山	5282	7291	8094	9250	11146	12617	14207
营　口	5001	6944	7687	8863	10662	12080	13675
丹　东	4650	6630	7295	8340	10033	11428	12822
辽　阳	4600	6423	7076	8095	9844	11183	12379
本　溪	4455	6164	6750	7845	9524	10800	12204
锦　州	4165	6089	6627	7756	9447	10789	12137

续表

年　　份	2006	2008	2009	2010	2011	2012	2013
铁　　岭	4222	6050	6585	7739	9271	10569	11869
抚　　顺	4160	5560	6146	7203	8780	10062	11310
全　　省	4090	5576	5958	6908	8297	9384	10523
朝　　阳	3365	4900	5170	6142	7536	8689	9949
阜　　新	2852	5030	5382	6372	7615	8772	9939
葫 芦 岛	3650	5152	5595	6597	7901	8983	9927

资料来源：根据各年度《辽宁统计年鉴》整理所得。

（三）行业间收入差距分化明显

从辽宁省2010～2013年分行业职工平均工资数据可以看出，收入差距在行业间同样表现明显。表3表明，居于收入水平前三位的是金融业，信息传输、软件和信息技术服务业，科学研究和技术服务业，四年均值分别为73245.52元、64937.49元和54957.26元；收入水平居于后三位的是农、林、牧、渔、业，住宿和餐饮业，水利、环境和公共设施管理业，均值分别为11788.63元、27965.45元和29099.35元。行业职工平均工资最高与最低的比值达到6.21∶1。因此，具有资本、技术或资源垄断性质的行业，保持了较高的工资水平，而非垄断行业的工资水平则相对较低。

表3　辽宁省分行业职工平均工资（2010～2013年）

单位：元，%

行业	2010年	2011年	2012年	2013年	标准差	均值	变异系数
总计	35057	38713	42503	46310	4847.64	40645.78	11.93
房地产业	28395	32740	36462	45946	7473.18	35885.90	20.82
住宿和餐饮业	21708	26242	30743	33169	5063.47	27965.45	18.11
交通运输、仓储及邮政业	38833	44053	51433	56132	7679.52	47612.82	16.13

续表

行业	2010 年	2011 年	2012 年	2013 年	标准差	均值	变异系数
批发和零售业	28635	32112	35950	41011	5309. 50	34426. 86	15. 42
居民服务、修理和其他服务业	25196	28760	33021	34995	4386. 31	30492. 97	14. 38
制造业	32256	36462	39467	45372	5514. 99	38389. 27	14. 37
建筑业	28545	31182	34788	39621	4797. 47	33534. 08	14. 31
采矿业	41419	49244	54578	56807	6842. 26	50511. 98	13. 55
金融业	61507	69494	78577	83404	9720. 88	73245. 52	13. 27
租赁和商务服务业	26905	28988	33282	35564	3946. 23	31184. 66	12. 65
电力、燃气及水的生产和供应业	43069	46754	52372	56246	5848. 38	49610. 33	11. 79
卫生和社会工作	37552	41463	45675	49340	5111. 18	43507. 68	11. 75
信息转输、软件和信息技术服务业	56870	61650	67171	74059	7395. 44	64937. 49	11. 39
农、林、牧、渔业	10109	11550	12213	13195	1295. 37	11766. 63	11. 01
文化、体育和娱乐业	37218	40765	44102	47401	4375. 39	42371. 49	10. 33
科学研究和技术服务业	48882	54990	55775	60182	4650. 44	54957. 26	8. 46
教育	42266	45240	48562	50771	3734. 44	46709. 86	7. 99
水利、环境和公共设施管理业	27105	28202	29896	31194	1807. 69	29099. 35	6. 21
公共管理、社会保障和社会组织	37842	39976	42099	42985	2299. 68	40725. 50	5. 65

资料来源：根据各年度《辽宁统计年鉴》整理所得。

（四）城乡居民收入增速分化

城乡居民家庭人均收入的增长速度存在明显分化。从各年度辽宁省城乡居民收入的增长速度看，城镇居民家庭人均可支配收入增长速度呈"W"形，如图7所示，2007年增长速度为18.62%，到2009年下降为9.51%，随后2011年企稳达到15.55%，2013年又降低到10.14%，2014年又回升至13.70%。而农村居民家庭人均纯收入增长率则波动较大，且维持下降趋势。自2011年达到最高增长率20.1%之后，一直处于持续下降趋势，并且在2014年没有像城镇居民家庭收入增长率那样回升，而是继续降低到6.36%。因此，城乡居民家庭人均收入的增长趋势发生分化，由此，可能造成城乡居民收入差距进一步扩大。

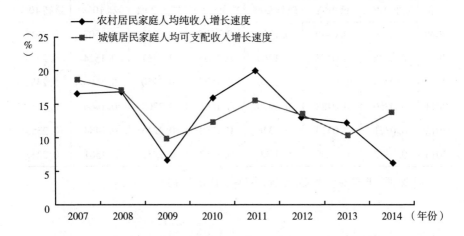

图7 辽宁省城乡居民家庭人均收入增长率（2007～2014年）

资料来源：根据各年度《辽宁统计年鉴》计算所得，且2014年数据来自《2014年辽宁省国民经济和社会发展统计公报》。

（五）收入分配格局不合理

通过将辽宁省城镇居民收入划分为七个阶层：最低10%、低10%、较低20%、中间20%、较高20%、高10%和最高10%。然后用各阶层收入除以总收入，可以得到各阶层可支配收入所占

的比重。如表4所示，最高10%收入组，多年来收入比重仍旧居于最高位，维持在0.22以上，较低20%和中间20%组的收入比重严重失调。从整体看，辽宁省收入分配格局呈现为"金字塔"形，城镇居民财富主要集中在高收入群体，低收入群体的财富集中度最低，中低收入阶层的财富集中缓慢，拉大了城镇居民收入分配差距。因此，亟须努力构建合理化的"橄榄形"收入分配格局。

表4　辽宁省城镇居民各阶层收入所占比重（2008～2013年）

年份	最低10%	低10%	较低20%	中间20%	较高20%	高10%	最高10%
2008	0.0319	0.0449	0.1229	0.1656	0.2228	0.1507	0.2612
2009	0.0338	0.0478	0.1265	0.1706	0.2267	0.1524	0.2423
2010	0.0344	0.0482	0.1289	0.1677	0.2250	0.1506	0.2452
2011	0.0350	0.0482	0.1278	0.1681	0.2205	0.1466	0.2538
2012	0.0361	0.0510	0.1346	0.1750	0.2246	0.1434	0.2353
2013	0.0372	0.0508	0.1389	0.1762	0.2231	0.1501	0.2237

资料来源：根据各年度《辽宁统计年鉴》计算所得。

三　2016年辽宁省城乡居民收入分配
发展趋势基本研判

根据以上对辽宁省收入分配现状及存在问题的分析，本文认为针对2016年辽宁省居民收入分配发展的趋势，可以做出以下研判。

（一）收入分配差距将进一步扩大

城乡居民之间收入分配差距扩大的趋势已然形成，且具有自我巩固的"惯性"，短期内城乡居民收入分配差距扩大的局面难以改变。

从经济数据上可以看出，城乡居民家庭人均收入的增长趋势发生分化，城镇居民家庭人均收入增长速度已经高于农村家庭，前者在2014年为13.70%，高出后者6.43个百分点。同时，城乡收入比再次呈现回升趋势，也给缩小城乡收入差距带来压力。

地区及行业间收入分配差距的局面短期难以消弭，2016年仍旧存在。但是随着国有经济单位工资改革的推进，特别是国有企业薪酬改革的落实，将有助于降低行业间收入差距持续扩大的增长幅度。而2015年辽宁省经济增长速度较低，财政收入滑坡，对辽西地区等财政转移支付有心无力，落后地区获得财政支持的难度加大，且在产业结构上，辽西地区多为资源密集型产业，以煤炭、化工原材料为主，工业技术含量不高，产品附加值有限，再加之供大于求，导致该地区收入较低，因此辽宁省地区间收入差距在2016年将进一步扩大。

（二）城乡居民人均收入持续增长的趋势不变

从2015年前两个季度数据看，农村居民和城镇居民家庭人均收入均高于同期收入水平，虽然存在季节波动，且农村居民家庭受季节波动的影响大于城镇居民，但是城乡居民收入持续增长的动力仍在。一方面伴随着东北振兴战略的深入推进及辽宁省政府稳定经济增长速度各项财政政策的落实，将对辽宁省地区生产总值产生积极影响；另一方面，继续深化机关事业单位工资改革的推进，也会为城镇居民收入增长带来改革红利。

（三）机关事业单位工资收入制度改革将产生积极影响

始于2015年6月的辽宁省机关事业单位工资收入分配制度改革，由辽宁省人力资源与社会保障厅牵头，以完善机关事业单位工资制度为重点，为逐步理顺收入分配关系，稳步推进全省收入分配改革奠定了坚实基础。改革后的机关事业单位降低了津贴补贴所占比例，提高

了基本工资比例，有利于优化工资结构，并进一步健全国有企业管理人员薪酬分配办法和激励约束机制，适当提高基层公务员工资收入水平等，这些收入分配改革政策措施，将对2016年全省城乡居民收入分配状况产生积极影响，并有助于提高低收入群体收入，缩小城乡居民收入差距。

四 改善辽宁省城乡居民收入分配状况的对策建议

（一）进一步深化市场化的社会分配改革

当前，我国构建了社会主义制度下的市场经济体制，市场对资源配置起基础和决定性作用。根据马克思分配思想的基本观点，生产与交换方式决定分配方式，因此承认市场分配在整个经济社会分配中的主导性，需要进一步深化市场化的社会分配改革。在坚持按劳分配为主体的同时，需要进一步鼓励和支持资本、技术、信息、管理等生产要素参与分配。从辽宁省城乡居民收入的结构看，财产性收入占比最低，但也是最有增长潜力的收入来源。

要着力增加城乡居民的财产性收入，提高财产性收入在家庭收入的比重。对农村居民而言，土地使用权、承包经营权和宅基地使用权等是农民最主要的家庭财产。改革土地流转方式，赋予农民更多财产权利，提高土地流转收益是增加农村居民的财产性收益的主要渠道。通过进一步规范保险、理财等金融经营秩序，推进资本市场体制机制改革、保护中小投资者合法权益等方式增加居民财产性收入。同时，营造良好、有序的公平竞争市场环境，多方面鼓励城乡居民自主创业，引导小、微企业参与市场交换，促进城乡居民经营净收入的提高。

（二）提高中等收入群体比重，着力构建"橄榄形"收入分配格局

提高中等收入群体比重，一方面需要抑制过高收入，特别是垄断行业的高收入。打破行业垄断，引入市场竞争机制，放松对铁路、电信及金融业管制。建立健全国企经营利润和国有股权转让收入上缴制度，增加经营利润上缴比例，国有资本经营预算收入要更大比例地调入公共预算，统筹用于民生支出。适度加大对高收入群体的个税征收力度，将财产转让、利息、红利所得均纳入个税征管范围。另一方面，努力提高低收入群体收入水平，推动低收入群体向中等收入群体过渡。提高低收入群体的收入水平，需要使用再分配机制进行调节，如提高最低工资标准、增加对低收入群体的社会保障支出等。在坚持基本分配制度的前提下，坚持市场效率与社会公平，初次分配注重效率，再分配注重公平，着力提高中等收入群体比重，逐步形成"两头下中间大"的"橄榄形"收入分配格局。

（三）进一步理顺收入分配关系、规范收入分配秩序

收入分配关系不清、收入分配秩序混乱将对收入分配差距扩大产生直接影响。因此，在明确收入分配制度改革理念的根本前提下，在市场经济体制的框架内，进一步理顺收入分配关系、规范收入分配秩序，是加强收入分配制度改革的必然要求。一是要放宽市场准入门槛，治理行业垄断和部门利益不协调问题，实现公平竞争。二是建立以市场为主导，政府、雇主、雇员三方共同协商的企业工资决定机制与增长长效机制。三是完善政府的转移支付制度，加大再分配的力度。

（四）合理调整国有企业分配关系、完善收入分配秩序

辽宁省作为国有企业大省，国企数量远超全国其他省份，而民营

企业多为国有企业配套企业。根据统计资料，辽宁省国有经济占比超过30%，辽宁的装备制造业和原材料工业占规模以上工业比重超过70%。国有企业改革势在必行，在国有企业及国有资产战略性调整过程中，必须谨慎处理收入分配关系，避免借改革之名侵吞全民优质资产之实。同时，进一步完善国有企业职工收入分配秩序，实现以岗位工资为主体、绩效工资为补充的多样化分配机制，提高国有企业员工作的积极性和创造性。

参考文献

黄泰岩：《如何看待居民收入差距的扩大》，中国财政经济出版社，2001。

王磊、朗元智：《改革开放以来辽宁城乡居民收入分配趋势及对策》，第十届沈阳科学学术年会论文集（经济管理与人文科学分册），2013 年 7 月。

龙玉其：《中国收入分配制度的演变、收入差距与改革思考》，《东南学术》2011 年第 1 期。

周振华、杨宇立等：《收入分配与权利、权力》，上海社会科学院出版社，2005。

中国（海南）改革发展研究院：《收入分配改革的破题研究之路》，中国经济出版社，2012。

B.20
辽宁省社会保障发展建设成效分析及对策建议

张　媛*

摘　要：　2015 年，辽宁省社会保障事业发展迅速，亮点频多。
社会保险与社会救助水平整体提升，改革体现了社会
保障在保障人民基本生活、维护社会公平稳定方面的
重要作用，切实推动了全省城乡经济社会的协调可持
续发展。然而，当前的社会保障制度仍然处于不断建
设并持续完善的阶段，一些体制性、机制性的障碍和
矛盾需要在实践中逐步加以解决。辽宁的社会保障事
业应加强社会保障体制建设、完善社会保障制度建设、
理顺社会保障机制建设、加强社会保障资金投入和监
管、提高社会保障信息化建设水平。

关键词：　社会保障　辽宁

一　2015年辽宁省社会保障发展建设成效分析

2015 年，辽宁省的社会保障事业在省委、省政府的高度重视和

---

*　张媛，辽宁社会科学院社会学研究所，副研究员，管理学硕士，主要研究方向：社会保障水
平与收入分配理论。

全省社保部门的共同努力下取得了显著成就，一些重要的改革方案和举措相继出台。这些制度和措施不仅切实保障了全省人民群众的基本物质生活，而且在维护社会公正、促进经济社会可持续发展等方面发挥了重要的作用。百姓生活更加便捷舒适，安全感和幸福感得到有效提升，全方位多角度的社会保障综合体系正在不断得到巩固和提高。

1. 基本养老保险"并轨"方案正式出台

2015 年 11 月，《辽宁省人民政府关于机关事业单位工作人员养老保险制度改革的实施意见》正式出台，这是辽宁省对机关事业单位工作人员的退休保障制度进行改革的重要举措。按照这一方案，今后辽宁的机关事业单位工作人员将与企业一样实行社会统筹与个人账户相结合的基本养老保险制度。这一制度设立 10 年的过渡期，以保证改革之前参加工作但改革之后退休的部分人（即所谓中人）的待遇水平不降低，实行保低限高原则。这次改革的覆盖范围包括依照公务员法进行管理的单位、参照公务员法管理的机关以及事业单位和编制内人员。对于尚未完全转企改制的事业单位来说，已经参加企业职工基本养老保险的保持不变，尚未参加的暂时加入机关事业单位的基本养老保险，待转企之后再加入企业基本养老保险。

此次出台的机关事业单位养老保险制度是对长期以来存在的养老金"双轨制"的重要改革，它充分体现了公民权利与义务对等原则，切实维护社会的公平与效率，是解决社会矛盾、促进经济社会可持续发展的重要体现。此次制定的关于基本养老金的筹资和给付水平，充分结合了辽宁省情，充分考虑各类人群的不同情况和现实利益，切实保障退休人员的基本生活，从而为辽宁逐步建立资金来源多元化、保障方式多样化、管理服务社会化的完整的养老保险体系打下坚实的基础。

除此之外，2015 年辽宁省企业退休人员养老金实现了"十一年连涨"，达到月平均养老金 2234 元，这也是 2015 年辽宁省重点民生工程的重要亮点之一。从 2005 年开始，辽宁省的企业退休人员养老金基本保持每年 10% 左右的涨幅，全省近 600 万企业退休人员享受了这一惠民政策。2005～2015 年，辽宁省企业退休人员养老金月平均水平见图 1。

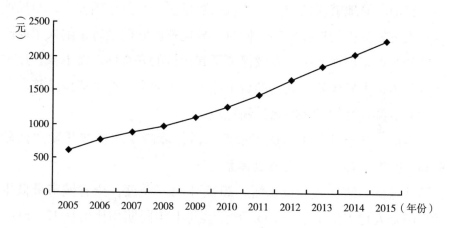

图 1　2005～2015 年辽宁省企业退休人员月平均养老金水平

从全国来看，各省的养老金调整幅度基本都按照国务院要求，上涨幅度在 10% 左右。在目前已经公布的数据当中，我们可以看到，2015 年西藏的养老金月平均水平为 3670 元，位列首位，随后是北京、青海、天津、新疆等省份，均达到了 2500 元以上。

2. 基本医疗保险异地结算工作取得新突破

截至 2015 年 9 月，辽宁省的沈阳、铁岭、盘锦、锦州等四个试点城市已实现与省医保平台的联网对接，医保经办机构和相关定点医院的数据系统改造升级工作已经完成，异地居住人员的身份信息、就医信息以及费用结算信息等可以通过联网顺利共享数据，异地居住人员持就医卡在试点城市可以即时结算。抚顺市因自身的网络建设原因，暂时只能做到本市参保人在其他试点城市的异地结算这样的"单向"过程，其"双向"过程有待进一步完善。这标志着，以上这些试点城

市的异地居住人员不必再像原来那样在异地就医之后再往返报销医药费，这些城市已实现了城镇职工基本医疗保险的异地联网结算。

辽宁的异地就医结算制度实行居住地支付范围和参保地的报销比例，这既充分兼顾了省内不同地区的差异性，也体现了制度的公正性。目前，异地就医的定点医疗机构数量多、覆盖范围较广，给异地就医人员较宽松的选择空间。同时，异地就医联网结算也纳入了就医本地的医保管理体系中，有效保证了其运行的安全性。接下来，辽宁将进一步扩大异地就医联网的城市范围，进而实现全省联网结算。

3. 城乡社会救助制度展现新亮点

当前，辽宁已基本形成了最低生活保障制度和扶贫开发"两轮驱动、互惠互补"的社会救助体系。

从最低生活保障制度来看，2015 年第三季度，全省城市最低生活保障金人均支出水平为 333.76 元，与上年同期相比增长 12.86%。省内的沈阳、鞍山等六个城市增速高于全省平均水平，其中沈阳418.71 元，同比增长 17.34%；鞍山 459.38 元，同比增长 18.49%；丹东 310.91 元，同比增长 16.07%；锦州 294.86 元，同比增长16.12%；辽阳 336.01 元，同比增长 13.59%；盘锦 289.14 元，同比增长 16.74%（见图 2）。

2015 年第三季度，全省农村最低生活保障金人均支出水平为155.87 元，与上年同期相比增长 14.52%。省内的沈阳、丹东等五个城市增速高于全省平均水平，其中沈阳 131.68 元，同比增长25.58%；丹东 166.06 元，同比增长 16.89%；锦州 120.26 元，同比增长34.19%；辽阳 167.36 元，同比增长 15.82%；铁岭 139.86，同比增长 24.41%（见图 3）。

从扶贫开发来看，2015 年辽宁省建立了以贫困县为重点、落实到村、扶贫进户的扶贫开发工作机制，加大财政资金投入力度，全年安排省级以上财政专项扶贫资金 4.45 亿元，比上年增长了 18.8%，

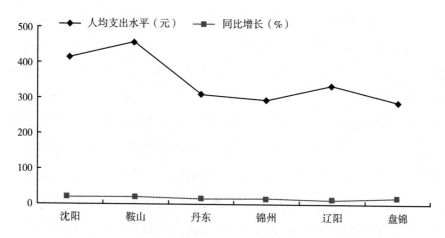

图 2　2015 年第三季度全省部分城市的城市低保金人均支出水平和增速

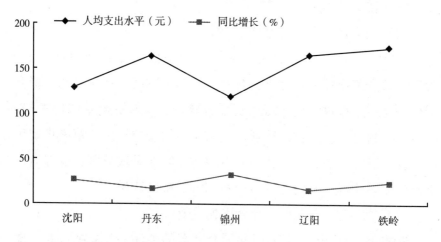

图 3　2015 年第三季度全省部分城市的农村低保金人均支出水平和增速

其中 9700 万元为争取到的中央财政扶贫资金，同比增长了 26.6%。确定 28 个省定点扶贫单位，组织帮扶 245 个省内的贫困乡镇，共计减少贫困人口 60 万人。目前基本构建了专项扶贫、行业扶贫和社会扶贫的"三位一体"的社会化扶贫格局，有效整合了社会扶贫力量。

（1）贫困救助重点转为"支出型"贫困

一直以来，辽宁的贫困救助大多是以家庭收入为标准，家庭收

入低于一定标准的才能被列入低保范畴，给予贫困救助。但是，随着社会扶贫制度的完善，低保制度以及养老保险等社会保障制度的健全，贫困家庭的收入也在一定程度上得到了改善，所以"收入型"贫困不再凸显，与之相反，"支出型"贫困显得越来越突出。尤其是，因病致贫的情况，罹患重大疾病而造成家庭财产损失致贫的现象，或者是因老养残致贫，就是家庭中的老年人照顾患有重度残疾的亲人，其家庭支出远大于收入而致贫。2015 年，辽宁在参考上海、北京等地的"支出型"贫困救助方法的基础上，推出首个"支出型贫困对象救助标准"，对涉及救助的对象范围、救助标准以及具体程序进行详细的规定，对因支出致贫的群体给予必要的资金和医疗扶持。

（2）城乡医疗救助制度合并运行

2015 年，辽宁省根据民政部提出的完善医疗救助制度的要求，对省内城乡医疗救助制度进行合并。在资金方面，将城乡两个资金账户合并使用，有效解决了城市资金有剩余、农村资金不够用的局面；同时，在制度设计、救助待遇、实施程序、资金筹集、范围设定等方面均设立统一标准，统一执行，有效防止城乡条块分割，确保城乡困难群众能够获得均等的救助机会和同等的救助待遇。

（3）"失独"老人得到社会优先关爱

近些年，"失独"家庭引起了全社会的关注，"失独"老人理应得到全社会的优先关爱。2015 年 10 月，辽宁省下发了《关于开展计划生育特殊家庭社会关怀工作的通知》。明确提出，对具备相关条件的"失独"老人可优先安排入住公立养老机构。这里的计划生育特殊家庭是指独生子女意外死亡或伤残，没有再生育或收养子女的家庭。对于这类家庭中年满 60 周岁的，尤其是失能或部分失能的老人，经本人申请，由当地的卫生计生部门帮其办理优先入住政府兴办的公立养老机构。同时规定，对于辽宁省内独生子女意外死亡的家庭，于当年一次性发放抚慰金，并建立特殊家庭档案。对此类家庭遭遇重大意外事故或意外困难时，要及时给予社会救助。扶助金的发放必须及时足额到位，不错报、不遗漏，对于符合最低生活保障标准的计划生育特殊家庭要及时将其纳入低保制度。

4. 建立全方位的社会化养老服务体系

辽宁作为一个老龄化十分严重的省份，截至 2014 年底，全省 60 周岁及以上的老年人口达到 837.3 万人，占总人口的 19.6%，辽宁的老龄化程度已超过全国 4.1 个百分点，其中沈阳、大连、鞍山、本溪、丹东等五城市的老龄化超过了 20%，且目前已呈现空巢化、高龄化和失能化加剧的态势。针对此现象，辽宁建立了全方位的社会化养老服务体系，目前全省有养老床位 21.5 万张，每千名老人拥有养老床位达 25.7 张，为全省老人提供高效优质的养老服务，保障他们的晚年生活。

第一，鼓励民间资本进入养老服务业。为增加养老机构，让老年人有更多的选择空间，辽宁鼓励支持民间资本进入涉老产业，为全省经民政部门批准的入住率达到 30% 以上，并连续经营满半年的非营利性养老机构发放运营补贴，按照实际使用床位数量，最高不超过每床每月 100 元的标准，用于改善老年人的居住环境，更新设备用品，引入老年服务项目，提高生活质量。沈阳市还按照床位给予建设补贴，对自建的养老机构，补贴标准为每床 1 万元，租赁经营的，每床补贴 6000 元，补贴资金分 5 年发放。

第二，让养老服务更加便捷化。辽宁目前规定，对新建小区以及规模以上住宅，应按照不少于总建筑面积 2% 的标准设立老年活动室以及老年日间护理中心、居家养老服务中心，并与住宅同步交工、同步验收使用。积极推进居家养老服务信息化平台建设。为方便对老年人的随时照顾，与老年人进行定期联系，信息平台采取一键式呼叫服务，让老年人得到便捷的服务帮助。

第三，推广"医养结合"的新养老模式。沈阳市积极推广"医养结合"的养老模式，倡导养生与养老相结合的"绿色"养老。通过养老服务机构与医疗结构建立合作，为老年人开通"绿色通道"，医生上门服务，方便老年人就诊医疗；或者医院设立专门的老年人养护区域，为老年人提供专门服务；或者利用社区医院平台，建立远程就诊机制，即所谓的"蓝卡诊所"。目前，"蓝卡诊所"已经与沈阳医学院、省人民医院、省肿瘤医院等医院建立了"双向转诊"对接机制。

第四，建立涉老法律服务中心。为维护老年人的合法权益，辽宁建立了涉老法律服务中心，为全省老年人及涉老单位提供法律咨询和维权服务，免费为老年人提供法律咨询，免费为特殊困难家庭的老年人提供法律援助。

二　辽宁社会保障事业发展中存在的问题分析

辽宁的社会保障事业取得了显著的成就，与此同时，我们也应该正视并不断解决社会保障发展中的一些体制性、机制性的矛盾和障碍。

1. 社会保障的体制性障碍有待解决

当前，辽宁乃至全国的社会保障制度仍然处于建设并不断完善的阶段，在我国长期的城乡二元经济结构背景下，社会保障制度也呈现二元分割的特征，城乡社会保障项目在保障待遇、保障模式以及运行体制等方面存在较大差距，由此必然带来诸多体制性障碍，造成城乡结构失衡，社会保障的功能扭曲，统筹城乡社会保障制度面临诸多难题，这些制度性和政策性缺陷所带来的社保覆盖群体的重复参保以及应保未保等现实问题仍然存在。与此同时，由于中央和地方的利益格局难以调整，中央和地方都从自身利益理性出发，社会保障各个项目的统筹层次有待进一步提高。目前的"十三五"规划中提出要实现基础养老金的国家统筹，然而在各省各个地区的经济发展水平、社会发展历程存在较大差距的情况下，养老保险在各省各个地区的覆盖率、待遇水平、制度抚养比、历史债务等方面又不尽相同，要实现全国统筹确实需要严格的论证过程和严密的制度设计。另外，当前，辽宁省的基本医疗保险还没有完全实现省级统筹，失业保险及工伤保险仍然限于市级统筹，这种保障层次较低的社会保障项目，由于受到地方财力的制约，社保基金的抗风险能力较差，互济能力不强，保障标准较低，对于参保人员的保障能力也较弱。

2. 社会保障体系的整体兼容性有待提高

从总体上来说，辽宁的社会保障体系建设应在整体协调性方面多下功夫，制定相应的制度措施。当前，在城镇中，城镇职工社会保险和城镇居民社会保险在保障水平、制度运行以及覆盖范围等方面还有一定差距，总体来看，城镇居民的保障水平低于城镇职工的保障水平。另外，城市中的农民工的社会保障水平还很有限，多数农民工仍然被隔离在城镇社会保障制度之外。在农村，新型农村合作医疗制度运行几年，尽管在保障待遇上有所提高，在病种范围上逐步扩大，但制度本身的一些固有缺陷仍未弥补；农村地区的新型农村养老保险制度推广程度不高，广大农村居民的参保热情仍有待进一步提高。与此同时，随着国家城镇化的逐步推进，大量城郊失地农民进入城市成为城市市民，他们的社会保障问题是关系他们今后在城市中生存发展的大事，现实中，多数失地农民仍然只能留有之前的农村社会养老保险以及新型农村合作医疗保险，也就是说他们的社会保障待遇并没有随着他们身份的改变而相应改变，失地农民并没有真正获得城市市民的待遇，这必然会影响他们的长远发展，也会影响中国的城镇化水平和质量。另外，在同类保险中，各种保险的制度衔接以及保障待遇等存在较大差异。在社会救助方

面，对低保政策缺乏动态监测，部分人群的隐性收入难以核查，使得低保覆盖面的精准度不高。低保制度中由于缺乏激励机制，容易产生"低保养懒汉"的现象，一些人习惯依靠低保生活，而不愿意去做些力所能及的工作获得收入。

3. 社会保障的管理机制有待进一步顺畅

当前，社会保障管理体制并没有切实做到专业、专门和统一，急需有序梳理。当前的社会保障体系所包含的几个方面，分属于不同的管理部门，有关养老保险、医疗保险、失业保险、工伤保险等社会保险由劳动与社会保障部门管理，而涉及社会救助以及社会福利事业的则由民政部门管理，新型农村合作医疗制度又由卫生医疗部门管理。如此分散的管理体制极易造成沟通不畅、资源浪费，显然不适合社会保障体系的整体运行和发展。与此同时，社会保障的管理部门的专业化程度不够，社保经办机构所采集的社会保障数据的指标体系不统一，数据精确度和有效程度不高，社会保障经办人员的专业化素质还有待提高，对社会保障的资金监管力度仍需加强，社会保障资金的筹集、管理和使用等规范化运行仍需提高，应保未保、重复参保的现象仍然存在。另外，国家财政对社会保障的投入力度仍然不够，中央和地方在社会保障投入利益方面存在一定的博弈，容易产生权责不清问题，由此而产生的财政投入不足、企业欠缴保费与社会资金空账运行的矛盾和问题长期存在，这些问题如不得到切实的解决，必将在未来造成养老保险金的支付危机。

4. 社保信息化建设有待进一步完善

当前，辽宁乃至全国的社会保障信息化建设始终不断完善，保持良好的运行态势，社保信息化建设取得了一定程度的成绩，社保基础软、硬件建设坚实发展。但是在现实运行过程中，网络作为社会保障信息化建设的依托，常常会面临网络安全的威胁，因此要十分关注并保护社保信息的安全。要彻底消除因社保信息维护人员的操作失误或者安全意识薄弱等所造成的社保信息泄露等事故发生。另外，当前的社会保障信息化建设数据面比较大，随着社保扩面工作和社保项目的增加，所覆盖人群越来越多，参保人员情况更为复杂，这也给社保信息维护人员的工作增加了难度。如果社会保障人员无法及时较好地掌握社会保障业务经办流程，无法及时更新制度规定，就会在经办过程中给参保人带来麻烦，也不利于发挥社保信息化建设的优势，并可能造成社会保障业务管理的混乱，降低社会保障的整体运行效率。

三　对策建议

（一）加强社会保障体制建设

社会保障是为全体社会成员提供生存和发展保障的国家制度，应根据参保人的具体情况提供适合的保障项目。应打破城乡二元经济体制的障碍，将国家及地方财力投入广大农村地区以及省内的辽西北贫困地区等经济欠发达地区，给予它们合理的政策倾向和资金保障，为其社会保障事业的发展提供必要的财政支持。应在国家和地方之间建立科学合理的财政分担机制，以平衡双方利益。国家应着手提高社会保障的统筹层次，当前养老保险的国家统筹已经纳入国家"十三五"规划中，应加紧操作论证，合理设计制度，平衡地区利益，并对贫困地区在保障程度上给予倾斜，这也是国家统筹的优势所在。辽宁的基本医疗保险应加快实现省级统筹，有计划地逐步增加异地结算城市数目，按部就班地向省级统筹迈进。工伤保险和失业保险也应在条件适合的时候，逐渐实现省级统筹。总之提高社会保障的统筹层次，是提高社会保障资金抗风险能力，提高参保人员保障待遇的有效途径。

（二）完善社会保障制度建设

应逐步探索建立适合各类人群的全方位的社会保障制度，逐步缩小城乡之间、职业之间在保障水平和待遇方面的差别。养老保险方面，辽宁应陆续逐步解决好机关事业单位养老保险制度改革的后续工作，如加快辽宁的事业单位分类改革，以最终确定辽宁的机关事业单位养老保险参保人员范围，还要陆续出台职业年金的具体实施办法，加快建立省级数据信息平台，同时，加快制定出台辽宁的机关、事业单位与企业之间的流动就业人员的基本养老保险关系的转移接续办法，并做好这类人员的养老待遇的核定和养老金的支付工作。基本医疗保险方面，要做好居民大病医疗保险和基本医疗保险的衔接工作，针对当前病种复杂、医疗费用逐年增加的现实，居民大病医疗保险应在病种范围、支付标准、保障水平等方面给予参保者更多的利益，切实发挥大病医疗保险在缓解居民大病损失方面的保障作用。低保制度方面，应逐步完善弹性退出机制，对低保对象进行动态监测，精准核查隐性收入，采取措施激励低保人员通过自己的劳动取得生活收入。

（三）理顺社会保障机制建设

当前，针对社会保障事业的管理分散、专业化程度不高的现实，辽宁应积极理顺管理运行机制。应建立健全专门的、专业的社会保障经管机构统一负责社会保障事务，机构内部按照社会保障项目和类别明确分工，安排熟悉社会保障政策和制度、精通社会保险精算和核查并能熟练操作信息化流程的社会保障管理人员，同时对社会保障管理人员的服务态度和敬业素质提出严格要求，应能站在百姓角度切实为其服好务，以提高社会保障事务的整体运行效率。在工作流程的安排上，应做到尽量精简多余、重复的办事环节，建立社会保障各服务方信息共享、渠道畅通的一体化办事流程，以提高工作效能，构建规范有序的社会保障综合管理体系。要特别加强基层社会保障管理机构的素质建设，基层经办机构最直接接触百姓，基层工作人员的业务素质高低、敬业精神以及服务态度好坏直接关系社会保障事务的顺利与否，应着重加以重视。基层工作人员的工作内容细致烦琐，工作强度较大，应合理增加他们的工资水平和福利待遇，提高他们的工作积极性，切实发挥基层公共服务窗口作用，为广大人民群众提供优质高效的服务。

（四）加强社会保障资金投入和监管

当前，辽宁乃至全国的社会保障资金都存在缺口逐年增大之势，社保资金支出压力较大。从辽宁来看，虽然社会保障收入总体上呈现逐年增加趋势，但近些年始终处于社会保障适度水平以下，这说明广大人民群众的社会保障需求并没有得到充分的满足。因此，无论是中央还是地方财政，都应重视社会保障，加大对社会保障的投入力度，应调整财政支出机构，有计划地逐年增加对社会保障事业的投入力度，将有限的财政收入优先用于保障全省人民的基本生活需求。与此同时，社会保障资金作为社会保障制度运行的生命线，应采取严密措施确保其资金安全和运营高效。应安排专人专项负责社会保障资金的监管，加强对社会保障资金专门账户的监管力度，资金的支出要严格按照程序，逐级审批，严加控制，坚持"收支两条线"的管理制度，在社会保障资金运营投资策略的选择和确定上要坚持在安全稳妥的前提下争取收益最大化。

（五）提高社会保障信息化建设水平

社会保障信息系统的规范化、标准化管理是社会保障系统高效平稳运行的重要保障，应结合我国社会保障事业管理的相关法律法

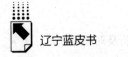

规，制定长远可行的信息化发展建设规划，使社会保障的信息化建设在充分整合人力、物力和财力的基础上统筹协调发展，得到有效提升。在软硬件的标准设置上，要尽量做到标准统一、对接畅通。社会保障信息化建设要实行专人专门管理，切实维护好网络安全，及时升级社保信息网络的安全等级，提高社保信息维护人员的网络技术知识和实践操作水平，不断更新网络的防御系统，努力构建"绿色网络"。与此同时，要优化社保网络建设，减少重复不必要的环节，合并相近或相一致的办事环节，社保信息化维护人员要熟练掌握办事流程和操作程序，提高工作效率和质量，同时应严格依据规定程序办事，不得人为更改程序或缩减程序。总之，社会保障的信息化建设不仅是社会保障管理机构的有效操作平台，更是与每一位公民的切身利益都息息相关，应作为省级或国家信息化建设系统中的重要部分加以重视。

参考文献

王艳玲：《辽宁省社会保障的财政支持》，《沈阳大学学报》（社会科学版）2015 年第 4 期。

刘芳芳、李海军：《辽宁城镇化发展中进城农民的社会保障研究》，《中国乡镇企业会计》2015 年第 10 期。

王健：《社保试点以来辽宁完善社会保障体系问题综述》，《法制与经济》2012 年第 1 期。

B.21
2015年辽宁省医药卫生体制改革进展与问题分析

姜浩然 *

摘　要：　2015年辽宁省医药卫生体制改革全面向纵深推进，以惠民的十项重点工作以及深化改革的五项重点工作为抓手，医改取得了显著成效，为未来深化改革奠定了坚实基础。但是，由于深化医改面临的体制性瓶颈仍然存在，人事、行政管理等深层次体制机制尚未完全理顺，基本药物制度、分级诊疗、全科医生等创新性制度仍需在探索中继续完善，医改面临的挑战仍然很大。未来医改应顺应国家改革的总体性方向，特别是"十三五"规划的战略重点，加强改革的系统性、整体性和协调性，从筹资、人力、服务提供、管理体制等多方面推进医改走向深入。

关键词：　医药卫生　体制改革　对策

2015年是辽宁省医药卫生体制改革的重要一年。4月1日出台的《辽宁省人民政府办公厅关于深化医药卫生体制改革实施意见》明确了医改的总体目标、基本原则、重点任务和保障措施，

---

* 姜浩然，辽宁社会科学院社会学所，硕士，助理研究员，研究方向：社会政策。

医改工作全面向纵深推进，为今后医药改革不断深化打下良好基础。

一　2015年医药体制改革的成绩

（一）医改目标明确，责任到位

2015年4月1日，辽宁省人民政府办公厅出台《关于深化医药卫生体制改革实施意见》，将公立医院改革、基层卫生体系建设、完善医疗保障制度、培养专业人才作为改革重点。意见指出，当前辽宁省医改存在改革进展不平衡、措施不协调、政策不配套、落实不到位等问题，据此提出完善运行机制，强化保障措施，构建布局合理、规模适当、结构优化、层次分明、富有效率的医疗卫生服务体系的改革目标。在改革过程中坚持以人为本，统筹推进；维护公平，提高效率；因地制宜，实事求是；顶层设计，注重实效等原则，强化医改工作的制度设计和政策引导，注重政策配套和项目落地，加强督导考核和效果评价。

辽宁省2015年改革的亮点在于提出医改惠民十项重点工作：即实现县级公立医院综合改革全覆盖、每个乡镇有一所政府办卫生院、继续推进鞍山市城市公立医院改革试点、加快形成多元化办医格局、扎实做好城乡居民大病保险工作、大力推进医保支付制度改革、打造群众信任的基层医疗卫生服务体系、全面改善医疗服务行动、加快医疗卫生服务信息化建设、不断提升与城乡居民健康密切相关的公共卫生服务水平。并明确了相关责任单位。这十项工作既同当前医改的核心问题密切相关，又有高度的可操作性，有效地推进医改走向深入。

（二）全民医保体系进一步健全

2015年，城镇职工医疗保险、城镇居民医疗保险和新型农村合作医疗三大医疗保险制度的参保率均稳定在95%以上。城镇居民医疗保险和新型农村合作医疗人均政府补助标准提高至380元。城镇居民医保和新农合政策范围内门诊和住院费用支付比例分别达到50%和75%。城乡居民大病保险制度继续巩固和完善，城乡居民大病保险筹资标准达到人均25元。

在提高保障水平的同时还在制度方面继续完善。医保关系转移接续政策不断改进，有助于推进各项基本医保制度之间的衔接。加快推进医保信息系统建设，基金管理、费用结算与控制、医疗服务行为监管功能逐步改进，定点医疗机构信息系统和医保系统的对接进一步畅通。

（三）公立医院综合改革继续深化

公立医院改革是辽宁省医改的重中之重。2015年，辽宁省以破除以药补医机制为核心，进一步深化公立医院管理体制、补偿机制、人事分配、价格机制、采购机制、支付制度、监管机制等方面的综合改革。政府致力于从政策上理顺医疗服务价格，建立科学合理的补偿机制。从财政上加大政府投入，降低医院运行成本。从人事管理方面合理核定编制总量，实施编制备案和动态调整机制，以及人员聘用和岗位管理制度。在内部管理方面落实公立医院用人自主权，按规定自主编制招聘计划、组织实施招聘工作，招聘结果报相关部门备案。在薪酬制度方面，通过合理的绩效考核进行收入分配，进一步提升自主性，重点向临床一线、业务骨干、关键岗位以及支援基层和有突出贡献的人员倾斜。对医疗行为进一步规范，严禁设定医务人员创收指标，医院的药品、耗材、医学检查等业务与医务人员薪酬相分离。同

时还开展针对公立医院改革效果的考核评估，完善医务人员绩效考核办法。

结合国家县级公立医院改革和城市公立医院改革的整体框架，辽宁省继续开展各项改革举措。实现县级公立医院综合改革全覆盖，在合理调整医疗服务价格，完善补偿机制的原则下，44个县（市）的综合医院和中医院全面启动以取消药品加成为关键环节的综合改革，药品收入在医院总收入中的占比降到40%以下。鞍山市政府牵头继续推进城市公立医院改革，重点在于全面取消药品加成，开展分级诊疗试点，完善管理体制、运行、补偿和监管机制。

针对当前公立医院医患矛盾突出的问题。2015年3月，辽宁省医疗责任保险制度全面推行，省卫生计生委会同司法厅、财政厅、辽宁保监局，对进一步加强辽宁医疗责任保险相关工作提出具体要求：2015年，全省三级公立医院医疗责任保险参保率将达到100%，二级公立医院参保率将达到90%以上。确保医疗责任保险在医疗风险分担机制中发挥最大作用。

（四）加快建立分级诊疗体系

分级诊疗体系是实现合理、有序就医，最大化利用卫生资源、提高服务效率的关键。辽宁省综合运用对口支援、医保支付、价格杠杆等措施，促进各级医疗资源合理配置使用，全面提升县级医院医护人员的业务能力和医院的综合服务能力。在农村基层医疗体系方面，继续支持村卫生室、乡镇卫生院、社区卫生服务机构标准化建设，达标率达到95%以上，使得基层医疗卫生机构门急诊量比例有显著提高。逐步完善不同层级医疗机构的双向转诊程序，促进患者根据自身情况在不同医疗机构之间进行有序转诊，以合理利用医疗资源，提高服务效率和质量。双向转诊的重点在于鼓励慢性期、恢复期患者向下级医疗机构转诊。预计到2015年底，预约转诊占公立医院门诊就诊量的比例提高将到20%以上，三级医院普通门诊就诊人次进一步提高。此外还将探索建立高血压、糖尿病综合防治服务和结核病综合防治管理模式。

（五）医疗卫生服务信息化建设不断加快

信息化是医疗卫生服务体系的重要保障。辽宁省2015年通过加大政府投入，积极引入社会资本等方式筹措资金，选择能力较强的科技企业，进一步完善区域卫生信息平台建设。以推广公共卫生、基本医疗、医疗保障、药物管理、计划生育、综合管理"六位一体"信息化管理模式为核心，重点推进基层医疗卫生机构信息化项目，以及远程医疗系统在县级医院的应用。同时针对群众就医需求，进一步加强全省统一网上预约挂号系统建设，推动发放和利用居民健康卡。

（六）城乡居民公共卫生服务水平逐步提升

基本公共卫生服务方面，辽宁省大力推进居民健康档案、慢病管理、老年人免费健康检查、中医药健康管理等服务项目的精细化管理，继续开展城乡环境卫生整洁行动，提高农村卫生厕所普及率，构建医防结合机制。整合全省妇幼保健和计划生育技术服务资源，规范孕产妇保健、儿童保健管理和计划生育技术服务，孕产妇死亡率和婴儿死亡率持续稳定在较低水平。

二 辽宁省2015年医改存在的主要问题

2015年，辽宁省卫生事业和医药卫生体制改革继续推进，为"十三五"期间深化改革、促进发展做好准备。然而，辽宁省卫生服务体系深受计划经济体制影响，在医改与卫生事业发展过程中还面临着很多深层次体制机制问题，对造成这些问题的根源，需要深入分

析。总体来说，辽宁省 2015 年卫生体制改革与发展中面临的问题与挑战主要体现在以下几个方面。

（一）经济下行压力增加，给医改投入带来挑战

2014 年以来辽宁省经济形势不容乐观，GDP 和财政收入下行压力很大。医药卫生体制改革与卫生事业发展需要大量政府投入，才能保证服务供给的可及性、公平性和公益性，因此对于政府财政的依赖性较强。同时辽宁省受传统计划经济体制影响，离退休和下岗职工较多，医疗保障也有较大压力。因此，经济增长与卫生体制改革与发展存在着一定程度的不协调，这也是当前和今后一段时期辽宁省医改面临的一个根本性问题。

（二）医疗保障制度不健全

新医改以来，辽宁省医保筹资水平有明显提高，特别是新型农村合作医疗的筹资水平上升更快，但结构性机制性问题也有所凸显。首先医保制度整合面临争议。目前辽宁省医保制度仍维持原有结构，医保制度分散在人力资源和社会保障部门（城镇职工医疗保险和城镇居民医保）、卫生部门（新农合）、民政部门（医疗救助）。尽管医保制度需要整合已是社会共识，但主导部门、政策制定权、管理权、经办权及经办资源等仍不明确，造成一定的重复参保现象。其次，不同医保制度待遇差距仍较为显著。城镇正式就业职工在基本医保待遇方面高于非正式就业人员（城镇居民和农民）。最后，筹资机制和基金管理水平仍有待提高。在经济较为落后的地级市和农村地区，医保基金的管理在人力和规范等方面较发达地区有一定差距，影响了医保作用的正常发挥，同时带来基金风险隐患。

（三）人才建设亟待加强

辽宁省卫生人力资源总体数量不足、区域分配不均衡现象仍然存在，人力资源数量增速难以满足人们群众日益增长的医疗服务需求，卫生技术人员、执业（助理）医师年均增长率低于我国诊疗人次年均增长率（8.34%）。卫生人力资源呈现向大城市、高等级医疗机构聚集现象。城乡之间的卫生技术人员分布差距较大，并有扩大趋势。这种现象也造成了基层医疗卫生机构"招不来人、留不住人"的问题，基础卫生人才短缺问题未能得到根本性缓解。

在卫生队伍建设方面，卫生技术人员激励机制不健全，队伍建设保障措施不完善。医务人员的劳务价值被严重低估。国外人员经费支出占医疗收入的比例大多在50%以上，而辽宁省医务人员的法定薪酬在医疗支出中的比例不足30%，与其人力资本投入不相适应。护理人员与基层医务人员收入则更低，符合卫生系统行业特点的薪酬制度尚未建立，新医改以来实施的绩效工资制度在实践中也未能完全实现其政策初衷，医务人员的积极性未能得到充分调动。加之医患关系未见明显好转，学生进入医疗卫生行业的意愿不高。

（四）基本药物制度仍需完善

基本药物制度作为是过去六年新医改在最主要的改革举措之一，也是一项从无到有的新制度。但是在实践中，该项制度与医疗机构特别是三级医院的运行并未明显衔接，成果也主要体现在取消药品加成等方面，并未对现有的医疗服务行为实现有效引导，药品价格费用控制的效果也不明显。

另外，在国家统一的政策框架下，辽宁省的基本药物目录也相对有限，尽管进行了省级增补，但仍难以满足患者的用药需求和用药习惯。这一问题对于慢性病患者在基础医疗机构的就诊影响甚大。在改

革设计中，慢性非传染病患者基本是基层医疗机构的主要的服务对象，但实际生活中不少慢性病患者无法在基层医疗卫生机构购到合适的药品（很多是上级机构开具的处方药），而不得不重新返回至医院。这对于药品可及性和分级诊疗体系的形成都有不利影响，也与国际上的通行做法不一致。

（五）基层医疗机构服务能力仍需提升

六年的新医改中，辽宁省在基层医疗服务机构建设方面投入了相当大的人力、物力和财力，基层卫生服务体系得到了明显的发展，特别是物质条件方面的改善更加突出。但是由于历史原因，基层医疗卫生机构的基础仍相当薄弱，与高等级医疗机构的差距并未减少，甚至在部分地区有进一步拉大的趋势。在社区居民的健康需求日益增加的背景下，基层卫生人员数量相对不足和结构不够优化的问题更加凸显，全科医生在数量和能力方面与其他发达国家和部分发展中国家相比非常落后，面临较大缺口。在服务模式方面，由于国家尚未建立分级诊疗制度，患者就诊的随意性较大，而医保等政策也未能有效引导病人下沉社区及逐级转诊，给"基层首诊"工作的推进带来较大的难度。

（六）卫生体制机制有待进一步深化

医药卫生体制改革和卫生事业发展的根本问题是体制机制问题，这也是改革中最为艰难的问题。首先，辽宁省医疗卫生筹资体系与医疗卫生服务体系的改革大多体现为"增量式改革"，而对医疗资源配置不合理和医务人员激励机制等方面实质性的改革举措不多。其次，辽宁省医改的推进方式仍然主要依据行政层级内的任务层层分解，不同部门之间协调性不够，也不能较好地面对服务对象，不利于医改的深入推进。再次，政府财政投入的长效机制仍未形成。目前辽宁省的卫生投入仍然主要是临时性和项目性投入，并未形成稳定的长效机制，医改的财政保障面临可持续的问题。最后，医改中政府主导的力量很强，而市场机制利用不足。行政干预的手段在改革的各个方面都比较明显，但市场机制发挥作用的空间受到压缩，公立医疗机构内在缺乏改革的动力和积极性，需要从外部施加影响。

三　深化辽宁省医改的政策建议

当前辽宁省已经进入人口老龄化加速阶段，人口结构性矛盾日益突出，而卫生资源与健康需求之间的矛盾进一步凸显。同时，深化医改也已经进入"深水区"，必须直面体制机制改革的挑战。因此，下一步辽宁省深化医改、发展卫生事业应结合国家全面深化改革、全面依法治国的基本理念，围绕"十三五"规划的重点，把握战略方向，提升医疗卫生的治理体系治理能力建设，增加改革红利，更好地实现政策目标。

（一）医疗卫生制度方面

首先，在行政管理体制方面，基本医疗卫生制度框架整合政府卫生职能，树立"大卫生"的观念，整合各部门的卫生职能，形成统一的、适应基本医疗卫生制度的行政管理体制，明确、合理划分不同级别、不同部门政府的卫生管理责权，建立健全决策和问责机制。其次，在筹资机制方面，要进一步规范和完善政府的卫生投入机制，积极动员社会力量。另外，要完善现有的医疗保障制度，通过立法确定基本医疗保障的制度安排，改革医保付费方式，建立健全合理的付费机制，从宏观和微观两方面稳定筹资总量、引导服务行为。最后，在人事分配制度方面，应结合国家事业单位分类改革，加强人才队伍与考核机制建设，强化人才激励与流动，建设一支规模适当、质量较高的医疗卫生队伍，充分调动和发挥医务人员的积极性。

（二）筹资与医疗保障

首先应继续完善筹资机制，确保城乡居民基本医疗保险的资金稳定和可持续发展。健全筹资机制的根本是建立与经济发展水平相一致的个人筹资增长机制，加大财政补贴，合理确定个人分担比例。医保统筹基金应实施"现收现支、收支平衡"的管理方式。其次是加强支付方式改革，合理控制医药费用。利用支付方式改革加强对医疗机构和诊疗行为的规范和约束，从根本上控制医药费用的合理上涨。再次，探索医保整合路径。尽管国家政策尚未明确，但有省市已经开始进行医保整合的探索，如重庆市、江苏省镇江市等。医保整合的方向是将医疗保险与卫生服务提供和医药流通领域的改革紧密结合，促进改革的系统性、协调性，使有限的医保基金发挥最大的效益，同时也能够避免重复参保（合），减少财政重复补贴。最后，应加强信息化建设，并建立和完善医疗保障信息共享机制，增加个人医保的"可携带性"。高效的医保信息体系是对于监管和服务利用至关重要，是医保的基础性工作。辽宁省医保信息平台基础建设收效明显，下一步重点工作是不同人群、不同层级、不同医保制度之间的信息共享机制，以及医疗机构与医保经办机构之间的信息共享机制，最终目的是推进参保人员异地就医即时结报和转移接续，实现医保制度的"漫游"。

（三）基层综合改革方面

基层医疗机构的综合改革是辽宁省新医改期间的重点，下一步应在取得成绩的基础上，从制度、机制等方面开展攻坚，实质性提升基层医疗服务能力。第一，应加强法律法规建设，完善基本卫生服务稳定筹资机制。当前基层医疗机构的投入和筹资机制带有很大的随意性，投入机制并不稳定，应借助基本卫生法制定的时机，从法律层面保障基本卫生服务投入的稳定性，包括筹资来源、筹资额度以及增长机制等方面。第二，建立健全基层首诊和分级诊疗制度，围绕慢性病和重点人群开展特定服务。建立基层首诊和分级诊疗制度，为有序就医的形成提供制度基础。以签约为基本手段，建立全科或家庭医生与居民的稳定服务关系，提高服务的连续性、协同性，改善服务质量，引导居民良好的就医行为。第三，应完善基层卫生服务的价格形成机制，使基层医务人员的薪酬与其劳务价值相符。明确基层卫生机构的功能定位，以及医务人员的专业性劳动价值，从多方面对基础医疗机构的运行成本和劳动力价值进行合理测算，并统一测算标准和测算方法，为医保支付和政府购买服务提供依据，也为建立科学合理的薪酬体系奠定基础。第四，创新编制管理方式，落实基层用人自主权。依据新出台的政策，对现有的"定编、定岗、定人"的制度形成一定突破。可借鉴四川省的一些做法，采取虚拟编制，实行政府购买岗位的新型运行机制，真正建立"能进能出、能上能下"的基层竞争性用人机制和人才流动机制。编制管理的关键是落实基层用人自主权，使机构负责人能够自主根据需求聘用所需人员。

（四）基本药物制度方面

基本药物制度的目标应回归到保障居民对基本药物公平可及，以及合理用药，而非单纯对费用和成本进行控制。在这一前提下，设计与之匹配的一系列制度安排，包括目录遴选、采购和使用等，以保障人民群众对基本药物的有效利用，促进药品规范适应，提高合理用药水平。在省级药物目录编制方面，入选的药品应是质量安全可靠、居民可负担、具有较好成本效果比的药物。这需要加强对基本药物的经济学评价，提高基本药物目录制定的科学性。在国家基本药物目录的基础上，应根据辽宁省健康需求和地方健康状况和疾病风险，开展系统的循证评价，并形成有效的评价机制，确保评价的延续和动态更

新。

同时完善基本药物集中招标采购制度，加快建立基本药品供应保障体系。省级药品招标采购中心应强化供应职能，尽量减少流通环节成本，通过提高采购效率进一步降低基本药品的价格。对用量较大的常用药、罕见病、急救药品等企业生产积极性不高的药品应加强政府干预，避免出现短缺。

（五）人力资源方面

人是第一生产力，也是任何改革的核心要素。医务人员的积极性能否充分调动是医改成败的关键。调动医务人员的积极性首先要尊重和体现医者劳动价值，探索合理实现医务人员劳动价值的路径。其次应强化卫生人才培养、聘任和使用，优化卫生人力资源配置。通过政策导向、经济激励等方式，鼓励和吸引专业技术人员去省内农村和偏远地区执业，促进卫生人力资源的合理流动，缩小地区之间和城乡之间的卫生人力资源差距，保障基本医疗卫生服务均等化。再次要促进医学教育系统与卫生系统的紧密结合，加强医学专业招生规划管理。调整医学专业招生数量和计划，实现供需衔接和平衡。按"总量增加、结构调整"的原则，加大紧缺专业如公共卫生、护理、康复和临床医学中的儿科医学、精神卫生专业和老年医学等专业的招生规模和培养力度，适应城乡居民的医疗卫生服务需求。最后加强医疗机构内部人员管理，如竞争性的人事制度、收入分配制度，严格的绩效考核制度等，同时利用医疗责任保险、第三方调解机制，合理调处医疗矛盾或纠纷，保障医务人员安全。

（六）统筹推进卫生服务体系改革

我国卫生服务体系的核心是公立医院，辽宁省公立医院改革也进入了攻坚期。公立医院改革必须强调任务之间、区域之间以及与社会领域各项改革的关联性和协同推进，在医疗、医药、医保三方面改革的政策工具之间做好衔接。对于公立医院改革涉及的编制管理、价格体制、税收制度、人事制度、分配制度以及政府职能转变等方面，需要争取高层领导支持，形成整体合力，在难点问题解决方面取得实质性突破。

社会资本办医和健康服务业是当前我国医疗卫生领域的政策热点，也是国家政策的发展趋势。辽宁省在利用市场机制和社会力量推进医疗卫生事业方面工作力度不足，下一步应结合辽宁实际情况，针对健康服务业的范围、发展的重点领域等开展深入研究与探讨，形成对具体问题的共识，多措并举破除各种阻碍社会办医的障碍，促进医疗服务体系多元化发展。就具体政策领域来说，应鼓励社会资本在医疗资源配置相对薄弱的区域和牙科、整形、儿科、产科、康复、精神卫生等专科领域发展。并结合老龄化的趋势，培育医疗与养老融合发展的服务机构，引导社会举办康复医院、老年病医院、护理院、临终关怀医院等医疗服务机构，为人群提供全生命周期的健康服务。最后应明确政府部门对健康服务业内各类机构的监管责任，严格市场准入制度，规范主体资格，促进产业健康发展。

参考文献

《辽宁省将全面推进医药卫生体制改革向纵深发展》，《辽宁日报》2015年1月2日。

辽宁省人民政府办公厅：《关于深化医药卫生体制改革实施意见》2015年4月1日。

《聚焦2015年29省市医改》，《人口导报》2015年3月2日。

附　录

Appendix

B . 22
附录1　2015年1~9月基本数据和图例

王敏洁

（一）基本数据

项目	单位	绝对值	增长速度
国内生产总值	亿元、%	20404.6	2.7
第一产业	亿元、%	1390.3	3.7
第二产业	亿元、%	9593.7	−0.7
第三产业	亿元、%	9420.5	7.2
全社会固定资产投资	亿元、%	16666.3	−21.2
建设项目投资	亿元、%	13381.9	−19.7
房地产开发	亿元、%	3284.4	−26.9
社会消费品零售总额	亿元、%	9327.1	7.8
城镇	亿元、%	8471.8	7.4
居民消费价格指数	%	101.3	—
工业生产者购进价格指数	%	93.8	—
工业生产者出厂价格指数	%	94.2	—

续表

项目	单位	绝对值	增长速度
农村	亿元、%	855.3	11.3
进出口总额	亿美元、%	729.2	-16.0
出口总额	亿美元、%	386.7	-13.1
进口总额	亿美元、%	342.5	-19.2
实际使用外商直接投资额	亿美元、%	41.2	—
财政收入合计	亿元、%	1823.7	-27.4
各项税收	亿元、%	1330.5	-28.1
财政支出合计	亿元、%	3309.5	-6.8
一般公共服务	亿元、%	284.8	-15.7
城镇居民人均可支配收入	元、%	23341	7.1
农村居民人均现金收入	元、%	9762	8.1
存款余额	亿元、%	47004.1	—
贷款余额	亿元、%	36052.9	—
货运总量	万吨、%	169647	4.3
港口货物吞吐量	万吨、%	81671	3.3
邮电业务总量	亿元、%	54.3	26.6
电信业务总量	亿元、%	506.0	17.0

资料来源：辽宁省统计局，2015年9月统计月报。

（二）图例

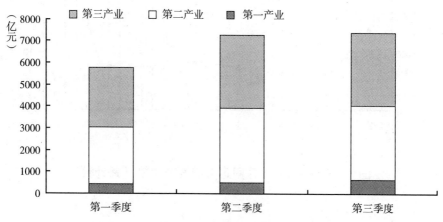

图1　辽宁省前三季度三次产业产值构成

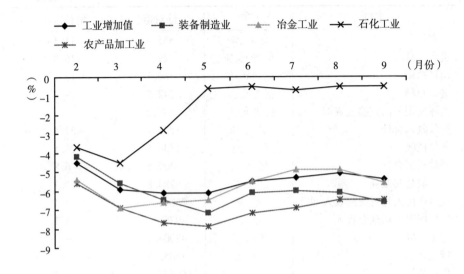

图2 辽宁省2~9月工业增加值增速比较（累计数）

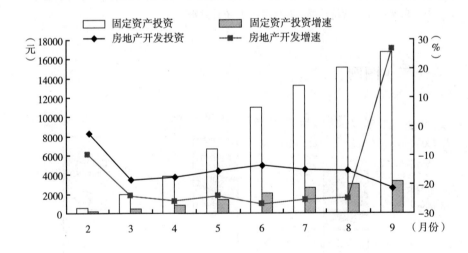

图3 辽宁省2~9月固定资产投资比较（累计数）

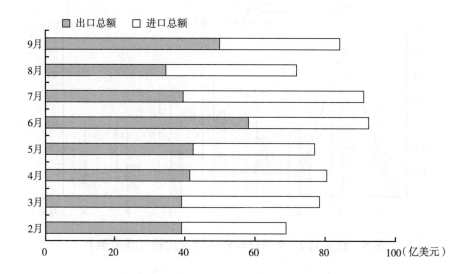

图4 辽宁省2~9月进出口比较（单月数）

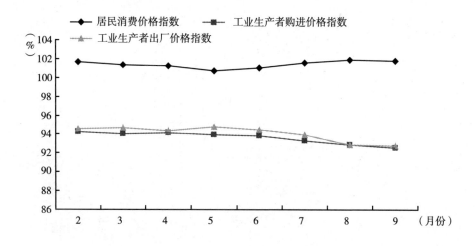

图5 辽宁省2~9月价格指数比较（单月数）

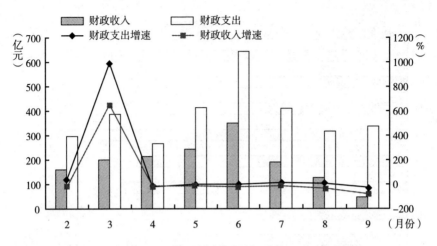

图6　辽宁省2～9月财政收支情况比较（单月数）

B.23

附录2 大事记

王敏洁

2015年1月7日 《沈阳市第一批生态保护红线方案》正式出台，第一批共划定10个生态保护红线区，包括卧龙湖、仙子湖、獾子洞、五龙山、棋盘山、石人山、白清寨、沈西北防风阻沙带、4道号水库、三台子水库等全市生态保护重点区域，红线区面积1002.08平方公里。

2015年1月13日 大学生就业局与辽宁百家创业投资有限公司签署战略合作协议，组建首只大学生创业联合基金，将专门针对大学生创业者提供投融资服务。

2015年1月17日 国内首套具有智能感知加工系统的ARSMA机器人正在为大连船用推进器有限公司的船用推进器桨叶进行自动化处理。

2015年2月4日 辽宁省政府网站公布了辽宁省人民政府关于印发《2015年省〈政府工作报告〉任务分解方案》的通知，这是辽宁首次以政府文件形式向社会公开省政府工作报告任务分解方案。

2015年2月28日 第四届全国文明城市（区）、文明村镇、文明单位评选结果正式公布，沈阳市摘得含金量最高的城市荣誉——全国文明城市奖牌，这标志着沈阳市委、市政府兑现了3年前向全市人民做出的庄严承诺，如期进入了全国文明城市行列。

2015年3月13日 锦州高新区正式升级为国家级高新区，这是辽宁继沈阳、大连、鞍山、营口、辽阳、本溪、阜新之后的第八个国

家级高新区。至此，锦州市已拥有一个国家级开发区、一个国家级高新区，锦州高新区也将借势迎来最强发展加速期。

2015 年 3 月 29 日　红沿河核电站 5 号机组 29 日正式开工建设，时隔 15 个月之后，我国再次有核电机组启动建设，将拉开核电领域落实我国能源发展战略行动计划的序幕。

2015 年 3 月 30 日　《省政府核准的投资项目目录（2015 年本）》发布，明确了农业水利、能源、交通运输、信息产业、原材料、机械制造、轻工、高新技术、城建、社会事业、外商投资、境外投资共计 12 个领域投资项目的核准部门，企业在进行项目投资时可依该《目录》找准审批部门。

2015 年 3 月 31 日　大连入列"全球金融中心指数"榜单。英国伦敦智库 Z/Yen 集团近日在韩国釜山发布第 17 期"全球金融中心指数"（GFCI）报告，大连以总分 632 分在全球 82 个入选城市中列第 51 位，成为继上海、深圳、北京后，国内第四个入选城市，也是本期唯一新入围城市。

2015 年 4 月 1 日　海关总署正式发布东北地区海关启动区域通关一体化作业公告，并明确改革将于 5 月 1 日正式启动。届时大连、沈阳、长春、哈尔滨、呼和浩特、满洲里 6 个海关将"六关通关如一关"，实现区域内的通关一体化。

2015 年 4 月 6 日　沈阳市于洪区获批国家中小城市改革试点区。

2015 年 4 月 9 日　省政府出台《关于支持居民自住和改善性住房需求的通知》，以 9 项政策措施稳定住房消费，支持居民自住和改善性住房需求，促进全省房地产市场平稳健康发展。

2015 年 4 月 16 日　辽宁省政府公布《辽宁省人民政府关于促进海运业健康发展的实施意见》，辽宁省将以促进海运业健康发展、建设海运强省为目标，重点发展航运服务业、港口码头业、水路交通物流业，到 2020 年，基本建成安全、便捷、高效、绿色、具有东北亚竞争力的现代海运体系。

2015年5月1日 盘锦开始全面实施这项目前国内规模最大的滨海湿地修复工程，根据无证、非法、有证到期的不同情况，将依法逐步收回余下的围海养殖区域，并逐步恢复自然生态，工程预计2019年末完成。

2015年5月15日 辽宁省"三严三实"专题教育工作会议在辽宁人民会堂举行，省委书记李希以"扎实开展'三严三实'专题教育，凝聚辽宁新一轮全面振兴的强大动力"为主题，为全省党员领导干部做专题党课，并对全省开展"三严三实"专题教育作动员部署。

2015年5月20日 辽宁省发出了全国首张"多证合一"后的新版食品生产许可证，这意味着辽宁省"多证合一"改革正式启动。

2015年6月2日 沈北新区撤销原来由多个部门组成的行政审批大厅，继天津滨海新区和银川市之后，成立全国第三家行政审批服务局并于4月开始试运行，成为全国首个区级行政审批服务局。

2015年6月10日 辽宁省第十二届人民代表大会第五次会议在沈阳隆重召开。通过全体代表选举，李希当选省人大常委会主任，陈求发当选省人民政府省长。

2015年6月15日 省政府发布了《辽宁省人民政府办公厅关于加快推进不动产统一登记工作的通知》，明确辽宁不动产统一登记时间表，力争2015年完成各级不动产登记职责和机构整合，配套相关制度和规范；2016年完成资料信息整合，形成制度保障体系；2017年完成信息平台建设，实现信息共享、依法查询，全面实行不动产统一登记制度。

2015年7月4日 《辽宁省人民政府关于进一步推进户籍制度改革的意见》正式出台，沈阳、大连等特大城市的人口规模，两市将建立积分落户制度。

2015 年 7 月 18 日　辽宁省沈阳、鞍山、本溪、抚顺等 8 个城市召开"十三五"规划编制衔接联动会议，谋划以沈阳为核心，加强城际连接，推进重点领域一体化，通过打造区域城市群寻求经济发展新动能。

2015 年 8 月 1 日　新修订的《辽宁省森林防火实施办法》经省政府第 49 次常务会议审议通过，自 2015 年 8 月 1 日起施行，修订后的《实施办法》由原来的 16 条增加到 24 条。

2015 年 8 月 7 日　省政府与中国气象局在辽宁友谊宾馆召开联席会议，共商推进辽宁气象现代化建设有关事宜。

2015 年 8 月 15 日　辽宁省政府网站发布《辽宁省人民政府关于印发辽宁省改革驱动战略实施方案的通知》，方案明确，要深化国资国企改革，制定国资监管事项清单，突出抓好发展混合所有制企业、规范董事会建设、减轻企业历史负担、改组国有资本运营公司四项改革试点；更加精准地清除阻碍发展的"堵点"、企业和群众办事的"痛点"、公共服务的"盲点"。

2015 年 8 月 20 日　省政府第 56 次常务会议，通过了辽宁省水利、海洋与渔业、扶贫开发、国土资源、林业、现代畜牧业、辽河凌河保护区治理与保护、农垦和测绘地理信息 9 个"十三五"专项规划。

2015 年 8 月 31 日　国家发展改革委召开新闻发布会，介绍东北地区等老工业基地振兴工作，下一步将立足保民生、促就业，加大对重大基础设施和重点民生工程等领域的投资，坚定不移的促改革、谋转型，依靠深化改革创新体制机制，依靠创新驱动推进产业升级，在经济发展新常态下推动实现东北地区全面振兴。

2015 年 9 月 4 日　沈阳市政府印发《沈阳振兴发展基金管理暂行办法》，设立 100 亿元的振兴发展基金，将在 3 年内完成注资，用于支持重大项目建设，促进沈阳加快振兴发展。首期规模为 30 亿元，近期将用于支持民用航空、两化融合等重要产业。

2015 年 9 月 9 日 中共中央政治局常委、国务院总理李克强，在国务委员杨晶、全国政协副主席周小川，辽宁省委书记、省人大常委会主任李希，省委副书记、省长陈求发的陪同下，在辽宁大连考察工作。

2015 年 9 月 15 日 辽宁省知识产权"十三五"规划已经基本编制完成，并上报省政府。，到 2020 年，全省知识产权拥有量将稳步提高，万人有效发明专利 7.36 件；PCT 国际专利申请量 285 件，年增 7%；规模以上制造业每亿元主营业务收入的有效专利数由 0.08 件提高到 0.18 件；有效外观设计 14332 件，年增 10%。

2015 年 9 月 17 日 辽宁、吉林、黑龙江三省和内蒙古自治区交通运输厅在辽宁营口市签署物流合作发展战略协议，正式建立四省区物流发展合作机制，加快推进"辽满欧""辽蒙欧"和"辽海欧"三条综合交通运输大通道建设。

2015 年 9 月 18 日 辽宁省政府发布关于全面实施"一照一码"登记制度改革的意见，从 10 月 1 日起，在全省范围内全面实行"一照一码"登记制度。现行的"一照三号"登记模式，改为通过"一窗受理、互联互通、信息共享"，由工商部门直接核发加载法人和其他组织统一社会信用代码的营业执照，并将办理时限由 8 天缩短至 3 天以内。

2015 年 10 月 12 日 辽宁省政府正式出台《关于加强安全生产监管执法的实施意见》，辽宁省将实施安全生产"黑名单"制度，纳入"黑名单"的企业将在多个方面受到联合惩戒。

2015 年 10 月 23 日 由多家政府部门和企业、高校、科研机构参与的辽宁省云计算基础资源产业联盟正式成立，标志着"辽宁云"战略迈出实质性步伐。

法律声明

　　"皮书系列"（含蓝皮书、绿皮书、黄皮书）之品牌由社会科学文献出版社最早使用并持续至今，现已被中国图书市场所熟知。"皮书系列"的 LOGO（▧）与"经济蓝皮书""社会蓝皮书"均已在中华人民共和国国家工商行政管理总局商标局登记注册。"皮书系列"图书的注册商标专用权及封面设计、版式设计的著作权均为社会科学文献出版社所有。未经社会科学文献出版社书面授权许可，任何使用与"皮书系列"图书注册商标、封面设计、版式设计相同或者近似的文字、图形或其组合的行为均系侵权行为。

　　经作者授权，本书的专有出版权及信息网络传播权为社会科学文献出版社享有。未经社会科学文献出版社书面授权许可，任何就本书内容的复制、发行或以数字形式进行网络传播的行为均系侵权行为。

　　社会科学文献出版社将通过法律途径追究上述侵权行为的法律责任，维护自身合法权益。

　　欢迎社会各界人士对侵犯社会科学文献出版社上述权利的侵权行为进行举报。电话：010-59367121，电子邮箱：fawubu@ssap.cn。

社会科学文献出版社

权威报告·热点资讯·特色资源

皮书数据库
ANNUAL REPORT(YEARBOOK)
DATABASE

当代中国与世界发展高端智库平台

WWW.PISHU.CN

社会科学文献出版社 皮书系列
SOCIAL SCIENCES ACADEMIC PRESS (CHINA)

卡号:005351903997
密码:

S 子库介绍
ub-Database Introduction

中国经济发展数据库

涵盖宏观经济、农业经济、工业经济、产业经济、财政金融、交通旅游、商业贸易、劳动经济、企业经济、房地产经济、城市经济、区域经济等领域，为用户实时了解经济运行态势、把握经济发展规律、洞察经济形势、做出经济决策提供参考和依据。

中国社会发展数据库

全面整合国内外有关中国社会发展的统计数据、深度分析报告、专家解读和热点资讯构建而成的专业学术数据库。涉及宗教、社会、人口、政治、外交、法律、文化、教育、体育、文学艺术、医药卫生、资源环境等多个领域。

中国行业发展数据库

以中国国民经济行业分类为依据，跟踪分析国民经济各行业市场运行状况和政策导向，提供行业发展最前沿的资讯，为用户投资、从业及各种经济决策提供理论基础和实践指导。内容涵盖农业，能源与矿产业，交通运输业，制造业，金融业，房地产业，租赁和商务服务业，科学研究，环境和公共设施管理，居民服务业，教育，卫生和社会保障，文化、体育和娱乐业等100余个行业。

中国区域发展数据库

以特定区域内的经济、社会、文化、法治、资源环境等领域的现状与发展情况进行分析和预测。涵盖中部、西部、东北、西北等地区，长三角、珠三角、黄三角、京津冀、环渤海、合肥经济圈、长株潭城市群、关中一天水经济区、海峡经济区等区域经济体和城市圈，北京、上海、浙江、河南、陕西等34个省份。

中国文化传媒数据库

包括文化事业、文化产业、宗教、群众文化、图书馆事业、博物馆事业、档案事业、语言文字、文学、历史地理、新闻传播、广播电视、出版事业、艺术、电影、娱乐等多个子库。

世界经济与国际政治数据库

以皮书系列中涉及世界经济与国际政治的研究成果为基础，全面整合国内外有关世界经济与国际政治的统计数据、深度分析报告、专家解读和热点资讯构建而成的专业学术数据库。包括世界经济、世界政治、世界文化、国际社会、国际关系、国际组织、区域发展、国别发展等多个子库。